비통한ㅈ
위한

정 치 학

KB206922

글항아리

| 일러두기 |

1. 본문에서 ( )는 저자가 부연 설명한 것이고, [ ]는 옮긴이가 부연 설명한 것이다. ✦의 경우 저자
   의 설명은 별도로 표시하지 않았고, 옮긴이가 설명한 것은 '— 옮긴이' 표시를 해두었다.
2. 인명과 지명 및 외래어는 국립국어연구원 표기법을 따랐다. 단 Abraham의 경우, '에이브러햄'
   을 원칙으로 하고 있으나 제6장 「교실과 종교 공동체」에 나온 성서 인물은 국역 성경 표기에 따
   라 '아브라함'으로 표기했다.

비통한 자들을
위한

정　치　학

아래의 사람들을 기리면서 책을 씁니다.

크리스티나 테일러 그린(2001~2011)
애디 매 콜린스(1949~1963)
데니즈 맥네어(1951~1963)
캐럴 로버트슨(1949~1963)
신시아 웨슬리(1949~1963)

크리스티나는 하원의원 가브리엘 기퍼즈가 애리조나 주 투손에서 주최한 공공 행사에 참석했다가 총상을 당했다. 기퍼즈는 중상을 입었다. 애디 매, 데니즈, 캐럴, 신시아는 폭력적인 인종주의자가 앨라배마 주 버밍엄에 위치한 16번가 침례교회로 던진 폭탄에 목숨을 잃었다. 정치라는 것이 모든 사람을 위한 연민과 정의의 직물을 짜는 것이라는 점을 잊어버릴 때, 우리 가운데 가장 취약한 이들이 맨 먼저 고통을 받는다. 어린이, 노인, 정신 질환자, 가난한 사람 그리고 노숙인이 바로 그들이다. 그들이 고통을 겪을 때 우리 민주주의의 성실성도 고통을 겪는다.

이 어린이들의 가슴 아픈 죽음이—그리고 그 어린 생명들이 지니고 있던 희망과 약속이—인간의 영혼에 값하는 정치를 창조할 수 있도록 우리에게 용기를 불어넣을 것이다.

책에 대한 찬사

1965년 '피의 일요일'에 우리는 앨라배마 주 셀마에 위치한 에드먼드 페터스 다리에서 폭행을 당했다. 며칠 뒤 우리는 몽고메리를 향해 끊임없이 행진했다. 그로부터 몇 달 뒤 존슨 대통령은 투표권 법안에 서명했다. 우리가 그 다리를 건너려고 출발한 것은 인종차별로 인한 분열을 막는 가교 역할을 하기 때문이다. 인종이라는 짐은 너무 무거웠다. 우리는 미국이 그것을 내려놓길 바랐다. 미국인은 이 위대한 나라에서 오랫동안 그 엄청난 간극을 메우고자 노력해왔다. 이 책에서 파커 파머는 우리에게 종용한다. 우리가 민권운동에서 그러했던 것처럼 그 다리를 함께 건널 때까지 "계속 걷고, 계속 이야기하라"고.

> —하원의원 존 루이스, 마틴 루서 킹 비폭력 평화상과 자유의 대통령 메달 수상자, 『바람과 함께 걷기Walking with the Wind』의 공저자

이 책은 이 순간을 위해 탄생했다. 현명하고 영감을 불러일으키면서 실용적이기도 한 이 책에서는 모두의 위엄과 자유를 토대로 새로운 정치를 꿈꾼다. 시민적 공공성이 파열음을 내는 지금, 의원·주지사·시장 등

이 이 책을 꼭 읽기를 바란다. 여기에 담긴 말들이 공동체 안에서 새로운 대화를 촉발하여 우리를 갈라놓는 것이 아니라 묶어주기를 희망한다. 그리고 이 도전은 우리가 공적인 삶 속에서 어떤 소명의식을 가지도록 할 뿐만 아니라, 각자가 자신의 삶에 대해 윤리적 입장에 충실하도록 해줄 것이다. 이 책은 영적 민주주의라는 이름으로 우리의 가장 고결한 자아를 불러낸다.

—테리 템페스트 윌리엄스,
『민주주의를 위한 열린 공간The Open Space of Democracy』의 저자

미국의 역사에서 이 책의 지혜가 무한한 가치를 지니지 않았던 순간을 상상하기는 어렵다. 그러나 지금 이때보다 그 지혜가 절실한 순간을 상상하기란 더욱 어렵다. 마음의 습관에 대한 파커 파머의 명료한 응시는 자기 자신에 대한 깊은 성찰로 시작하여, 우리의 민주주의를 거의 인식하기 어려울 만큼 마비시켜버린 분열을 돌파하기 위한 가장 중요한 선언을 제시한다. 파머는 우리의 역사와 문화와 현재의 상황 전개에 대해 깊은 통찰을 전해주려 애쓴다. 그러나 그 어조는 당신이 생각보다 오랫동안 먼 곳으로 떠나 있을 때, 당신의 집을 주의 깊게 보살피는 이웃의 목소리를 닮았다. 이 책은 연민, 관용, 처방 그리고 긴급성이라는 점에서 미국이 이 위험한 시기에 통과해야 할 험난한 길을 하나의 봉화로써 탁월하게 비춰준다.

—빌 쇼어, 우리의 힘을 나누자 재단의 설립자,
『내면의 성당과 비이성적인 사람들의 상상력The Cathedral Within and The
Imaginations of Unreasonable Men』의 저자

이 책은 파커 파머의 가장 야심 찬 저술이다. 개인적이면서도 예언적인 이 책은 상심과 희망을 섞으면서 우리의 공공적 삶에 '뻔뻔스러움과 겸손함'을 불러들이도록 부추긴다. 이 책에서 일깨우고 있는 열린 생각과 열린 마음은 파머가 보기에 민주주의를 꽃피우는 데 핵심적인 요소다. 우리의 정치적인 성향이 어떠하든 21세기 미국의 공적 담론과 의사결정의 질을 염려하는 사람은 누구나 여기에서 현명한 동질감을 발견할 것이다. 이는 '찢어진 민주주의의 직물을 다시 짜기' 위해 우리가 어떤 선택을 할 수 있는지를 상기시켜준다. 지금 위태로운 것은 우리의 미래, 우리가 물려받아 소홀히 다루고 있는 깨지기 쉬운 민주주의의 생명력이다. 당신이 어떤 일을 해도 세상에 영향을 끼칠 수 없을 것이라고 가끔 느낀다면, 이 책을 덮으면서 당신은 자신이 얼마나 많은 일을 할 수 있고 얼마나 많은 것이 당신에게 달려 있는가를 새삼 알게 될 것이다.

—다이애나 채프먼 월시, 웰즐리 대학 명예 총장

이 책은 민주주의에 대한 우아한 축가다. 이는 단지 투표의 민주주의가 아니라, 우리를 갈라놓는 모든 것을 넘어 어떻게 함께 살 것인가에 대한 더 포괄적인 개념의 민주주의다. 이 책은 한편으로 비록 부서지게 되어 있기는 하지만 마음의 개별적인 능력 그리고 다른 한편으로 제도, 정치, 국가를 향한 열망에 내재된 풀리지 않는 긴장, 그 둘을 결합시키는 데서 새로운 지평을 열고 있다. 여기에서 민주주의는 삶의 여러 궤적을 넘어서 낯선 자를 환영하는 의지다. 또한 사람에게 무엇이 좋은지 매우 상이한 생각들을 화해시키는 의지이기도 하다. 그것은 민주주의를 정치적인 것뿐만 아니라 개인적인 것으로도 만든다. 파머는 시민이 된다는 것이 무엇을 의미하는지에 대해서도 새로운 생명을 불어넣는다. 이 책에서 설파하는 정치적이고 개인적인 책무들은 영혼들의 광범위한 공동체와의 언약을 우리에게 상기시켜준다. 몇십 년 동안 저자는 우리에게 예언자였고, 이 책은 그의 예언이 제공하는 선물을 깊이 있게 만들어 이 험난한 세상의 새로운 구석으로 가져다준다.

—피터 블록과 존 맥나이트,
『풍부한 공동체: 가족과 이웃의 권력을 일깨우기The Abundant Community:
Awakening the Power of Families and Neighborhoods』의 공저자

파머는 이 책에서 일생의 지혜를 담아냈다. 파머는 '앎의 모든 방식'이 수렴하는 장소를 보여주고, 마음이 부서지면서도 미래를 꿈꾸는 이 절묘한 순간에 그곳으로 주의를 집중시키는 데 가장 탁월한 능력을 보여준다. 이 책은 우리의 삶을 다 함께 새로 빚어내는 데 필요한 안내서다. 마음을 그리고 우리의 자아와 민주주의의 핵심을 재발견하는 것 말이다.

—크리스타 티펫, 저널리스트, 미국 공공 미디어의 라디오 진행자,
『신앙에 대해 말하기Speaking of Faith』 『아인슈타인의 신Einstein's God』의 저자

이 책은 오늘날 미국에 가장 시의적절하게 필요하다. 파커 파머는 민주주의의 열망과 인간의 영혼을 존중하는 정치를 대변하고 있다. 그가 이끄는 개인적 성찰 프로그램에 참석했던 경험자로서 나는 독자 여러분이 이 책을 통해 그 여정에 동참하길 권한다. 그는 인생에서의 긴장을 의식적이고 신실하게 끌어안는 데 필요한 용기를 살펴본다. 그 용기에 힘

입어 우리는 부서져 열린 마음으로 '간극 속에' 서서 창조적으로 행동할
수 있게 될 것이다.

—로이 카프, 하원의원, 할머니, 어머니, 간호사 그리고
민주주의를 추구하는 사람

이 책은 용기 있는 작업이다. 정직하고 진실하며, 인간적이고 겸손하며,
지성으로 반짝이면서 대담한 희망을 설파한다. 파머는 민주적 과정의 긴
장들을 창조적이고 조심스럽게 끌어안는 정치적 대화에 대한 우리 모두
의 갈망을 아름답게 풀어냈다. 그는 미국과 세계가 직면한 절박한 필요를
명료하게 평가하면서, 그 도전에 부응하는 수단이 우리 자신과 공동체 안
에 있다고 확신한다. 파머는 우리에게 개인과 공동체가 마음의 실제를 포
착할 수 있도록 구성적인 언어, 역사적 문맥, 실용적 비전을 제공한다.

—캐리 뉴커머, 사회운동가, 「빛의 지리학The Geography of Light」
「이전과 이후Before and After」를 부른 가수 겸 작곡가

파머는 이 책에서 우리의 문화 속에 점점 넓어지는 분열에 대한 독특
한 시각과 경험을 전해준다. 당신의 정치적인 신념에 관계없이 이 책은
우리가 서로를 만나 경청하고 존중하는 데 필요한 약이다. 이는 한 장인
이 완성해낸 걸작이자 어두운 모든 장소에 빛을 비추는 원천들을 드러
낸 수작이다. 4장만 읽어도 도시를 재건하려는 누구에게든 도움이 될
것이다. 파머는 소크라테스와 소로처럼 거리에서 편안함을 느끼는 심층
관찰자이자, 마음속에 내려앉은 생각에서 우러나오는 말을 계속 이어가

는 내면의 모든 사람이다. 또한 광장에서 공개적이고 과감하게 서 있는 용기를 몸소 보여주는 교사다.

—마크 네포, 『일깨움의 책The Book of Awakening』
『마음이 볼 수 있는 한As Far as the Heart Can See』의 저자

파머는 '세계 그 자체의 마음에는 쓰이지 않은 역사가 있다'고 말한다. 지금까지 그것은 사실이었다. 파머는 이 대담하고 비전으로 넘치는 책에서 우리의 정치적 삶에 대한 새로운 상상을 펼친다. 동질적이고 절연된 엘리트 사이의 당파적인 외침이 아니라, 모든 미국인이 발언하고 치유하며 국가를 완성하는 영원한 작업에 함께하는 개인적 과정으로서의 정치적 삶 말이다. 그가 '정치적인'이라는 표현을 고쳐 쓸 때, 우리 가운데 가장 좌절하고 냉소적인 이들조차 감동을 받아 우리의 조용한 권력에 대해 새롭게 살아난 관념으로 '비극적 간극에 서게' 될 것이다.

—코트니 마틴, 『어쨌든 해내라: 새로운 세대의 활동가들
Do It Anyway: The New Generation of Activists』의 저자

이 책은 민주주의에 대해 염려하고 과연 무엇을 할 수 있을지 절망해 본 적이 있는 사람들을 위한 필독서다. 파머의 이야기와 솔직한 분석을 따라가면서, 당신은 자신과 다른 사람들을 새로운 시각에서 보게 될 것이다. 그의 날카로운 통찰은 당신의 충만한 능력을 요구하고 '안에서 바깥으로' 민주주의를 치유하는 데 동참하도록 영감을 불어넣을 것이다.

—마르타 맥코이, 매일의 민주주의 사무총장

이 책에 담긴 말들을 성찰하면서 우리 모두—시민으로서 그리고 선출직 공무원으로서의—를 진심으로 존중하지 못하게 갈라놓는 것들 사이에 다리를 놓는 법을 배울 수 있다. 나는 이 영감 넘치는 책 속에서 민주주의의 의미를 성찰하며 용기를 얻었다. 민주주의의 훌륭한 청지기가 된다는 것은 자신의 안녕과 행복을 위해 분투하는 것이 아니라 모두의 안녕과 행복에 힘을 쓰는 것을 뜻한다. 우리는 공공선公共善에 관심을 가져야 한다. 특권을 가진 소수가 아닌 다수를 위해 움직여야 하는 것이다. 파머는 자신의 인생 여정에서 겪은 싸움을 소개하면서 우리 모두가 삶 속에서 감당해야 할 싸움이 무엇인지 알려준다. 또한 그는 희망을 가지고 앞으로 나아가는 길을 제시한다.

—하원의원 태미 볼드윈

우리가 거칠고 험난한 정치적 삶을 헤쳐나가는 동안 파머는 우리의 멘토가 되어주었다. 그의 저작은 우리가 용기를 가지고 가장 깊은 질문을 끌어안는 법의 기본을 거듭 안내해준다. 이제 이 매혹적인 신간에서 그는 상처받은 민주주의에 대한 통찰을 아낌없이 발휘한다. 파머는 민주주의가 정치과정에 관여할 뿐 아니라 서로에게 관여하는 시민들에게 달려 있다는 점을 상기시킨다. 그는 더욱 생명력 있는 민주주의란 우리 각자 안에서 시작된다는 것을 인식하도록 도전한다. 공동체 내부의 긴장을 끌어안고, 우리 마음의 상처받은 장소라는 가장 어려운 영토에 발을 내딛기를 더 이상 두려워하지 않을 때 민주주의는 힘차게 다시 출발한다.

—캐시 질, 20년 동안 하원 수석 보좌관을 지냄.
더그 태너, 그녀의 남편, 신앙과 정치 연구소의 설립자이자 전 회장 영감을 가득 주는 이 책은 모든 가족, 북 클럽, 교실, 이사회, 종교 공동체, 주州정부의 강당에서 읽히고 토론되어야 한다. 민주주의가 살아남기 위해서 우리 각자에게 요구되는 것들을 파고드는 파머의 문장에는 명료함, 훌륭한 감각, 균형, 정직함, 유머, 겸손함이 있다.

—토머스 비치, 페처 연구소 명예 회장

2024년판 서문

2011년에 『비통한 자들을 위한 정치학』이 출간되었을 때 서문에는 이런 말이 있었다. "국민의, 국민에 의한, 국민을 위한" 정부는 우리의 정치 제도, 지역사회와 결사체, 인간의 마음이 지니는 강점과 약점 속에서 쉬지 않고 이뤄지는 실험이다. 그 성과는 결코 당연시될 수 없다.

오늘날에는 그것을 새삼 상기시킬 필요가 없게 되었다. 2023년 6월의 한 여론조사에 따르면 미국인 10명 중 7명이 "[우리의] 민주주의는 '위태롭다'는 말에 동의한다." 그리고 거기에는 그럴 만한 이유가 있다.[1]

* 2018년에 미국 정보기관은 국가 안보에 대한 가장 심각한 위협이 더 이상 해외에서 오는 것이 아니라 미국에서 태어나 자라나면서 백인 우월주의나 반정부 이데올로기에 빠진 테러리스트들에게서 온다고 경고하기 시작했다.[2]

* 2021년 1월 6일, 의회가 2020년 선거 결과를 인증하는 것을 막기 위해 2000명 이상의 시민이 미국 의사당에 난입했는데, 이는 민주주의의 특징 중 하나인 평화로운 권력 이양을 위협하는 처사였다.

현재 1100명 이상의 폭도들이 기소되었고 그 가운데 다수가 유죄 판결을 받았다.[3]

* 2021년 11월, 미국은 헝가리, 폴란드, 슬로베니아와 함께 '후퇴하는 민주주의 국가' 국제 목록에 처음으로 이름을 올렸다. 이 보고서는 미국이 "권위주의적 경향의 희생양이 되었다"[4]고 지적했다. 특히 전직 대통령이 "2020년 선거 결과의 정당성을 사실적 근거 없이 문제 삼은 것"을 지적하면서 이것은 '선거 과정에 대한 근본적인 신뢰를 훼손한' '역사적 전환점'이라고 했다.[5]

* 2023년 8월 14일, 조지아주 검찰이 마피아 등 조직범죄를 처벌하기 위해 만들어진 리코RICO법에 따라 미국의 전직 대통령과 18명의 다른 사람들이 기소되었다. 대통령 선거 결과에 대한 적절한 인증을 방해한 혐의였다.[6] 이것은 지난 3월 이후 대통령 재임 전, 재임 중, 재임 후의 행동과 관련된 혐의로 이뤄지는 전직 대통령의 네 번째 기소다. 그는 미국 역사상 전직 또는 현직 대통령으로서는 처음으로 중범죄 혐의로 기소되었다. 이 글을 쓰는 지금, 그는 또한 공화당의 2024년 대통령 후보 지명을 위한 선두주자이기도 하다.

사람들이 이따금 내게 묻는다. 우리의 정치를 괴롭히는 것 그리고 '우리 국민'이 할 수 있는 것에 대한 생각이 바뀌었느냐고 말이다. 충분히 나올 법한 질문이다. 나의 대답은 "예" 그리고 "아니오"다. 우리 민주주의의 '심장병'[7]에 대해 내렸던 진단 그리고 이 책에 제시된 치료 계획의 윤곽은 여전히 유효하다고 본다. 하지만 환자의 위급한 상태를 고려할 때,

계획은 수정되어야 한다.

모든 분할이 대등하게 생성되는 것은 아니다

이 책의 초판이 나왔을 때 미국의 민주주의는 9·11 사태의 후유증으로 10년 동안 어려움을 겪어오고 있었다. 당시 내가 쓴 것처럼 "테러 공격은 우리에게 민주주의의 소중함을 새삼 일깨워주었고, **그와 동시에** 민주주의를 위협하는 악마들을 부추겼다." 이러한 위협 중 두드러진 것은 인종 차별, 외국인 혐오증, 무기가 되어버린 두려움이었다. 테러와 맞서 싸우기 위해 모든 시민적 자유를 보류하는 데 미국인의 3분의 2가 찬성했다.[8]

사려 깊은 미국인들은 우리가 곤경에 처해 있다는 것을 알고 있었다. 하지만 2011년 당시, 반세기 안에 국내 테러리스트가 동료 시민을 표적으로 삼아 우리 안에 깃든 분열을 위태롭게 심화할 것이라고 예상한 사람은 거의 없었다. 총선 8개월 전인 2016년 3월까지만 하더라도, 내가 "파시즘이 민주주의를 이길 것인가?"라는 제목의 글을 게재할 필요성을 느끼고 그것이 인터넷에서 널리 읽힐 것이라고는 상상도 하지 못했다.[9] 그리고 노스트라다무스 자신조차 2021년 1월 6일의 폭력 사태, 즉 미국 국회의사당 침공을 예언할 수 없었을 것이다.

패배한 후보에 자극을 받은 반란 세력은 "대규모 사기"에 의해 선거를 도둑맞았다고 확신했다. 2021년부터 2023년 사이에 이러한 주장은 60개 이상의 미국 법원의 재판과 수많은 주州에서 실시한 선거 기계와 절차에 대한 포렌식 조사에서 모두 근거 없는 것으로 밝혀졌다. 그런데

도 이 글을 쓰는 이 순간에도 미국 시민의 약 3분의 1은 여전히 '대규모 사기'라는 허구를 고수하고 있다. 그것은 앞으로도 계속 우리를 따라다니면서 선거의 정당성에 대한 대중의 신뢰를 훼손할 것이다.[10]

이 모든 상황에도 불구하고 나는 이 책에서 제안했던 치료 계획이 여전히 유효하다고 생각한다. 우리 민주주의에 깃들어 있는 병리에도 **불구하고**가 아니라, 그 병리 **때문에** 그렇다.

* 나는 민주주의의 도구를 사용하는 시민이 정치적 미래의 열쇠를 쥐고 있다고 여전히 믿는다. 정부가 '우리 국민'으로부터 그 권력을 얻는 입헌공화국에 뿌리를 둔 대의민주주의에서 어떻게 그렇지 않을 수 있겠는가?

* 나는 민주주의가 특정한 '마음의 습관'에 달려 있다고 여전히 믿는다. 그 습관은 삶의 여러 현장에서 배양될 수 있고 배양되어야 한다. 민주주의는 일상생활에서 적극적으로 육성되어 살아 움직이는 개인적이고 공동체적인 뿌리 시스템 없이는 번창할 수 없다.

* 나는 우리의 분열에 대해 창조적 긴장을 유지하는 방법을 배워야만 공동의 비전이 창출되고, 지도자들과 기관들이 민주적 규범을 준수하도록 독려하는 시민 권력을 불러모을 수 있다고 여전히 믿는다.

동시에, 분열에 대해 긴장을 끌어안는 것에 대해 내가 말한 것에 이제는 제한을 둘 필요가 있음을 알게 되었다. 어떤 분열은 끌어안을 가치가 없는 것이다. 거기에 창조적인 잠재력이 없기 때문이다.

긴장을 끌어안는 것이 창조적으로 될 수 있으려면, 서로 반대되는 견해가 공통분모에서 만나거나 양극을 뛰어넘어 합을 도출할 수 있는 합리적인 기회를 가져야 한다. 예를 들어, 연방세나 규제처럼 우파와 좌파가 항상 이견을 보여온 정책 문제에 관련하여 다툼이 일어날 때 우리는 협상하고 거래할 수 있다.

하지만 일부 의견 불일치는 양자택일을 강요하는 모순을 내포하기에 창조적인 방향으로 나아갈 수 없다. 예를 들면 다음과 같은 경우다.

* 문제 해결을 위한 폭력적 접근 방식과 비폭력적 접근 방식에 대한 논쟁에서 거래는 있을 수 없다. "대화하자"와 "AR-15 소총으로 말을 대신하겠다" 사이에 중간 지점이 있겠는가?

* 입증 가능한 사실이 사실무근의 주장에 '반박당할' 때 또는 '증거'를 밝히기를 거부하는 음모론자들이 꾸며낸 허구와 충돌할 때도 마찬가지다. '과학 그리고/또는 법은 이렇게 말한다'와 '미스터리한 남자 Q는 이렇게 말한다'의 중간 지점은 어디일까?

* '우월한' 인종, 민족, 국적, 종교 같은 것이 있다는 식의 본질적으로 사악한 전제를 한쪽이 견지할 때도 협상과 거래가 있을 수 없다.

노벨문학상 수상자이자 두 차례의 나치 강제수용소 생활에서 살아남은 엘리 위젤은 홀로코스트를 부인하는 이들과 논쟁을 거부했다. 그들과의 논쟁이 그들의 위신을 높여줄 것이기 때문이었다. 그와 마찬가지로 모든 형태의 권위를 훼손하는 것이 유일한 목표인 무정부주의자, 허공에서 튀어나온 것 같은 주장들이 논리와 사실에 근거한 주장만큼 유효하다고 주장하는 허무주의자에게 민주주의를 사랑하는 사람들은 산소를 제공할 수 없다.[11] 우리는 본질적으로 반민주적이고 민주주의를 무너뜨릴 위험이 있는 신념들에게 자리를 줄 수 없다.

내가 방금 다룬 사례에 대해 벌써부터 "정치적 편향"이라는 외침이 들려온다. "당신은 미국 정치에 대한 객관적인 관찰자가 아니라는 것이 분명합니다. 당신은 우리의 주요 쟁점 중 몇몇에 대해 명확한 입장을 지니고 있잖아요. 우리의 분열을 넘어선다는 당신의 말을 내가 왜 믿어야 하나요?"

외람된 말씀이지만, 자신은 모든 싸움에 초연해 있고 정치적 신념에서 자유롭다면서 중립적인 중재자 역할을 자처하는 사람을 경계하기 바란다. 그런 사람은 존재하지 않는다.

그렇다. 나는 정치적 견해를 가진 시민이다. 나는 싸움의 일부이고, 그 안에서 더 창조적인 역할을 할 수 있는 방법을 찾고 있다. 이 주제에 대해 내가 쓴 모든 글은 나 자신과 다른 사람들이 협상 가능한 차이의 선線을 넘어 대화에 참여함으로써 민주주의의 토대가 되는 상호성을 향해 나아갈 수 있도록 격려하는 것이다.

자유롭고 열린 대화는 권위주의적 움직임을 위협한다. 권위주의적 움직임은 대화를 끊임없이 틀어막는다. 따라서 이러한 종류의 대화를 도모하려면 이 책에서 탐구한 '안전한 공간'이 필요하다. 서로에게 상처를 받을 수도 있지만 두려움과 협박의 목소리는 차단할 수 있는 공간 말이다. 이러한 공간에서 우리는 링컨이 "우리 본성의 더 착한 천사"라고 불렀던 것을 드러낼 수 있다. 우리 안에 깃들어 있는 그 힘으로 분열과 정복의 정치에 저항하면서 공동의 선에 도달할 수 있다.

뿌리와 신뢰에 대해

이 책에서 내가 선택한 명구는 작가이자 교육자이자 활동가인 테리 템페스트 윌리엄스의 것이다. 이 글귀는 다음과 같은 주장으로 시작된다. "마음은 민주주의의 첫 번째 고향이다." 내게 이 말은 시대를 초월한 명언이다. 그 말은 정부 시스템의 존립을 위협하는 허위 정보와 분열의 안개를 어떻게 헤쳐나갈 수 있는지 알려준다.

민주주의의 뿌리가 무엇이냐고 질문하면 사람들은 장소, 시간, 사건, 문서 등을 꼽는 경우가 많을 것이다. 하지만 윌리엄스는 민주주의가 "밖에 있는" 어딘가에서 시작되지 않는다고 말한다. 그것은 우리 안에서, 인간의 내적 충동에서 시작된다. 우리가 이러한 충동에 따라 행동할 때, 좋게든 나쁘게든 세상을 빚어가게 된다. 바로 그것이 정치의 본질이다. 모든 열광과 깃발 흔들기, 돈, 계략, 뒷거래 뒤에서 시민들이 "예" 또는 "아니오" 또는 "아마도"라고 말하는 것—발언을 통해서든 침묵을 통해서든 말하는 것—의 순전한 결과, 바로 그것이 정치다.

그 생각을 잠시 멈추면 정치와 정치에서의 우리 역할에 대해 새로운 관점이 열린다. 이제 우리는 돈을 받고 정치를 컨설팅해주는 공작원들이 권력을 획득하고 유지하기 위해 조작적 전략을 구사하는 현실 정치[12]의 세계를 넘어설 수 있다. 그 전략에는 몰리 아이빈스가 시민들을 냉소주의자로 만드는 "중도 노선, 계책, 애매한 언사"[13]라고 불렀던 것이 포함된다. 이제 우리는 "더 착한 천사들"에 대한 링컨의 호소를 진지하게 받아들이고, 우리가 인간 정신에 합당한 정치를 창조한다는 목표 아래 어떻게 그 천사들을 이끌어낼 수 있는지 질문할 수 있다.

정치의 근원이 우리 삶에 있다는 사실을 기억할 때, 우리는 **그들**(우리가 모든 것의 탓을 돌리고 싶어 하는 워싱턴 DC 또는 주의 수도에 있는 권력자들)에 대한 끝없고 부질없는 불평을 멈출 수 있다. 그리고 **우리**에 대해, 시민으로서 우리 자신의 권력을 사용하거나 오용하는 방식에 대해 서로 이야기 나누기 시작할 수 있다. 이제 좋든 싫든 우리가 정치적 존재라는 단순한 사실을 헤아리기 시작할 수 있다. 우리가 다른 사람들과 관련된 방식으로 말하고 행동하는 한, 삶을 살아가면서 내리는 선택은 정치적 영향을 미친다.

물론 민주주의가 우리 안에서 시작된다면 민주주의는 거기서 끝날 수도 있다. 이 책의 초판에서 다음과 같이 썼듯이 말이다.

우리가 그 실험실을 폭파시켜버리지 않는다면, 민주주의의 실험은 끝없이 진행된다. 그 폭발 물질은 우리 안에 있다. 그러나 마음의 연금술은 고통을 공동체로, 갈등을 창조의 에너지로, 긴장을 공공선을 향한 출구로 바꿔낼 수도 있다.

마음에는 무수히 많은 충동이 있으며, 그 충동이 모두 민주주의를 선호하는 것은 아니다. 링컨이 말했듯이, 우리의 착한 천사들은 우리의 악한 천사들과 함께 날아다닌다. 분노, 탐욕, 특권의식, 분노, '타자성'에 대한 두려움, 권위주의적 지도자가 나와서 자유민을 괴롭히는 긴장에서 우리를 "구원"해주기를 바라는 마음 등이 그것이다.[14] 다시 인용하자면 "만일 당신이 원하는 것이 긴장의 종식이라면, 파시즘은 당신을 위한 것이다."[15]

테리 템페스트 윌리엄스는 인간의 변덕스러운 마음을 이해한다. 그래서 그녀는 그것의 정치적 기능을 정확하게, 낭만성을 배제하고 묘사한

다. 그녀는 마음을 우리가 "우리의 질문들을 끌어안는" 포럼으로 묘사한
다. 거기에서 우리는 민주주의를 지지하는 방식으로 그 질문들에 대답
할 것인지 말지를 고려하게 된다.

> 우리는 공정할 수 있는가? 우리는 너그러울 수 있는가? 우리는 단지 생
> 각으로가 아니라 전 존재로 경청할 수 있는가? 그리고 의견보다는 관
> 심을 줄 수 있는가? 살아 있는 민주주의를 추구하기 위해 용기 있게,
> 끊임없이, 절대로 포기하지 않고, 동료 시민들을 신뢰하겠다고 결심할
> 수 있는가?

처음 세 가지 질문에 대한 그의 대답은 "누구에게 말하느냐에 달려 있
다"다. "우리 국민이" 다양한 이해관계와 필요를 공동의 삶의 구조로 엮
어내려고 노력하기에 오래전부터 그래왔다. 그러나 오늘날 네 번째 질문
에 대한 일반적인 대답은 결정적이고 실망스러운 "아니오"다.

어떤 보도를 봐도 서로에 대한, 우리 제도에 대한 미국인들의 신뢰는
역사상 가장 낮은 수준이고, 반민주주의 이데올로기가 채우기를 열망하
는 정치적 공백을 빚어내고 있다.[16] 2020년 대선이 끝난 지 3년 반이 지
난 지금, 수백만 명의 미국인들이 아무런 증거도 없이—자기들이 지지한
후보가 당선되었다고 선언할 때는 제외하고—우리의 선거 시스템이 철
저하게 부패했다고 주장하고 있다.

"우리 국민들" 사이의 관계적 신뢰를 회복할 수 있을까? 나는 우리가
모든 사람이 아니라 대다수의 동료 시민과 함께 할 수 있다고 믿는다. 일
부 사람이 자신이 신뢰했던 리더에 환멸을 느끼게 되면서 그 대다수는
점점 커질 수 있다. 하지만 신뢰를 회복하기 위한 토대를 마련하는 것은

어려운 일이다. 분열의 깊숙한 곳을 직시하는 용기, 분열의 골을 모두 메울 수는 없다는 사실을 인정하는 정직함이 필요하다.

민주적 마음의 습관을 회복하기

그렇다면 2020년 선거가 대규모 사기에 의해 전복되었다고 계속 주장하면서 미국 민주주의의 근간을 위협하는 3~4할의 미국인들과 어떤 관계를 맺어야 하는가? 이 책의 초판에서 주장했듯이 그 해답은 바로 우리 자신의 역사에 있다.

우리의 분열을 치유하는 데 필요한 대화에 미국인의 30~40퍼센트는 절대로 참여할 수 없다고 말하면서, 나는 다음과 같이 썼다.

나는 우리가 언젠가는 "모두 사이좋게 지낼 것"이라는 환상을 좇지 않는다. 인간의 본성과 정치의 본성 탓에, 도저히 대화가 되지 않는 사람들은 언제나 있기 마련이다. 그리고 언젠가 나도 그 가운데 한 사람이 될 것이다. [그러나 30~40퍼센트가 대화할 의지가 없는 사람들이라면] 차이를 넘어서 배우고 이야기 나눌 수 있는 사람이 60~70퍼센트는 된다는 이야기다. 민주주의에서 그 정도면 곤경을 벗어나는 데 충분하고도 남는다.

1787년 미국 제헌 회의에는 55명의 대의원이 참석했는데, 그 가운데 39명만이 최종 문서에 서명했다. 나머지 30퍼센트는 후손에게 전승된 헌법의 어떤 부분에 근본적으로 동의하지 못한 것이다.

그 30~40퍼센트는 미국의 실험 초기부터 2세기 반 동안 항상 우리와 함께 해왔다. 우리가 이 이야기를 전할 수 있었던 것은 미국인의 대다수가—항상은 아니지만 충분히 자주—빛을 보았고 "더 완벽한 연합"을 향한 우리의 끝없는 탐구에서 국가가 계속 나아갈 수 있도록 도와주었기 때문이다.

민주주의를 소중히 여기고 국민의 힘이 민주주의를 지키기 위한 열쇠라고 믿는 사람들에게 문제는 반민주적인 견해를 가진 사람들과 어떻게 신뢰를 구축할 것인가가 아니다. 문제는 나머지 60~70퍼센트 안에서 시민 공동체의 유대를 어떻게 강화할 것인가다. 그 다수는 공동선에 대한 세부 사항들에서 이견이 있을 수는 있지만, 내가 이 책의 초판에서 설명한 단순한 신념을 공유하는 "우리 국민들"이다.

공공선 안에서 우리 안에 있는 정치적 차이들과 거기에서 비롯되는 갈등들이 민주주의의 기반인 시민 공동체를 해체하지 않도록 끌어안는다.

시민의 유대를 강화하기 위한 내가 아는 가장 좋은 방법은, 1835년에 출판되어 지금까지 이 주제에 관해 최고의 책으로 꼽히기도 하는 알렉시스 드 토크빌의 고전 『미국의 민주주의』에 뿌리를 두고 있다. 프랑스의 귀족이자 정치학자였던 토크빌은 미국의 민주주의가 어떤 **마음의 습관**에 뿌리를 두고 있다고 주장했다. 마음의 습관이란 무엇인가. "우리의 지성, 감정, 자기 이미지, 의미와 목적 등의 체험을 수용하고 해석하고 반응하는 뿌리 깊은 패턴"이라고 나는 정의한다.

토크빌이 주장했듯이, 이러한 습관은 여러 지역 현장들에서 길러진다.

가족, 이웃, 교육기관, (세속적·종교적) 자발적 협회, 커피숍, 농부 마켓, 공원 및 기타 공공 생활공간 등이 그것이다.

따라서 미국 민주주의의 건강은 그것의 근간이 되는 두 가지 수준의 정치적 하부구조에 달려 있다. (1) 마음의 습관에서 발견되는 내적이고 비가시적인 하부구조 (2) 이러한 습관이 형성되고 실천되는 일상적인 삶의 장소에서 발견되는 외적이고 가시적인 하부구조가 그것이다. 교량이나 전력망이 붕괴되지 않도록 물리적 인프라를 복원해야 하듯이, 권위주의에 빠지지 않도록 정치적 인프라를 복원해야 한다.

이것은 민주주의 시민인 여러분과 나에게 어떤 의미가 있을까? 그것은 다섯 가지 민주적 습관을 우리 안에서 기르는 데 관심을 기울이는 것을 의미한다. 너무 많은 미국인에게 그 습관은 미약하거나 결여되어 있다.

* 우리 모두 이 안에서 함께 한다는 것을 이해하는 것
* '타자성'의 가치에 대한 인식
* 생명을 주는 방식으로 긴장을 유지할 수 있는 능력
* 개인의 목소리와 주체성에 대한 감각
* 커뮤니티를 만드는 더 큰 역량

이 다섯 가지 습관이 사적인 대화의 초점이 되고 점점 더 많은 사람에게 다가가는 공공 프로그램의 초점이 되면, 단순한 권고를 넘어 민주주의의 인프라를 회복하는 데 실질적으로 기여하기 시작한다. 변화는 언제 시작되는가? 인간 마음의 힘을 동원하는 데 시간과 기술, 에너지를 쏟을 때다. 그것은 사회 변화를 위한 모든 운동이 목표를 추구하기 위해

그랬던 것과 마찬가지다.

　바로 그것이 수많은 교사, 성직자, 지역사회 기관의 리더, 워크숍/리트리트 지도자, 일반 시민들이 이 책이 나온 이후로 해온 일이다. 그들은 특별히 개발된 학습 가이드를 사용하여 다섯 가지 습관을 중심으로 사람들을 모아서 그 의미를 탐구했고, 거기에 관련된 이야기를 나누도록 초대했으며 일상생활에서의 적용에 대해 성찰하도록 도와주었다.

　다음은 크고 작은 노력의 몇 가지 사례다.

* 2016년 선거를 앞두고 위스콘신 교회협의회는 "시민됨의 계절"이라는 토론 프로그램을 만들어 주 전역에 걸쳐 종교적인 노선의 차이를 넘어 참여를 이끌어냈다. 자세한 실행 계획은 온라인에서 다운로드할 수 있다.[17]

* "내 이웃의 목소리"는 사우스캐롤라이나에 기반을 둔 프로젝트다. 이 책의 근간이 되는 원칙에 영감을 받아 두 명의 교사가 "사람들을 모아서 그들의 생각, 이야기, 의견에 귀를 기울이면서 민주주의가 작동할 수 있는 깊은 공간을 만들기 시작했다." 자세한 정보와 도구는 온라인에서 확인할 수 있다.[18]

* 학술 저널에 실린 기사에서 저자는 레지스대학에서 다섯 가지 습관을 가르치는 과정을 설명한다. "'정의와 공동선'은 우리가 이스라엘/팔레스타인이라고 부르는 땅의 상황에서 무엇을 의미하는가? 그곳에 사는 사람들은 누구인가? 그들의 이야기는 무엇인가? 우리의 책임은 무엇인가?"[19]

책에 나오는 다섯 가지 습관 및 기타 주제에 대한 공부를 돕기 위해 내가 설립한 비영리단체인 용기와회복센터[20]에서 짧은 동영상 시리즈를 제작했는데, 강의, 워크숍, 공공 프로그램에서 널리 사용되고 있다. 모든 동영상은 각주에 적혀 있는 URL에서 무료로 제공된다.[21]

나는 내면 작업이 미국 민주주의를 회복할 수 있는 유일한 방법이라고 주장하는 것은 아니다. 입헌 공화국에 내장된 대의제 민주주의 국가로서 두 가지 수준 모두에서 쇄신이 필요하다. 여기에는 우리 공화국 구조의 체계적인 개혁이 포함되는데, 그 가운데 일부는 현재 명백히 기능 장애에 빠져 있다.

그러나 시민권이 일상생활의 장에서 표현되는 우리에게는 마음의 습관을 통해 정치적 문제에 접근하는 것이 몇 가지 측면에서 장점이 있다.

* 이것은 가족이나 이웃이나 자발적 모임을 통해 다른 사람들과 접촉할 수 있는 모든 계층의 사람들이 할 수 있는 일이다.

* 기관에 직접 참여하는 데 필요한 기술, 지식, 접근성을 갖지 못한 일반 시민도 이끌 수 있는 일이다,

* 이것은 당파와 상관이 없는 작업인데, 거기에 포함된 습관들은 인간이 의미와 목적이 있는 삶을 영위하는 데 기본적으로 필요한 능력이기 때문이다.

* 우리 공화국의 구조 개혁은 국민의 의지에 달려 있기 때문에, 우리의 지배적인 마음의 습관은 체계적인 변화가 일어날지 여부와 그 모습

이 어떠할지를 결정하는 데 도움이 될 것이다.

내 경험에 비춰볼 때 이런 제안을 하면 "지금이 너무 절박하다"고 느끼는 사람들로부터 반발이 나온다. 그들은 말한다. "후퇴하는 민주주의가 실패하는 민주주의로 넘어가기 전에 빨리 행동해야 합니다. 내면 작업을 통해 문제에 접근하는 것은 너무 오래 걸립니다."

이런 이의 제기에 대한 나의 첫 번째 답변은 분명하다. "무엇과 비교해서 너무 긴가요?" 시스템의 변화가―선거인단 개혁이나 게리맨더링 과정(둘 다 가치 있는 목표이긴 하다)에서처럼―정확한 즉효약은 아니다. 그리고 시스템의 변화는 사람들의 의지에 달려 있는 만큼, 두 가지 접근 방식을 경쟁이 아닌 상호 보완적인 것으로 볼 수는 없을까?

하지만 더 깊이 있는 답변은 다음과 같은 점을 이해하는 데서 온다. "지금 매우 시급하다"는 문구를 주었던 운동은 여러 세대에 걸친 인내의 모델도 준다는 것이다. 끝나지 않을 것이 분명한 변화에 헌신하도록 하는 인내 말이다. 물론 나는 아프리카에서 노예를 실은 첫 배가 이 해안에 상륙했을 때 시작된 흑인 해방 운동, 즉 미국의 DNA에 태생적 일부였던 백인 우월주의를 뿌리 뽑기 위한 운동을 말하고 있다.

민주주의의 마음을 치유하려면 우리의 생각과 마음을 열어야 한다. 미국은 "모든 사람이 평등하게 창조되었다"고 스스로 내세운 신념에, 지금껏 부응한 적이 없다는 자명한 사실에 눈을 떠야 한다.

미국의 인종

우리 백인들이 인종이라는 역장力場에 기꺼이 들어서겠다면, 미국에서는 백인 우월주의에 맞서야 하는 도전 그리고 치유를 향해 계속 나아가는 데 필요한 희망을 모두 찾게 될 것이다. 그러나 그 역장은 너무 버거워서 많은 사람이 피하고 싶어한다. 거기에서 다음과 같은 것들을 직면해야 하기 때문이다. 원주민에 대한 백인의 대량 학살 캠페인, 미국 경제를 지탱했던 노예 제도, 남북전쟁, 노예 해방, 짐 크로, 새로운 짐 크로, 흑인에 대한 대출 거부 및 거기에서 비롯되는 모든 것, 우리의 형사 사법 제도를 관통하는 인종적 편견 등이 그것이다. 어디에서부터 시작해야 할까?

작고 인간적인 규모의 이야기에서 시작하고자 한다. 2016년 총선 일주일 후, 나는 한 지역 대학교에서 열린 민주주의에 관한 대학원 세미나에 강사로 초대되었다. 나는 학생들에게 주제에 대해 생각해보도록 유도하는 질문으로 강의를 시작했다. "대통령 선거 결과에 대해 이야기해봅시다. 거기서 무엇을 배웠나요?"

한 백인 여성이 가장 먼저 말을 꺼냈다. 그녀는 대놓고 인종차별주의자인 사람이 미국 국민에 의해 대통령에 당선되었다는 사실에 충격을 받았다고 말했다.

여성 혐오는 말할 것도 없고요. 버락 오바마가 미국 태생이 아니라고 비난했고, 멕시코 이민자를 범죄자와 강간범이라고 불렀으며, 모든 무슬림의 미국 입국 금지를 제안했는데 어떻게 그에게 투표할 수가 있죠?

그녀의 뒤를 이어 두 명의 백인 학생이 미국인들이 그런 사람을 백악관으로 끌어올린 것에 대해 분노를 표출했다. 그러자 한 흑인 여성이 입을 열었다.

저는 전혀 놀라지 않았습니다. 제가 아는 흑인들도 마찬가지였고요. 놀랄 일이 뭐가 있나요? 우리는 10 또는 12세대 동안 백인 우월주의에 시달려왔거든요. 우리에게 이번 선거의 결과도 다름이 없습니다. 오바마의 대통령 당선이 '탈인종주의' 시대의 시작을 알렸다는 백인 자유주의자들의 신화를 우리 중 누구도 믿지 않았습니다. 우리는 백인 우월주의가 미국인의 DNA의 일부이며 아마도 영원한 미국 문화라는 것을 알고 있어요.

그녀가 말한 후 두 명의 흑인 여성이 나서서 그녀의 말을 확증했다. 그 중 한 명은 바로 그날 아침 등굣길에 나서는 10대 아들에게 했던 이야기를 덧붙였다.

후드티를 내리고, 바지를 올리고, 백인처럼 걸어야 해. 그리고 경찰이 어떤 이유로든 너를 불러세우면 손을 들고, 그들의 명령에 따르고, 그들이 물어보지 않으면 입을 다물고 있어야 해. 그리고 그들이 널 경찰서에 데려가면 딱 한 번 엄마와 통화할 수 있도록 해줄 텐데 그것을 이용하렴.

그녀는 잠시 말을 멈추고 분노와 슬픔을 추스른 다음 말을 이어갔다. "흑인 부모가 그렇게 말할 때 그것은 '학교에서 좋은 하루를 보내라'는 뜻이죠. 그런 다음 아이들이 무사히 집에 돌아오길 바라며 하루를 보냅니다. 저는 이 학급에 있는 몇몇 아이와 전혀 다른 나라에 살고 있어요."

흑인 학생들이 발언할 때, 세미나에 함께 한 백인 학생들에게는 미국 민주주의의 완전한 시민권을 갖기 위해 필수적인 역량을 개발하는 기회가 주어진 셈이다. 나는 그것을 "연민의 상상력"이라고 부른다.

* 1단계는 특히 인종과 같은 강력한 식별 요소에서 서로 다른 배경을 가진 미국인들은 같은 사건을 매우 다른 각도에서 바라본다는 단순한 사실을 기억하는 것이다.

* 2단계는 어떤 상황에 대한 다른 사람의 해석에 놀랐을 때 주의 깊게 경청하는 것이다. 그러면서 자신의 반응을 의문에 붙이고, 낯선 관점을 받아들이기 위해 최선을 다해야 한다.

* 3단계는 적어도 1분 또는 2분 동안 상대방의 입장에 서서, 그 사람이 보고 느끼는 것을 조금이라도 보고 느끼려고 애쓰는 것이다.

흑인 동료들의 말을 들으면서 그 세 단계를 밟을 수 있었던 백인 학생들은 백인들이 세상을 경험하는 방식이 더 이상 표준적이거나 심지어는 정확하다고도 상상할 수 없었다. 이제 그들의 공동선에 대한 감각은 그동안 미국 정치에서 정회원 자격을 박탈당한 사람들을 포함하도록 확장되어야 할 것이다.

연민의 상상력을 발휘할 수 있는 인간의 능력을 차단하는 것은 지금 다시 미국 정치의 중심에 서게 된 백인 우월주의 운동의 목표 중 하나다.

2023년 6월 『교육 주간Education Week』이라는 신문에 실린 보고서를 보자.

> 2021년 1월부터 44개 주는 비판적인 인종 이론을 가르치는 것을 금지했고 교사가 인종 차별과 성 차별에 대해 토론할 수 있는 방법을 제약하는 법안을 도입하거나 다른 조치를 취했다. (…) 18개 주에서 법제화나 다른 방법으로 이러한 금지 및 제한 조치를 취했다.[22]

연령의 적절성을 고려하는 것은 제쳐두고, 어린이에게 인종 차별에 대해 가르치는 것을 제한하는 이유는 무엇인가? 지지자들은 다양한 이유를 제시한다. 어떤 사람들은 백인 우월주의가 노예 해방 선언과 함께 사라졌다고 주장하는데, 이는 쉽게 반증될 수 있다.[23] 어떤 사람들은 인종 차별의 발현을 깊이 들여다보는 것은, 백인 아이들로 하여금 백인이라는 이유로 죄책감을 느끼게 만들 것이라고 주장한다. 그런가 하면 체계적인 형태의 인종 차별에 초점을 맞춘 (비판적 인종 이론에 초점을 둔) 수업이 아이들로 하여금 조국에 대한 믿음을 잃게 만들 것이라고 주장하는 사람들도 있다.

나는 수천 명의 교육자들과 함께 일해왔지만, 아이들에게 인종에 대한 죄책감을 느끼게 하거나 국가에 대한 믿음을 잃게 하려는 것을 의도하는 사람들을 본 적이 없다. 이유는 간단하다. 좋은 교육은 감정적 조작과 양립할 수 없기 때문이다. 교육의 목표는 어떤 주제에 관해 우리가 알고 있는 사실을 단순하게 가르치는 것이다. 그리고 학생들이 그러한 정보의 비판적인 소비자가 될 수 있도록 도구를 제공하는 것이다.

때때로 사실들은 어렵고 충격적일 수 있으며, 그것을 배우면 감정이 일어나기도 한다. 따라서 좋은 교사(그리고 좋은 부모)는 아이들이 이러한 감정을 창의적으로 다룰 수 있는 안전한 공간을 조성하여 건강한 인간 형성을 이끌어준다.

나는 학생들이 인간 노예화에 대한 사실의 무게를 알고 느끼기를 바란다. 그리고 그런 형태의 잔인함을 뒷받침하는 이데올로기가 개인적·제도적 측면에서 어떻게 작용하는지 알기를 바란다. 이 모든 것을 충분히 이해함으로써 간단하면서도 인간적인 질문을 스스로에게 던질 수 있기를 바란다. "내가 백인이 아니었다면 X, Y, Z는 나를 어떻게 보고 느낄까?" 나는 그들이 공감적인 상상력을 키워서, 미국의 현실에 반작용react하는 것이 아니라 사려 깊은 시민들이 하는 방식대로 반응respond할 수 있기를 바란다.

결국 책임감이란 현실에 반응할 수 있는 능력을 의미한다. 미국 역사의 승리와 비극을 조사하는 학생들이 우리가 공언한 것과 모순되는 현실을 만났을 때 "그냥 넘어가세요. 여기엔 볼 것이 없습니다"라고 말하지 않아야 한다. 윌리엄 슬론 코핀William Sloane Coffin이 말했듯이 "애국에는 세 가지 종류가 있다. 두 가지는 나쁜 것, 한 가지는 좋은 것이다. 나쁜 애국자는 비판 없이 사랑하는 사람과 사랑 없이 비판하는 사람이다. 좋은 애국자는 국가와 사랑싸움을 계속한다."[24]

지금 미국은 민주적 마음의 습관을 회복하고 자비로운 상상력을 키우느냐 못하느냐의 중대한 기로에 서 있다. 수십 년 후 미국 인구는 유색인종이 주를 이룰 것이다. 역사적으로 다수를 차지했던 백인 중 다수는 자신들이 '추방'되고 '대체'된다고 여기면서 두려움과 분노를 느끼는데, 이것은 미국 민주주의에 마음의 병을 일으키는 주요 원인이다.[25]

사람은 바뀔 수 있다

2011년 3월, 이 책의 최종 원고를 출판사에 보낸 직후에 나는 내가 쓴 글의 많은 부분을 생생하게 경험했다. 나는 워싱턴 DC에 있는 '신앙과 정치 연구소'가 후원하고 고故 존 루이스 하원의원이 이끄는 3일간의 연례 의회 민권 순례에 참가했다.[26] 우리는 앨라배마주 버밍엄에서 시작하여 몽고메리로 이동하여 셀마에서 마무리했다. 그곳에서 우리는 미국 정치사의 중대한 사건인 '피의 일요일' 46주년을 기념했다.

1965년 3월 7일 일요일, 젊은이들이 많이 섞인 600명의 비폭력 시위대가 셀마의 에드먼드 페터스 다리 밑에 모여 몽고메리에 있는 앨라배마주 수도까지 50마일 행진을 시작했다. 선거 과정에서 아프리카계 미국인을 계속 배제하는 것에 반대하는 시위였다. 다리 반대편에 도착했을 때 행진 참가자들은 주 경찰과 지역 경찰에게 잔인한 폭력을 당했다. 그들은 곤봉과 최루탄을 휘두르며 걸어서 행진하는 이들을 무자비하게 진압했다. 수백만 명의 미국인이 TV를 통해 목격한 이 잔학 행위는 거국적 분노를 자아냈다. 그리고 행진 5개월 후 린든 존슨 대통령이 투표권 법안에 서명할 수 있을 만큼의 정치적 모멘텀이 되었다.

1965년 에드먼드 페터스 다리를 건너는 행진을 이끌었던 존 루이스는 스물다섯 살이었고 학생 비폭력조정위원회 위원장을 맡고 있었다. 그는 경찰에게 가장 먼저 구타를 당한 사람 중 한 명이었다. 경찰은 그의 두개골을 부수었고 그 흔적은 2020년 그가 죽을 때까지 남아 있었다.

2011년 3월 내가 참여했던 민권 순례는 내게 다른 흔적을 남겨주었다. 그때 나는 일흔한 살의 존 루이스(1987년부터 조지아주 5대 하원의원, 대통령 자유의 메달 수상자)를 따라서 그 다리를 건넜다. 46년 전 그곳에서 그는 깊은 시민권의 용감한 실천에 사람들을 이끌었다.

3일간의 민권 순례 기간 나는 이 책의 핵심 주제들에 대해 계속 곱씹게 되었다. 삶의 여러 현장에서 자라나는 "마음의 습관"의 중요성, 민주주의에 대한 미국의 실험에서 소박하고 종종 드러나지 않는 방식으로 참여를 유지하는 데 필요한 인내심, 있는 것과 있을 수 있는 것 사이의 긴장을 충실하게 유지하는 것의 중요성, "우리 본성의 더 착한 천사"를 불러일으킬 수 있는 긴장을 빚어내는 것 등이다.

존 루이스와 그의 또래 민권 운동 동지들은 미국이 줄 수 있는 최악의 고통을 겪은 세대의 후손이었지만 자유와 정의, 평등에 대한 비전을 포기하지 않았던 사람들의 후예라고 할 수 있다. 그 사람들은 가정, 이웃, 교실, 교회에서 자녀와 손주들에게 그 비전을 키워주었다. 그렇게 여러 세대에 걸쳐 꾸준하게 이어진 "지하" 활동은 1950년대와 1960년대에 우리의 관심을 끌기 전까지 백인 미국인들에게는 거의 보이지 않았다.

민권 순례에서 우리가 들렀던 대부분의 장소는 교회들이었다. 버밍엄의 16번가 침례교회, 몽고메리의 덱스터 애비뉴 침례교회, 셀마의 브라운 채플이 그곳이었다. 그 교회들에서 우리는 설교를 듣고 찬양을 부르며 역사를 느꼈다. 민권 운동가들은 이런 곳에서 공부와 실천, 기도를 통해 행동에 나설 준비를 했다. 그리고 이러한 행동에 경찰이 폭력으로 대응하자, 활동가들은 다시 이곳으로 돌아와 치유하고, 그룹을 정비하고, 다시 행동했다.

민권 운동 이전에 흑인 교회를 알고 있던 소수의 백인 미국인들은 대체로 그 정치적 연관성을 무시했다. 1940년대와 1950년대 시카고 교외의 부유한 백인 주거지에서 자란 소년이었던 나는 아프리카계 미국인에게 종교는 "머지않아 죽으면 하늘의 파이를 얻게 될 것"이라는 믿음에 지나지 않는다는 말을 들었던 기억이 난다. 그 구절은 "종교는 민중의 아편"이라는 마르크스의 생각을 무의식적으로 그리고 아이러니하게 앵무새처럼 읊어대는 자본가들에 의해 사용되었다.

"하늘의 파이"라는 표현은 인종 차별적이고 거만하며, 미국 내 흑인 교회의 역할에 대해 지극히 무지한 것이었다. 사실, 이 교회들은 사회 운동의 한 형태를 탄생시켰고 결국에는 이 땅의 평신도와 법을 변화시켰다. 2장에서 소개한 작은 교회처럼 이들은 오랫동안 억압받는 사람들이 민주적 절차의 참여자가 될 수 있도록 마음의 습관을 개발하는 데 한몫을 했다.

순례가 끝날 무렵, 우리는 다리를 건너 행진한 후에 몽고메리 공항으로 가기 위해 버스를 탔다. 우연하게도 내 뒤에는 존 루이스와 그의 직원 중 한 명이 앉았는데, 루이스가 들려주는 이야기를 엿듣게 되었다.

1961년 루이스와 그의 친구는 사우스캐롤라이나 록힐의 한 버스 정류장에 있었다. 그 때 몇몇 젊은 백인 남성이 야구 방망이로 그들을 공격해 피투성이가 되었다. 루이스와 그의 친구는 "반격하지 않았고 고소를 거부했다." 그들은 그저 상처를 치료하고 민권 운동을 계속했다.

이 사건이 발생한 지 48년 후인 2009년, 존 루이스와 비슷한 나이의 백인 남성이 중년의 아들을 데리고 국회의사당에 있는 사무실로 찾아왔다. "루이스 씨, 제 이름은 엘윈 윌슨입니다. 저는 1961년 버스 정류장에서 당신을 때린 사람 중 한 명입니다. 제가 저지른 끔찍한 일에 대해 속죄하고 싶습니다. 그래서 당신에게 용서를 구하러 왔어요. 저를 용서해 주시겠습니까?" 루이스는 그 사건을 회상한 다음 직원에게 이렇게 말했다. "나는 그를 용서했고 포옹했고 그의 아들과 나는 울었다네. 그리고 이야기를 나누었지."[27]

루이스는 이 놀랍고 감동적인 이야기를 끝내고 버스 좌석에 기대어 앉았다. 한때 엘윈 윌슨이 속해 있었던 KKK(백인우월주의 테러집단—옮긴이)의 살육 장소였던 시골을 지나가는 동안 그는 잠시 창밖을 바라보았다. 그리곤 아주 부드러운 목소리로, 마치 방금 전에 했던 이야기와 자기 안에서 움직였을 모든 기억에 대해 스스로에게 말하듯 루이스는 말했다. "사람은 바뀔 수 있지. 사람은 바뀔 수 있어."

그 순간, 나는 민주주의의 마음을 어루만지는 참된 치유사의 깊은 영혼을 본 것 같았다. 나는 우리가 사랑하지 않고, 진실하지 않고, 불의할 수 있다는 증거에도 불구하고 존 루이스를 그토록 오랫동안 행진하게 한 인류애에 대한 믿음을 보았다. 나는 2013년 6월 25일, 루이스가 자신의 피와 땀과 눈물로 만들어낸 1965년 투표권법의 핵심 조항을 미국 연방 대법원이 무효화했을 때 이 선한 남자를 다시 생각했다.[28]

존 루이스가 "사람은 바뀔 수 있지. 사람은 바뀔 수 있어"라고 하는 말을 들었을 때 나는 "그들"이 아니라 나에게도 희망이 있다고 느꼈다. 변화는 가능하다는, 사회적 변화는 물론 개인적 변화도 가능하다는 믿음은 우리가 민주주의라고 부르는 끝없는 실험에 장기적으로 참여할 수 있도록 도와준다. 민주주의가 단지 연명survive할 뿐만 아니라 번창thrive하는 일에 우리가 나설 수 있도록 해주는 것이다.

한국어판 서문

이 책이 한국어로 번역되어 출간되는 것에 대해 저는 매우 자랑스럽고 기쁘게 생각합니다. 출판을 가능하게 해주신 모든 분께 감사를 표하고 싶습니다. 특히 너그러운 마음으로 저의 저술을 한국에 소개해주신 번역자 김찬호 교수와 삼선장학재단 손선숙 이사장님께 더욱 감사를 드립니다. 이 짧은 서문을 통해 한국의 독자들에게 인사를 드리면서, 이 책에 대해 몇 마디를 나누고자 합니다.

고대 그리스의 위대한 역사학자 헤로도토스는 소크라테스의 말을 다음과 같이 인용한 바 있습니다. "나는 아테네 사람도 아니고 그리스 사람도 아니다. 나는 세계의 시민이다." 그래서 저는 우선 각자 선 자리에서 민주주의를 열망하고 이를 위해 분투하는 세계의 동료 시민인 여러분에게 인사를 드립니다. 여러분과 저는 자신이 살고 있는 곳의 정치적 건강함과 민주주의에 특별히 관심을 가져야겠지만, 우리가 조국에서 민주주의를 가꾸기 위해 노력하는 모든 일은 링컨이 말했던 "국민의, 국민에 의한, 국민을 위한 정부"를 향한 전 세계의 운동에 기여할 수 있습니다.

이 책에서 다루고 있는 핵심 주제 가운데 하나는 민주주의는 끝이 없는 실험이고, 그 성과는 결코 확신할 수 없다는 것입니다. 민주주의는 우리가 **가지고 있는** 무엇이 아니라, 우리가 **하고 있는** 무엇입니다. 이런 말을 글로 옮기는 것은 쉽습니다. 그러나 우리 중 많은 사람은 그것을 어떻게 행동으로 옮겨야 하는지를 알지 못해 곤혹스러워합니다. 투표에 참여하고, 자신이 지지하는 정치인의 유세에 후원을 하고, 선출된 공직자에게 어떤 쟁점에 관한 의견을 표명하는 등 최소한의 행동을 넘어서 무엇을 할 수 있을까요? 시민권의 거창한 형식에 시간과 에너지를 투입하는 대신, 우리는 사적 영역으로 숨어들어 오로지 자신의 개인 생활을 개선하는 데 집중합니다. 그 결과 민주주의는 위기에 빠지고, 거기서 생겨난 공백을 비민주주의적인 힘이 채우려고 합니다.

저의 나라 미국에서 사람들이 그렇게 사적 영역으로 위축되는 데는 적어도 두 가지 이유가 있습니다. 첫 번째는 미국의 정치 문제가 수많은 사람에게 너무 광대하고 복잡하며 일상의 뿌리에서 매우 멀어서 우리같이 평범한 사람들은 할 수 있는 게 아무것도 없다고 느끼는 것입니다. 두 번째는 우리의 공공적·시민적 영역이 폭력적인 언어의 "전투 지대"가 되어서, 많은 사람이 시민으로서 발언하고 행동하다가 언어적 공격이나 그보다 더 나쁜 일에 시달릴지 모른다는 두려움 때문에 도망가버린다는 것입니다.

그래서 이 책에서는 민주주의를 걱정하는 사람들에게 두 가지를 기억해줄 것을 간청합니다. 첫째, 이른바 "정치 뉴스"를 숨 가쁜 속도로 광범위하게 보여줌으로써 결국 우리의 무력감을 자아내는 대중매체에 우리가 저항해야 한다는 것입니다. 국가적·국제적인 문제는 지역적인 원인 그리고 결과를 갖고 있음을 잊지 말아야 합니다. 이렇듯 생활 가까이에 있는 인간적 규모의 쟁점을 언급함으로써, 우리는 힘을 회복하기 시작하여 보다 커다란 관심사들에 지렛대 역할을 할 수 있을 것입니다.

가족, 동네, 교실, 일터, 종교 공동체 또는 다른 자발적 결사체 등 우리가 쉽게 접근할 수 있는 일상의 장소에서 민주주의를 위해 움직일 때, 우리는 지역 공동체만을 새롭게 하는 것이 아닙니다. 우리는 민주주의의 주체이자 옹호자로서 행동하는 힘을 회복하는 것이기도 합니다. "우리 국민"(미국 헌법의 첫 단어입니다)은 자신이 살고 일하는 장소에서 시민 공동체를 창조할 때 비로소 우리를 다스리는 이들을 견제하고 바로잡을 힘을 쥘 수 있습니다. 그렇게 해야만 "국민의 목소리"가 형성될 수 있고, 제도적인 정치권력의 공간에서 그 목소리가 들릴 수 있습니다.

그것은 이 책에서 핵심적으로 담고 있는 두 번째 간청으로 이어집니다. 우리 국민은 많은 쟁점에서 언제나 이견을 드러내야 할 것입니다. 동의하지 않을 자유는 민주주의의 위대한 선물 가운데 하나이자, 그 위대한 힘 가운데 하나입니다. 우리가 이견을 드러낼 때 더 좋은 답이 나올 수 있기 때문입니다. 그러나 만일 우리의 이견이 독기와 증오로 가득 차 있거나 폭력적이라면 시민사회를 강화하는 것이 아니라 오히려 약화시킬 것입니다. 의견에 강한 차이가 생기는 것은 문제가 아닙니다. 자신에게 동의하지 않는 사람들을 악마화하는 것이 문제입니다.

따라서 우리는 어떤 민주주의든 그것이 살아남는 데 근간이 되는 "마음의 습관"을 키워야 합니다. 제가 "창조적으로 긴장을 끌어안기"라고 부른 마음의 습관 말입니다. 우리 안의 차이를 생명을 불러일으키는 방향으로 끌어안는 법을 배울 때 갈등이 민주주의의 적이 아니라, 민주주의의 엔진으로서 보다 나은 사회의 가능성으로 우리를 계속 이끌어간다는 것을 배우게 됩니다. 어디에서 그런 마음의 습관을 배울 수 있을까요? 다시 한번 말씀드리건대 답은 가까이 있습니다. 가족, 동네, 교실, 일터, 종교 공동체 또는 다른 자발적 결사체 등에서 마음의 습관을 가르치고 배울 수 있습니다. 일상생활의 장소들 그리고 그 안에서 형성될 수 있는 민주적인 마음의 습관은 민주주의의 보이지 않는 인프라를 구성합니다. 그것이 건강하게 유지·보수되어야 민주주의가 잘 작동합니다.

다시 한번 세계의 동료 시민인 여러분에게 인사를 드립니다. 시민이 이룩한 최고의 정치적 성취는 "민주주의"라고 불립니다. 어렵게 쟁취한 고귀한 정치적 유산을 여러분과 저는 공유하고 있습니다. 그것을 물려받을 만한 가치가 우리에게 있기를 바랍니다. 한국의 민주주의가 지속되고 번성하도록 애쓰는 여러분이 이 책에서 가치를 발견하기를 희망합니다. 우리를 묶어주는 인간적이고 정치적인 유대에 대해서 그리고 제가 여러분에게 배울 기회를 갖게 된 것에 대해서 깊이 감사드립니다.

역자 서문

한국인은 정치에 대한 관심이 많은 편이다. 사적인 자리에서도 특정한 정치인이나 정당에 대해 스스럼없이 의견을 나눈다. 그러다가 곧잘 흥분을 하는가 하면 날카로운 대립으로 치닫기도 한다. 우리가 유난히 정치 상황에 민감한 까닭은 무엇일까. 지난 반세기 현대사가 정치적인 격동으로 점철되는 가운데, 커다란 권력 지형의 변화는 많은 사람의 삶에 중대한 일이었기 때문이리라. 그러한 관심이 일정한 방향으로 모아져 집단적인 에너지를 이루고 현실을 변화시키기도 했다. 민주화는 그러한 에너지의 축적 위에 피어난 결실이었다고 할 수 있다.

민주화 이후에도 한국의 정치는 격동을 멈추지 않았다. 총선과 대선의 판도는 언제나 예측 불가능한 안개 정국이다. 군건했던 정당이 민심의 외면으로 허물어지는가 하면, 의외의 인물이 혜성처럼 나타나 뜨거운 지지를 받는다. 인터넷과 SNS 등의 미디어 환경 속에서 그러한 파동은 더욱 쉽게 일어나고 있다. 네티즌이 정보와 의견을 신속하게 주고받으면서 형성하는 여론은 정치제도의 틀이나 기존 언론의 영향력을 압도하는 강력한 변수가 되었다.

하지만 그러한 정치적 역동이 실제로 세상을 바꾸고 있는가. 한국의 민주주의는 전진하는가. 촛불 집회에서 트위터와 〈나는 꼼수다〉에 이르기까지 광장의 함성이 종종 달아오르지만, 그 열기에서 모아진 기대에 비해 현실의 변화는 늘 요원하게 느껴진다. 뿐만 아니라, 진보라는 이름으로 추진되는 일이나 그 힘으로 수립된 정권도 실망을 자아내는 경우가 많다. 정치는 종종 냉소의 대상이 되고, 정치인은 싸잡아서 파렴치한 무리로 여겨진다. 정치에 희망을 거는 사람들을 만나보기란 매우 어렵다. 왜 정치는 늘 그 수준에서 맴도는가.

이 책의 저자 파커 파머도 미국의 정치 상황에 대해 상심하고 절망하고 있다. 20세기의 세계사를 주도해온 민주주의 정신이 쇠퇴하고 국민들이 저마다 사사로운 이익에 골몰하는 모습, 그 허약해진 공공의 영역을 교활한 정치인들이 장악하고 엉뚱한 명분으로 전쟁을 일으켰던 상황 그리고 공적인 규제를 받지 않는 금융자본의 부조리하고 부도덕한 행위로 수천만 명이 고통에 빠지게 된 지경에 대해 탄식하고 있다. 많은 미국인이 정치에 대해 아예 신경을 끄고 산다고 저자는 한국어판 서문에 쓰고 있다. 정치 과잉의 한국과 대조를 이루는 듯하지만, 시민들의 참여가 부족해 공공성이 위기에 처한 것은 비슷하다. 변화는 가능한가.

이 책의 원제는 *Healing the Heart of Democracy*이다. 민주주의의 마음을 어떻게 치유할 것인가가 저자의 문제의식이다. 왜 마음인가? 정치 현상을 유권자들의 감정이나 인지 체계 차원에서 심리학적으로 분석하는 것은 익숙하다. 그러나 마음은 훨씬 더 근원적인 차원에 있는 '자아의 핵심'을 가리킨다. 저자에 따르면 그것은 '우리의 모든 앎의 방식들—지적·정서적·감각적·직관적·상상적·경험적·관계적·신체적—이 수렴되는 중심부'를 말한다. 마음은 지극히 개인적인 영역으로서, 정치와 거리가 멀게 느껴진다. '마음공부'에 몰두하는 사람들은 민주주의가 위기에 처한 현실을 심각하게 고민할 것 같지 않다.

그러나 내면과 외면을 분리시키는 생각 자체가 지금의 정치와 민주주의를 왜곡시키는 뿌리라고 저자는 보고 있다. 많은 사람이 정치에 대해 불만을 갖고 있지만 좀처럼 변하지 않는 이유가 있다. 결정적인 상황에서 말하고 움직여야 할 사람들이 침묵하고 외면하고 움츠러들기 때문이다. 눈앞의 이익에 현혹되어 불의한 결정에 손을 들어주기 때문이다. 저자는 그 분열의 바탕을 마음에서 찾으면서 다음과 같이 말한다. "우리가 자아와 세계라고 이해하는 모든 것이 마음이라고 불리는 중심부에서 하나가 될 때, 우리는 자신이 아는 바에 따라 인간적으로 행동할 용기를 찾을 수 있을 것이다."

여기에서 말하는 용기는 거대한 권력에 의연히 맞서는 기백氣魄 이상을 뜻한다. 온갖 절망적인 상황에서 마음이 무너지고 부서질 때, 체념하지 않고 자아의 중심을 붙들 수 있어야 한다. 엄습하는 두려움을 회피하기 위해 맹목적인 집단 숭배에 열광하거나 사적인 안위와 소비주의에 탐닉하지 않고, 내면의 풍경을 있는 그대로 응시해야 한다. 그래서 당위와 현실 사이의 비극적 간극을 가슴에 품고 견디는 '비통한 자들the brokenhearted'이 될 수밖에 없다. 그리고 '부서져 흩어지는broken apart' 것이 아니라 '부서져 열리는broken open' 마음이 요구된다. 선악의 구도가 명확하지 않고 무엇을 해야 할지 모르는 상황에서도 그 '애매함'과 '긴장'을 끌어안아야 한다.

이는 얼핏 나약한 소시민주의와 비슷해 보인다. 신중하게 사태를 지켜본다는 핑계로 행동을 보류하고 자칫 비겁한 기회주의로 빠질 수도 있을 듯하다. 혼자라면 그렇게 될 가능성이 높다. 바로 그렇기 때문에 이 책에서는 사회적 연대와 공공적 책임을 끊임없이 강조한다. 개인의 내면적 성찰은 공동체 안에서 심화될 수 있고, 거기에서 생성된 용기는 공동체를 넘어서 사회의 변혁으로 확장될 수 있다. 저자는 이를 뒷받침하는 수많은 사례를 구체적으로 제시한다. 역사의 큰 획을 그은 사회운동이 처음에는 작은 만남과 대화에서 시작되었음을 강조한다.

저자가 말하는 용기에는 단호함과 함께 신중함이 요구된다. 몇 가지 단편적인 정보를 단순한 도식으로 꿰어 맞춰 편을 가르고 극단으로 맞서는 마음의 습관으로는 민주주의를 지탱할 수 없기 때문이다. '우리'와 '너희'를 흑백의 구도로 나누고 싶은 유혹을 물리치고, 나와 전혀 다른 사람들의 목소리에 귀 기울이는 너그러움의 여백에서 민주주의는 꽃을 피울 수 있다. 성급하게 단정하고 결론을 내리지 않고, 모순되는 요구와 주장들을 일단 끌어안고 서로 끈질기게 토론하고 설득하는 장場이 있어야 한다. 의견이 아무리 상반된다 해도 상대방의 인간성마저 부정하지 않아야 그것이 가능하다. 이를 위해서는 이견을 가진 사람들이 정직하고 열린 마음으로 만날 수 있는 공간이 필요하다. 이 책에서는 그것을 어떻게 확보할 수 있을지에 대해서도 여러 사례와 제안을 던져주고 있다.

이러한 내용은 특히 한국의 정치 상황에 각별한 메시지가 된다고 본다. 트위터만 보고 있으면 당장이라도 정권이 바뀔 것 같은 착각에 빠진다고 말하는 사람이 많다. 새로운 미디어 환경은 누구든지 공론장에서 자유롭게 발언할 수 있도록 기회를 열어주었지만, 다른 한편으로는 입장이나 지향이 비슷한 사람들끼리만 패거리를 이루면서 생각을 굳혀가는 폐쇄회로가 되기도 한다. 유유상종과 동어반복 속에서 소문은 진실이 되고, 희망 사항은 신념을 넘어 독단으로 변질된다. 격정과 선동으로 점철되는 광장의 열기 속에 우상들이 출몰하고 허황된 영웅주의와 무책임한 대중이 공생한다. 그 결과 엉뚱한 세력에게 권력을 열어준다. 이러한

악순환의 고리를 끊으려면, 마음의 자화상을 조용하게 마주하면서 민주
주의의 원점을 되짚어야 한다.

이 책은 미국의 역사와 현실을 토대로 쓰였다. 저자는 일그러진 영웅
이 되어버린 미국의 자화상을 직시하면서, 원초적인 건국 정신을 추적
한다. 국가를 창설했던 주역들의 성취와 한계를 확인하고, 『미국의 민주
주의Democracy in America』의 저자 알렉시스 드 토크빌의 진술을 통해 초
기 민주주의의 신선한 역동성을 재현한다. 그리고 역사의 커다란 물줄기
를 바꿔놓은 링컨 대통령의 고뇌와 결단은 어디에서 연유했는지, 남북전
쟁이 발발하기 훨씬 전에 노예를 해방시키기 시작한 퀘이커교도들이 자
기의 소신을 얼마나 끈질기게 밀고 나갔는지를 탐구한다. 애당초 미국이
꿈꾸었던 세계를 간절히 열망하는 파커 파머는 진정한 애국자라는 생각
이 든다.

한국은 정치, 경제, 군사, 문화 등 모든 면에서 지난 반세기 동안 미국
의 영향권 속에 있었다. 대학교수들의 80퍼센트가 미국 박사일 뿐 아니
라, 지금 미국에는 10만 명이 넘는 유학생과 140만 명이 넘는 한인 교포
가 살고 있다. 한국이 이렇게 미국과 밀접한 관련을 맺고 있지만, 우리
는 미국에 대해 문외한이다. 미국의 역사를 제대로 배운 적도 없고, 지
금 그 사회를 움직이는 다양한 힘들에 대해서도 잘 알지 못한다. 피상적
으로 접하는 뉴스, 영화와 음악과 스포츠 등의 대중문화, 몇 가지 정치
적·경제적 쟁점을 둘러싼 반미 감정 그리고 미국에 대한 막연한 동경과
선망 정도가 우리가 체감하는 미국이다.

이 책을 통해 우리는 미국이 처한 현실을 입체적으로 파악하면서, 그
이면에 깔려 있는 역사의 흐름을 긴 호흡으로 따라갈 수 있다. 그 과정
에서 우리가 얼마나 민주주의에 대해 피상적으로 생각하고 있었는지도

새삼 깨닫게 된다. 한국은 갑자기 식민 지배를 당하면서 구체제가 무너졌고, 갑자기 해방되면서 미국식 정치제도가 들어왔다. 민주주의의 지난한 태생 과정을 생략한 채 민주주의의 외형을 들여놓고, 반독재 투쟁을 거치면서 압축적으로 그 실속을 채워왔다. 그러나 권력자의 선출 방식을 민주화하는 것만으로는 풀리지 않는 과제들이 너무 많다는 것이 갈수록 분명해지고 있다.

그것은 미국에서도 마찬가지다. 시장의 힘이 커지고 미디어가 번창하면서 공공의 삶이 허약해지는 것은 많은 나라의 공통된 사정으로 보인다. 파머는 막막한 현실에 틈을 내고 새로운 삶의 질서를 창조해내는 비전과 전략을 제시한다. 하지만 그는 정치적 낭만주의자나 순진한 유심론자가 아니다. 갈등을 적당한 선에서 원만하게 화해하자거나, 차이에 대해 무조건 관용하자는 입장도 아니다. 따지고 짚어야 할 것에 대해서는 철저해야 한다고 그는 생각한다. 그는 공동체의 꿈을 위해 가슴 설레면서도 객관적 세계를 냉철하게 분석하고, 마음의 힘을 신뢰하면서도 인간 본성의 어두운 심연을 놓치지 않는다.

파커 파머는 지난 10여 년 동안 여러 번역서를 통해 한국의 많은 독자에게 영감을 불어넣어주었다. 이번 책에서 저자는 그동안의 사유와 실천을 집대성했다. 긴 생애의 여정에서 얻은 체험을 세밀하게 성찰하면서, 의회와 법정을 위시해 텔레비전과 쇼핑몰에 나타나는 다양한 세상사를 관찰하면서, 시와 소설로부터 사회과학 논문에 걸친 방대한 문헌을 인용하면서, 삶과 사회의 본질을 예리하게 통찰하고 있다. 그리고 '용기와 회복 센터'를 통해 여러 자리에서 꾸려온 공동체, 내면을 공적으로 드러낼 수 있는 안전한 공간의 가능성과 의미를 정리하고 있다.

필자와 몇몇 동료들은 미국의 용기와 회복 센터에서 주관하는 피정 프로그램에 직접 참여한 적이 있고, 그쪽의 도움을 계속 받으면서 한국에서 '마음비추기 피정'이라는 자매 프로그램을 4년째 운영하고 있다. 그 과정에서 파커 파머와도 여러 차례 서신 교환이 있었다. 이 책이 처음 구상되는 단계에서 썼던 에세이를 우리에게 보내줘 그 문제의식을 일찍부터 접할 수 있었다. 이 번역은 그러한 마음 깊은 교류의 산물이기도 하다. 필자는 번역과 교정을 하면서 이 책을 세 차례 정독하게 되었는데, 읽을 때마다 새삼스러운 감흥과 깨달음으로 다가오는 것이 많았다. 독자들도 이 책을 한 번 읽고 덮는 것이 아니라, 두고두고 거듭 펼쳐 보게 되리라 짐작한다.

출간하면서 특히 감사할 분은 삼선장학재단의 손선숙 이사장이다. 한국에서 '마음비추기 피정'이 뿌리내릴 수 있도록 물심양면으로 지원을 아끼지 않으셨고, 책을 번역하는 과정에서 파커 파머와의 교신을 전담해 온갖 궂은일을 마다하지 않으셨다. 이 책의 가치를 알아본 글항아리 출판사와 담당 편집자 김신식 씨에게도 깊은 고마움을 전한다.

2012년 봄
김찬호

Healing the Heart of Democracy
by Parker J. Palmer

차례

인간의 마음은 민주주의의 첫 번째 집이다. 거기에서 우리는 묻는다. 우리는 공정할 수 있는가? 우리는 너그러울 수 있는가? 우리는 단지 생각만이 아니라 전존 존재로 경청할 수 있는가? 그리고 의견보다는 관심을 줄 수 있는가? 살아 있는 민주주의를 추구하기 위해 용기 있게, 끊임없이, 절대로 포기하지 않고, 동료 시민을 신뢰하겠다고 결심할 수 있는가?

— 테리 템페스트 윌리엄스, 「관여」1

비통한 자들을 위한 정치학
The Politics of the Brokenhearted

어둠의 시간, 눈은 보기 시작하네.
—시어도어 로스케, 「어둠의 시간에」

나는 비통함—개인적이고 정치적인 비통함—의 계절에 이 책을 쓰기 시작했다. 그 비통함은 곧 영혼의 어두운 밤 속으로 내려왔다. 내가 다시 빛으로 되돌아가는 길을 찾기까지 몇 개월이 걸렸고, 이 책을 마무리하기까지 6년이나 걸렸다. 하지만 어둠 속에서 비틀거릴 때, 로스케의 말은 거듭 진실로 입증되었다. 즉 나의 눈은 새로운 통찰로 열렸고 나의 가슴은 새로운 생명으로 열렸다. 그 증거가 이 책을 덮을 때 분명해질 것이다.

2004년에 나는 65세가 되었다. 내가 "황금의 시기golden years"[노후]에 들어가고 그 황금 가운데 얼마나 많은 부분이 탐욕이었는지를 보게 되면서, 나는 나이가 들어 찾아오는 상실에 낙심하고 있었다. 가족과 친구들은 하나둘씩 떠나갔다. 한때 나의 인생을 걸고 붙들던 비전은 손아귀에서 빠져나가고 있었다. 나의 육체는 한때 상상했던 것보다 훨씬 쉽게 죽어버릴 수 있는 사내라는 것을 거듭 일깨워주었다. 그리고 우리 세대가 미국 문화를 주도할 때와 달리 나는 더 이상 그 문화를 쉽게 "읽어"낼 수 없었다. 마치 어렸을 때 비밀 해독 반지를 잃어버린 듯했다. 그리고 그와 함께 21세기의 삶을 이해하는 능력도 잃어버린 듯했다.

내 개인적 삶의 형상이 점점 낯설어지고 때로 점점 무서워지는 가운데, 내가 보기에 그와 똑같은 일이 미국 정치에도 일어나고 있었다. 나는 국가의 모습에 당황하면서 고국에서 난민이 된 듯한 느낌이 들기 시작했다. 9·11테러 공격은 민주주의에 대한 미국의 칭송을 심화하면서 또한 민주주의를 위협하는 악마에게 기운을 불어넣었다. 그 악마는 지금도 여전히 거대하게 군림하고 있다. 우리는 공포에 상처받고 압도되어 그 테러와 직접적인 관계가 전혀 없는 한 나라와 곧바로 전쟁에 돌입했다. 많은 미국인은 국제협약 의무사항과 함께 자신들의 헌법상 권리를 기꺼이 포기하려는 듯했다.[2] 선출직 공무원을 포함한 일부 미국인은, 항의하고 이의를 제기하는 사람들을 매국노라고 서슴지 않고 비난했다. 그것은 결국 민주주의의 기반인 시민 공동체를 부수는 일이다.

민주당과 공화당이 합세하여 민주주의를 위기에 빠뜨리는 이러한 순간은 내게 그다지 낯설지 않다. 내 인생의 여정에는 이와 비슷한 상황이 여러 차례 있었다. 매카시의 공산주의자 마녀 사냥, 민권운동에 대한 반대, 1960년대의 정치적 암살, 불타는 도시들, 베트남 전쟁, 국방성 문서들, 워터게이트 사건 그리고 2000년 선거의 와해 등이 그것이다. 나는 중산층이 급격하게 무너지고, 점점 막강해지는 큰 돈의 힘과 부의 과두제가 민중의 의지를 꺾어버리는 것을 목격했다. 그러나 공포와 균열이 미국적 삶의 주제가 되고, "꽃피는 경제"가 안쪽으로 파열되는 듯한 기분이 짙어지면서, 2004년 미국의 민주주의는 훨씬 더 위기에 빠지고 있음을 느꼈다.

국경 너머의 타자에 대한 불신이 깊어지고 우리(나를 포함한 하나의 우리)가 서로를 이방인으로 만들기 시작하면서, 나는 분노와 절망의 소용돌이로 빠져들었다. 우리의 차이가 우리가 가장 가치 있게 여겨온 자산 가운데 하나라는 것을 어찌하여 잊어버리게 되었는가? "우리가 두려워해야 할 것은 두려움 그 자체뿐"이라는 선언은 어디로 갔는가? 폭력은 문제를 해결하는 듯 보이지만 결국에는 적어도 그만큼의 다른 문제를 만들어낸다는 것을 언제쯤 깨닫게 될까? 우리는 왜 뭇 생명을 귀중하게 여기지 않는가? 국가의 위대함을 가늠하는 척도는 강자가 얼마만큼 성공하느냐뿐만이 아니라 우리가 약자를 얼마나 잘 지지하는가에 달려 있다는 것을 왜 이해하지 못하는가?

그리고 우리 국민은 어디로 갔는가? 우리 안에 있는 적에 의해서 분단되고 정복되는 것을 허락하지 않는다면, 가장 고귀한 목적을 위해 민주주의를 갱신할 힘을 가진 국민 말이다.

∘◌◌∘

우리가 좋아하는 것들이 산산조각 날 때 마음이 부서진다. 나는 예순다섯 살에 그것을 다시 느끼고 있었다.[3] 이번 일은 예전에 내가 알고 있던 대부분의 것보다 한결 어둡다는 것을 곧 깨닫기 시작했다. 나는 우울증 속으로 내려앉고 있었다. 어른이 되고 나서 세 번째로 겪는 우울증이다. 나는 이런 형태의 정신적 고통에 잘 빠져드는 성향을 가졌음이 분명하고, 그래서 비통함이 곤경의 유일한 근원이라고 주장할 수는 없다. 그렇다고 해서 모조리 뇌의 화학 작용이나 유전자 탓이라고만 할 수도 없다. 광산 안에 있는 카나리아처럼 마음이 세상의 독한 공기를 마시고 죽어가기 시작할 때가 있는 것이다.

"우울증의 목소리"에 대해 많은 것이 이야기되어왔다. 그것은 한 사람의 인생 전체에 대해 절망적으로 말하는 목소리다. 그 목소리가 얼마나 크고 단호한지 다른 소리는 전혀 들리지 않는다. 나는 그 목소리를 잘 알고 있다. 나는 아주 오랫동안 그 치명적인 다그침을 들으면서 세월을 보낸 적이 있다.

시어도어 로스케는 "어둠의 시간에, 눈은 보기 시작하네"라고 했는데, 그렇듯 생기를 주는 사실에 대해서는 별로 이야기되지 않았다. 내가 어둠 속에 머무는 동안 나의 보는 눈이 점점 날카로워진다는 것을 믿거나 내가 보고 있는 것을 이해하기란 어려웠다. 그러나 내가 서서히 삶으로 되돌아오면서 나 자신과 내가 의지해온 공동체를 훨씬 선명하게 인식하게 되었다는 것을 알 수 있었다. 그리고 그 공동체의 정치에 다시 관여하면서 삶을 북돋는 방식으로 그 긴장을 붙들려면 어떻게 해야 하는지를 다시 배워야겠다고 다짐하게 되었다.

나는 회복의 과정에서 귀중한 책 한 권을 발견했는데, 거기에서 비통함과 우울증—내가 경험한 바로는 사람을 가장 고립시키고 무력하게 만드는 두 가지다—이 어떻게 연결감sense of connectedness을 확장하는지, 긴장을 삶의 유익으로 끌어들이는 마음의 능력을 어떻게 일깨우는지를 이해하게 되었다. 조슈아 솅크가 쓴 『링컨의 멜랑콜리Lincoln's Melancholy』는 16대 대통령의 우울증 기행을 면밀하게 파헤친다.[4] 링컨이 20대 때, "멜랑콜리"라고 불린 것이 그에게 처음 나타났다. 그때 이웃들은 행여 링컨이 자살하지 않을까 걱정이 되어 그를 자기들의 집으로 불러들여 이야기를 들어주고 보살펴주었다. 링컨은 죽는 날까지 그 괴롭힘

과 싸웠는데, 그 어둠의 씨줄은 자신이 어떤 식으로든 공공을 위해 봉사
하고자 태어났다는 확신에 의해 그의 일생을 수놓았다.

자기 안에 있는 어둠과 빛을 동시에 끌어안고 통합하는 것으로써 삶
을 보존해야 했던 링컨은 그 덕분에 미국이 연방으로서 유지되는 데 기
여할 수 있는 그만의 독특한 자질을 갖추게 되었다. 그는 어둠과 빛을 매
우 친숙하게 알고 있었기에—인간적인 모든 것의 분리할 수 없는 요소
로서 그것들을 알고 있었기에—그는 남과 북을 "나쁜 놈"과 "좋은 놈"으
로 나누는 것을 거부했다. 만약 그렇게 나누었다면 우리는 거의 국가적
인 자살에 이르렀으리라.

그 대신 남북전쟁이 끝나기 한 달 전인 1865년 3월 4일에 행한 두 번
째 취임 연설에서 링컨은 "누구에게도 악의를 품지 말 것"과 "모두에게
자비를 베풀 것"을 호소했다. 거기에는 무엇이 깔려 있는가? 어떤 작가
는 그것을 가리켜, 전쟁의 정면 공격에 맞서는 자의 "모든 사람을 향한
경외감 넘치는 사랑"이라고 표현했다.[5] 링컨은 깊숙하게 분단된 미국을
향한 그의 호소에서 우리 삶의 핵심적인 사실을 함께 지적한다. 우리가
살아남아 번영하고자 한다면, 민주주의를 잃어버리지 않도록 분리와 모
순을 너그럽게 품어야 한다는 것이다.

어떠한 차이든 극복하고 서로에게 마음을 열면서 정치적 긴장을 끌어
안는 것에 대해 링컨은 우리에게 많은 것을 가르쳐준다. 우리를 자신으
로부터 분리시키는 모든 것을 화해시킬 때, 그 길은 "여기에서" 시작된
다. 여러 가지로 분리된 세상에 치유의 힘을 가지고 나가 어둠에서 빛을
끌어낼 때, 혼돈에서 커뮤니티를 창조할 때, 죽음에서 삶을 불러일으킬
때, 그 길은 열리는 것이다.

◦⊰∞⊱◦

나의 경험에 비춰보면 개인적인 문제에 맞닥뜨렸을 때 가장 좋은 치료법은 안쪽을 들여다보는 것만큼이나 바깥으로 손을 뻗치는 것이다. 링컨에 대해 읽어나가면서 나의 치유가 이뤄지는 동안, 오늘날 미국을 위협하는 분열을 과연 넘어설 수 있을 것인지 질문하기 시작했다. 링컨처럼 선출된 지도자가 아니라, 민주주의를 신봉하는 한 시민의 입장에서 말이다. 그 질문이 강요된 이타주의 속에서 행해지는 경건한 연습—그것은 언제나 기분을 좋게 하는 실패로 이어져 결국에는 "내가 그래도 애를 썼잖아. 신은 알고 계시거든"이라는 자기 연민으로 끝난다—이 되지 않도록 하기 위해서, 근본 신념에서 완전히 상반되는 사람들과 진정으로 일치할 수 있는 지점을 찾을 필요가 있었다.

예를 들어 종교나 정치에 관한 확신이 너무 강고해서 조금이라도 견해를 달리하는 사람들에게 전혀 귀 기울일 필요가 없다고 생각하는 사람들—특히 폭력을 쓰면서까지 자신의 세계관을 밀어붙이는 일부 극단주의자들—과 나는 무엇을 공유하는가? 나는 정치적인 비통함을 경험하면서 그 실마리를 얻게 되었다. 어쩌면 우리는 근대성의 가장 나쁜 특징들에 대해 똑같이 슬픔을 느끼고 있는지 모른다. 무심한 상대주의, 정신을 좀먹는 냉소주의, 전통과 인간 존엄성에 대한 경멸, 고통과 죽음에 대한 무관심 등이 그것이다.

우리 모두를 왜소하게 만드는 이런 문화적 추세에 어떻게 반응할 것인가? 나는 이 질문에 대해 타협할 수 없는 신념을 가지고 있다. 폭력은 절대로 답이 될 수 없다는 것이다. 그 대신 법률이 허락하는 범위 안에서 사람들이 저마다의 뜻대로 믿고 행동할 수 있는 자유를 보호해야 한다.

다수결의 원칙을 따르면서도 소수자들의 권리를 보호하는 데 힘써야 한다. 서로가 서로를 아껴야 한다는 책임감으로 행동해야 한다. 우리 사이에 존재하는 결정적인 차이들에 대해 스스로를 가르쳐야 한다. 상호 이해를 향한 대화 속에서 하나가 되어야 한다. 폭력의 사용을 포함하여 우리를 위축시키는 모든 것에 대해 두려움 없이 말해야 한다.

나는 돌이킬 수 없을 만큼 폭력에 깊숙하게 개입한 사람들과 최소한의 공통 기반도 찾을 수 없을지 모른다. 나와 극명하게 대립되는 견해를 가진 사람들과 공통 기반을 찾을 수 있을까? 아주 작지만 거기에 서서 우리가 잠시 이야기를 나눌 만큼의 커다란 기반을 찾을 수 있을까? 찾을 수 있다고 믿을 만한 이유가 내게 있었다. 예를 들어 임신 중절처럼 어려운 쟁점에 대해 의견이 다른 사람들과 하루 종일 대화하는 프로그램을 알고 있는데, 참가자들은 자신의 입장을 끝까지 밝히지 않게끔 되어 있다. 대신에 그들은 개인적인 스토리텔링 기법을 배우고, 타인의 이야기를 단지 경청하면서 어떤 경험들이 그의 신념을 발생시켰는지 공유하도록 초대된다.

마음이 부서진 경험들로 종종 채워지는 서로의 이야기를 듣다 보면, 이른바 태아의 생명을 주장하는 사람들과 임산부의 선택권을 주장하는 사람들 간에 예기치 않은 유대가 생겨날 수 있다. 비슷한 경험이 상반된 결론으로 이어졌음을 두 사람이 발견할 때, 그들은 그 차이를 존중할 가능성이 크다. 비슷한 형태의 슬픔을 경험했다는 것을 알기 때문이다.[6] 다른 사람의 이야기를 더 많이 알면 알수록 상대방을 적으로 바라볼 가능성은 점점 줄어든다.

임신 중절은 어떤 사람들이 "분노의 정치"라고 부른 것을 불러일으키는 여러 쟁점 가운데 하나다. 그러나 분노는 비통함이 걸치고 있는 가면 가운데 하나일 뿐이다. 자신의 신념을 "적"에게 돌처럼 던지는 대신 고통의 근원을 서로 나눌 때, 우리는 마음을 열고 커다란 분리를 연결하는 통로를 찾을 수 있다.

‧ ❀ ‧

이 책에서 마음heart이라는 단어는 본래 의미의 부활을 요구한다. "heart"는 라틴어 cor에서 왔고, 단지 감정만이 아니라 자아의 핵심을 가리킨다. 우리의 모든 앎의 방식—지적·정서적·감각적·직관적·상상적·경험적·관계적·신체적—이 수렴되는 중심부인 것이다. 머리로 아는 것과 직감적으로 아는 것이 통합되는 곳이고, 지식이 보다 인간적으로 충실해질 수 있는 장소다. cor는 또한 courage라는 단어의 라틴어원이기도 하다. 우리가 자아와 세계라고 이해하는 모든 것이 마음이라고 불리는 중심부에서 하나가 될 때 자신이 아는 바에 따라 인간적으로 행동할 용기를 찾을 수 있을 것이다.

이 시대의 정치는 "비통한 자들the brokenhearted[직역을 하자면 마음이 부서진 자들이라고도 할 수 있다]의 정치"다. 이 표현은 정치학의 분석 용어나 정치적 조직화의 전략적인 수사학에서는 발견되지 않는다. 그 대신 인간적 온전함의 언어에서 그 표현이 나온다. 오로지 마음만이 이해할 수 있고 마음으로만 전달할 수 있는 경험이 있다. 정치에도 그러한 측면이 있는데 우리 모두가 의지하는 일상생활을 잘 다듬어가려는 핵심적이고 영원한 인간적인 노력이 그것이다. 이것은 링컨이 인간적이라고 할 수 있는 모든 것을 향해 상한 마음을 개방해나갈 때 실행했던 정치다. 거기

에서 그는 정치 현실의 험난한 요구에 직면하면서 동시에 새로운 삶의
씨앗을 가꿔나갔다.

정치에 관한 우리의 모든 이야기가 분파적이고 양극적일 뿐 아니라 기
술적이거나 전략적인 상황에서 우리는 공감, 책무 그리고 민주주의 그 자
체의 기반이 되는 인간적 연결을 느슨하게 만들거나 잘라낸다. 마음의 언
어로 정치에 대해 이야기할 수 없다면—예를 들어 지구상에서 가장 부
유한 국가가 국내에서조차 아이들의 굶주림을 종식시키겠다는 정치적인
의지를 발동할 수 없음에 공개적으로 탄식할 수 없다면—인간의 영혼만
큼 값진 정치, 공공선에 기여할 정치를 어떻게 창출해낼 수 있겠는가?

코미디언이자 사회비평가인 조지 칼린은 참전 병사들이 겪는 정황을
다양하게 이름 붙이는 방식에 대해 짧막하게 정리한 고전적인 저작에서,
언어와 공감 사이의 연계에 대해서 잘 밝힌 바 있다.

전투에는 한 가지 상황이 있다. 사람들은 대부분 이것을 안다. 참전한
사람의 신경계가 극도의 스트레스를 받는 것이다. 그래서 어떤 것도 받
아들이지 못한다. 신경계는 툭 끊기거나 끊기기 일보 직전이다.

칼린의 말을 더 들어보자. 제1차 세계대전 당시 "그 정황은 포탄 충
격shell shock이라고 불렸다. 간단하고 정직하고 직설적인 언어다. shell
shock, 딱 두 개의 모음이다. 거의 권총 발사음처럼 들린다." 제2차 세
계대전 무렵 그 이름은 "전쟁 피로battle fatigue"로 바뀌었다. "네 개의 모
음이라서 발음하는 데 시간이 약간 더 걸린다. 그다지 상처가 크지 않
은 듯 보인다." 그러고 나서 한국전쟁이 터졌는데, '군사적 효능의 소진
operational exhaustion'이라는 표현이 나왔다. 이제 "표현에서 인간적인 요

소는 완전히 제거되었다"고 칼린은 지적한다. "마치 당신의 차에 무슨 문제가 생긴 것처럼 들리는 것이다."

그 뒤 베트남 전쟁이 터졌다. 우리는 그때부터 포탄 충격이 어떻게 표현되어왔는지 알고 있다. 외상후 스트레스 장애post-traumatic stress disorder가 그것이다. 칼린의 말을 들어보자.

> 여전히 8개의 모음이다. 그러나 하이픈이 부가되었다. 그리고 고통은 전문 용어 아래에 완전히 매장되었다. (…) 장담하건대, 우리가 그것을 계속 포탄 충격이라고 불렀다면 베트남 참전 용사들은 당시에 필요했던 관심을 받았을 것이다.[7]

그런데 칼린은 그 책에서 포탄 충격의 전조가 되는 한 가지 중요한 용어를 빠뜨렸다. 남북전쟁 당시 외상을 입은 병사들을 가리켜 "군인들의 마음soldier's heart"이라고 불렀다.[8] 군인들의 마음에 가해진 폭력은 자아와 공동체에 대한 감각을 부숴버린다. 그리고 폭력은 전쟁터에서만 가해지는 것이 아니다. 다른 사람의 온전함을 짓밟을 때 폭력은 자행된다. 따라서 정치에서 상대방을 악마화하거나, 절박한 인간적 요구를 무시한 채 정치적으로 편리한 결정을 내릴 때, 우리는 폭력을 행사하는 것이다.

⁓ ❀ ⁓

이 책은 저술을 가능하게 한 나의 개인적인 여정이 그러하듯이 오늘날 미국인의 삶을 수놓고 있는 어둠을 외면하지 않는다. 나는 여전히 빛을 볼 우리의 능력에 대해 대단히 희망적이다. 내가 자신의 어둠에서 빠져나와 빛으로—내가 사랑하는 사람들에게로, 가치 있다고 믿는 일로, 좋아하는 세계로—되돌아왔을 때, 내 안에 그리고 내 주위에 있는 갈등들은 더 이상 나를 찢어버리지 않았다. 크게 뜬 눈으로 그리고 부서져 열린 마음으로 나는 개인적, 정치적 긴장을 더 잘 끌어안을 수 있었다. 거기에서 통찰력, 소신 있는 참여 그리고 새로운 삶이 생성되었다.

마음의 눈으로 정치를 바라보면 우리는 그것을 전진하고 대항하는 체스 게임, 권력을 잡기 위한 야바위 노름, 서로 비난만 해대는 두더지 잡기 게임으로 보는 시선으로부터 자유로워질 수 있다. 제대로 이해한다면 정치는 절대로 게임이 아니다. 그것은 공동체를 창조하기 위한 오래되고 고귀한 인간적인 노력이다. 거기에서는 강자만이 아니라 약자도 번영할 수 있고, 사랑과 권력이 협력할 수 있으며, 정의와 너그러움이 함께 실현될 수 있다. 우리 국민은 우리 안에 아직 남은 자비심과 창의성의 공공재에 뿌리를 둔 정치적 삶을 건설해야 한다. 거기에서 형성되는 시민 공동체는 우리 자신의 의지가 무엇인지를 알고 통치자들이 그것에 책임을 지도록 붙들어놓기에 충분할 만큼 결속되어야 한다.

1838년 1월—에이브러햄 링컨이 28세였고, 남북전쟁 발발을 23년 앞둔 시점이었다—링컨 대통령은 일리노이 주 스프링필드 청년 단체 앞에서 "정치제도의 존속"에 대해 연설했다. 그는 미국의 민주주의를 적으로부터 지켜야 할 책임에 대해 청중에게 간곡하게 호소하면서 다음과 같이 말했다.

우리는 어떤 시점에 위험이 다가왔음을 감지해야 할까요? (…) 대서양 일대의 몇몇 군사 강대국이 태평양을 건너 진군해올 수 있을까요? 절

대로 그렇지 않습니다. 유럽과 아시아와 아프리카의 연합군이라 해도
(…) 무력으로 침공해 오하이오 주의 물을 마실 수 없습니다. 수천 년
이 지나도 블루리지 산맥에 발자국을 남길 수 없습니다.

그렇다면 어떤 시점에서 위험을 예감해야 할까요? 나의 답은 이러합니
다. 위험이 닥친다면 그것은 틀림없이 우리 안에서 솟아오릅니다. 그것
은 국가 바깥에서 올 수 없지요. 만일 우리가 파괴된다면 우리 스스로
그 장본인이자 종결자가 되어야 합니다. 자유인들의 국가로서 우리는
모든 시간을 통과해 살아남든가 아니면 자살을 해야 합니다.[9]

미국은 양쪽이 바다로 보호되고 있음에도 불구하고 다른 나라로부터
공격을 받을 수 있다는 것이 냉전을 통해 명백히 밝혀졌다. 2001년 9·
11테러는 그 사실을 확인시켜주었다. 그럼에도 불구하고 링컨의 주장은
여전히 유효하다. 만일 미국의 민주주의가 실패한다면, 그 궁극적인 원
인은 다른 나라의 침입이 아닐 것이다. 그 원인은 이런 것이리라. 막대한
돈의 힘, 일부 선출직 공무원들의 탐욕과 부정직함, 군사 쿠데타, 공산
주의자/사회주의자/파시스트의 집권…… 우리가 서로에 대해서 우리의
차이와 미래를 두려워한다면 민주주의의 기반인 시민 공동체를 해체하
게 될 것이고, 민주주의에 대한 위협에 저항하면서 최상의 형태로 복원
하는 힘을 잃어버릴 것이다.

우리의 차이는 깊숙한 것인지 모른다. 나의 마음을 찢어지게 하는 미
국의 어떤 모습에 당신은 노래를 부를 수 있고, 그 반대가 될 수도 있다.
동의하지 않을 권리를 보호하는 것은 민주주의가 주는 선물 가운데 하
나다. 그리고 이 불가피한 긴장을 창조적인 에너지로 전환하는 것이 민

주주의가 지닌 특출함 가운데 하나다. 정치적인 성공과 실패를 어떻게 규정해야 할 것인지에 대해 당신과 나의 견해가 심층적으로는 불일치할지 모른다. 그러나 우리는 한 가지에 대해서만큼은 동의할 수 있다. 민주주의는 항상 위기에 처해 있다고.

국민의, 국민에 의한, 국민을 위한 정부는 정치제도, 지역사회와 결사체 그리고 인간의 마음이 지니는 강점과 약점 속에서 쉬지 않고 이뤄지는 실험이다. 그 성과는 결코 당연시될 수 없다.

우리가 그 실험실을 폭파시켜버리지 않는다면 민주주의의 실험은 끝없이 진행된다. 그 폭발물은 우리 안에 있다. 그러나 마음의 연금술은 고통을 공동체로, 갈등을 창조의 에너지로 그리고 긴장을 공공선을 향한 출구로 바꿔낼 수도 있다. 우리는 그동안 무시되어온 민주주의의 인프라를 수리하고 유지함으로써 그 실험을 지속시킬 수 있다. 그 인프라의 두 가지 층위가 이 책의 주된 관심사다. **인간의 마음이 지닌 보이지 않는 역동 그리고 그 역동이 형성되는 가시적인 삶의 현장들이 그것이다.**

도로, 수도 공급, 전기 배선 등 우리의 생활의 기반이 되는 물리적 인프라를 소홀하게 다뤄온 것은 잘 알려져 있고 널리 탄식을 자아낸다. 그보다 더욱 위험한 것이 민주주의의 인프라를 소홀하게 다루는 것인데, 그에 대해서는 인식이 희박하고 거의 논의조차 되고 있지 않다. 마음의 역동과 그것이 형성되는 방식은 드라마나 "비주얼"이 없어서 저녁 뉴스에 오르지 못하고, 그것을 복원하는 것은 매우 더디고 버거운 작업이다. 그러나 이제 그것을 인식해야 하고 복원을 시작해야 한다.

민주주의가 살아남아 번창하는 것을 보고 싶어하는 우리—그리고 우리는 다수다—에게 마음은 모든 것이 시작되는 곳이다. 각자 안에 존재하는 마음을 통해 우리는 두려움을 극복하고 우리가 서로에게 구성원임을 새롭게 발견하면서 민주주의를 위협하는 갈등을 끌어안을 수 있다. 그것은 우리 자신과 우리 국가의 새로운 삶으로 통하는 출구다.♦

♦ 이 책을 쓰는 과정에서, "미합중국은 민주주의 국가인가 아니면 공화국인가?"라는 질문에 대해 엄청나게 논쟁하는 것을 듣게 되었다. 나의 대답은 둘 다라는 것이다. 미국은 곧 헌법적 공화국의 맥락 속에 설치된 대의민주주의 국가다. 나는 이 책에서 공화국의 구조에 마땅히 관심을 표명한다. 그것의 가장 중요한 기능은 소수인 개인의 권리가 다수에 압도되지 않도록 보호하는 것이다. 그러나 나의 1차적인 초점은 국민의, 국민에 의한, 국민을 위한 정부로서 특징지어지는 민주적 과정의 건강함이다.

민주주의의
생태계

Democracy's Ecosystem

정치란 권력을 사용하여 삶에 질서를 함께 부여하는 행위로서,
심층적으론 하나의 인간적인 기획이다. 마음이 부서져 흩어진 게 아니라
깨져서 열린 사람들이 정치의 주축을 이룬다면, 보다 평등하고 정의롭고 자비로운
세계를 위해 차이를 창조적으로 끌어안고 힘을 용기 있게 사용할 수 있다.

우리는 민주주의를 두 가지 이유로 환호한다. 하나는 그것이 다양성을 허락하기 때문이고, 다른 하나는 비판을 허용하기 때문이다. 그 두 가지면 충분하다. 세 가지도 필요 없다.

— E. M. 포스터,
『민주주의에 대한 두 가지 환호Two Cheers for Democracy』1

사랑하는 여러분, 민주주의는 깔끔할 수도, 정돈된 것일 수도, 조용한 것일 수도 없습니다.
민주주의에는 어느 정도 혼란이라는 양념이 들어갈 수밖에 없습니다.

— 몰리 이빈스, 『당신은 당신을 이곳에 이르게 한
그들과 함께 춤춰야 한다You Got to Dance with Them What Brung You』2

우리 일행은 거의 한 시간 동안 차를 몰고 남부 미네소타의 길로 되돌아가는 중이었다. 지루하고 마음이 무디어질 만큼 옥수수가 가지런히 심겨진 광활한 들판을 지나고 있었다. 어느 언덕에 올랐을 때 친구가 침묵을 깼다. "잘 봐."

미국식 농경 사업이라고 불리는 획일성의 바다 위에 섬 하나가 떠 있었다. 그곳에는 바람에 날아온 풀과 야생화들이 피어 있었는데, 온통 총천연색이었고 그 조화로움이 내 눈을 즐겁게 해주었다. 우리는 차에서 내려 평원을 거닐었다. 거기에는 시적으로 이름 붙여진 여러 식물이 피어 있었다. 잠시 침묵이 흐른 뒤 친구가 다시 입을 열었다. 대략 다음과 같은 내용이었다.

이 대초원에 150종 이상의 식물이 있다. 그것들이 불러들이는 곤충, 새, 포유류까지 합치면 더 많은 생물이 서식한다. 우리가 그 풀밭을 갈아엎고 농경을 시작하기 전의 모습 그대로 그들은 거기에 있다. 물론 그것은 아름답지만 전부는 아니다. 생물종의 다양성 덕분에 생태계는 보다 창조적이고 생산적이 될 수 있으며, 변화에 잘 적응하고 스트레스에도 잘 견딜 수 있다. 차를 몰고 지나온 농경지대는 우리에게 음식과 연료를 제공한다. 그러나 우리는 이런 단일 경작을 위해 엄청난 대가를 치르고 있다. 그것은 대지의 생명력을 떨어뜨리고 음식의 질과 음식 공급의 지속가능성을 위기로 몰아넣는다. 옛 모습 그대로의 평원—그것이 복원될 수 있는 상태—은 우리가 어떻게 살아야 하는지에 대해 많은 것을 가르쳐준다.

미국의 민주주의는 기껏해야 복원된 대초원의 섬 같은 것이다. 인간의 다양성이 종종 억압당하는 세계에서—거기에서 권위주의적인 체제는 사람들을 마치 재배된 옥수수처럼 일렬로 세워놓고, 국가의 이익을 지키기 위해 그들의 노동과 때로는 생명까지도 수확해버린다—민주주의 속에서 자라나는 다양성은 눈은 물론 마음까지도 즐겁게 한다.

　우리의 다양성 가운데 인종, 에스니시티ethnicity, 사회계급 같은 인구적인 차이에서 비롯되는 것은 일부에 지나지 않는다. 그에 못지않게 중요한 것은 사물을 바라보며 생각하고 믿는 렌즈의 엄청난 다양성이다. 미국의 공적 생활 중심부에는 생각의 장터가 있는데, 그곳에서는 자유로운 사람들만이 종교적·철학적·정치적·지적 신념들의 생기 넘치고 다채로우며 떠들썩한 바자회를 펼칠 수 있었다. 민주주의가 제대로 작동한다면 그 복잡하고 혼란스러운 잡동사니들 속에서 우리는 법이 허락하는 범위 안에서 선택하여 생각하고 행동할 수 있다. 생각들의 창의적인 갈등을 통해 사회적·기술적 진보를 꾀할 수 있다. 그리고 여전히 공공선을 위해 단합하는 것이 가능하다.

　야생의 대초원이 농경지에 비해 효율이 떨어지듯이 민주주의는 독재보다 효율이 떨어진다. 우리는 도덕적이고 실용적으로 긴급한 사안들에 대해서 너무 느리게 움직인다. 그러나 그러한 저효율은 자유롭게 표출되어 국가를 강하게 할 수 있는 인간적 다양성으로 상쇄되고도 남음이 있다. 그 다양성 덕분에 우리는 위협에 유연하게 대처할 수 있고 변화에 적응할 수 있으며, 상업에서 과학과 문화에 이르기까지 모든 것에서 창조성과 생산성을 높일 수 있다.

　위에서 나는 인간적 다양성이 우리를 강하게 할 수 있다고 했지, 반드시 그렇게 할 것이라고 말하지 않았다. 왜냐하면 인간세계에는 야생화를 전혀 괴롭히지 않았던 다양성의 문제가 있기 때문이다. 정치학자 로버트 퍼트넘Robert David Putnam의 최근 연구에 따르면 인구 다양성은 공동체가 지닌 자원의 풍부함을 약화시킬 수 있다고 한다.[3] 저널리스트 마이클 조나스의 말을 빌리자면, "미국의 시민 참여에 대해 가장 광범위하

게 행해진 그 연구는 실질적으로 모든 척도에 비춰볼 때 다양한 여건일
수록 시민적 건강성이 낮다는 것을 밝혀냈다."[4]

　퍼트넘의 연구는 타자에 대한 뿌리 깊은 두려움을 포함하여, 인간의
본성에 대해 어떤 새로운 것도 말해주지 않는다. 우리는 다양성에 직면
할 때 긴장한다. 그 결과 불편함, 불신, 긴장, 폭력, 심지어 전쟁이 일어나
기도 한다. 그래서 우리는 차이를 회피하는 다양한 전략을 개발해왔다.
같은 부류끼리만 어울리기, 낯선 자를 내쫓거나 주변화하거나 악마화하
거나 검증된 방법으로 제거하기 등이 그것인데, 이는 두려움을 심화시킬
뿐이다. 타자에 대한 우리의 뿌리 깊은 두려움이 의식되어 관심의 대상
으로 떠오르지 않고 다뤄지지 않은 채 방치된다면, 다양성은 공동체의
기능을 마비시킨다. 퍼트넘의 연구는 그것을 상기시켜준다. 존중, 인내,
개방성, 희망을 갖고 차이를 끌어안을 때에만 다양성은 유익을 가져다준
다. 우리는 민주주의 인프라의 일부인 마음의 보이지 않는 역동에 주의
를 기울여야 하는 것이다.

　예를 들어 우리는 "긴장"이라는 것을 가능하면 줄여야 한다고 여기지,
우리 마음속에 품어야 할 에너지로 바라보지 않는다. 긴장은 스트레스
를 유발하고 건강을 해친다. 그러므로 이런 웰빙well-being의 적들을 줄
이거나 제거해야 한다. 유해물질이 나오는 작업장이나 난폭한 인간관계
또는 몸과 영혼에 가해지는 다른 공격들로부터 스트레스가 오는 것이라
면, 그러한 조언은 훌륭하다. 그러나 낯선 생각, 가치, 경험에서 비롯되
는 스트레스라면 이야기가 달라진다. 바로 그 때문에 어떤 정신의학자들
은 '(부정적이고 파괴적인 스트레스인) 디스트레스distress'와 '(긍정적이고 성
장에 도움이 되는 스트레스인) 유스트레스eustress'를 구분한다. 이 차이를
아는 것은 중요하다. 긍정적인 스트레스는 우리의 인내심을 시험할지 모

르지만, 그것은 마음을 더욱 광활하고 너그럽게 만들어줄 수 있다. 이런 종류의 스트레스를 거부한다면 우리의 영혼은 물론 우리 사회도 위축되고 정체될 것이다.

링컨은 다시 한번 적절한 일깨움을 준다. 그의 삶은 어둠에 들볶이는 데서 오는 스트레스로 가득 찼다. 깊은 불안과 고혈압은 우울증의 잘 알려진 동반자다. 링컨은 아편이나 물 치료법, 최면 등 대중적인 처방의 도움을 쉽게 받을 수 있었다. 그러나 그는 내면의 어둠을 완화하거나 회피하는 그 모든 방법을 거부했다. 그는 그 어둠을 인정하고 끌어안고 통합시켜야 한다고 생각했다.[5]

치료를 위해서 링컨은 대중적 처방 대신 시와 유머에 의지했다. 인간의 조건에 대해 성찰하는 시 그리고 세상을 조망할 수 있도록 하는 유머 말이다. 그의 전기를 쓴 조슈아 솅크가 지적하듯이, 링컨은 그런 방식으로 "자기 삶의 본질적인 긴장을 누그러뜨리지 않고 오히려 부각시켰다."[6] 그는 스트레스의 근원을 회피하지 않고 정면으로 맞섰다. 만일 회피했다면 그의 삶에서 "의미 있는 무엇인가를 하려는 그의 욕망"은 생겨나지 않았을 것이고, 그 결과 그것을 추구하는 에너지는 고갈되었을 것이다.[7]

다양성, 긴장 그리고 민주주의

차이에서 오는 긴장을 피하지 않고 적극적으로 관여하려고 할 때 시민의 능력을 몇 가지 확장하면서 국민의, 국민에 의한, 국민을 위한 정부에 보다 충실하게 참여할 수 있다. 그 능력이란 다음과 같은 것이다.[8]

두려움 없이 그리고 열린 마음으로 상대방의 말을 들으면서, 우리가 차이를 넘어서 얼마나 많은 것을 공유하는지를 배우기

자기 자신과 완전히 다른 삶을 살아가는 사람들의 경험에 들어가는 것을 상상하면서 낯선 타자에 대한 공감을 심화시키기

우리가 믿고 아는 것을 확신을 가지고 붙들면서 동시에 다른 견해에 대해 귀를 열어놓고, 필요하다면 생각을 바꾸기

자기 자신이나 다른 사람이 주장하는 진실에 의심이 들면 언제든 대안적인 사실과 설명을 찾아내고, 그렇게 함으로써 더 나은 정보와 지식으로 나아가기

대화에 대해 파고들고, 질문하고, 탐구하고 매달리면서 그 과정에서 현실에 대해 더욱 충분하고 3차원적인 관점을 발전시키기

갈등으로 점철된 정치 현장에 들어가 복합적인 힘이 작용하는 역동성을 붙들어 시민 공동체를 결속시키고, 정부가 국민의 뜻에 책임지도록 붙드는 힘을 스스로에게 부여하기

집단적인 문제 해결과 의사결정에 참여하는 기회를 증진하면서, 여러 생각이 겨루는 가운데 보다 나은 해결과 결정이 이뤄지도록 하기[9]

여러 차이로 가득 찬 세계를 대면하면서 더욱 편안함을 느끼고, 다양

성의 열매를 더욱 잘 만끽할 수 있기

　이러한 충동과 능력에 힘입어 민주주의라는 제도를 보다 충분하게 활용할 수 있다. 민주주의는 긴장을 끌어안기 위해 고안된 제도다. 삼권분립 및 상호 견제에서 주정부와 연방정부 사이의 줄다리기 그리고 두 당사자가 대립하도록 하는 사법제도에 이르기까지, 민주주의는 긴장에서 유발되는 에너지를 억압하는 것이 아니라 오히려 불러일으키도록 의도되었다. 댐에 가득 찬 물의 에너지를 사용 가능한 힘으로 바꾸는 수력발전소와 같은 사회적 과정을 통해 갈등의 에너지를 전환하는 것이다.

　하지만 민주주의 제도는 자동적으로 굴러가는 것이 아니다. 갈등을 끌어안으면서 창조성으로 전환시켜 새로운 생각과 행동 양식 그리고 서로에게 개방적일 수 있는 시민과 시민 지도자들에 의해서 작동되어야 한다. 이런 식으로 긴장을 끌어안는 것은 잘 단련된 마음에 의해서 가능하다. 복원된 평원이 번창하듯이 민주주의가 번창하려면 우리의 마음과 제도가 함께 작용해야 한다.

　이 책에서는 그러한 요구가 무엇인지를 설명하고 그 의미를 탐구해갈 것이다. 다만 여기에서 다루지 않을 것들에 대해 아주 짧게 다음과 같이 말할 수 있겠다.

　나는 창조적으로 긴장을 끌어안는 기술을 가르치는 10단계 프로그램을 제시하지 않을 것이다. 인간의 삶에서 가장 깊은 차원으로 내려가면 기술이라는 것이 필요하지 않다. 그 대신 자신과 세계에 대한 통찰력이 필요하다. 이를 통해 우리는 다양함, 긴장, 갈등의 경험에서 어떻게 배우고 성장하는지를 배울 수 있다. 링컨이 당시 유행하던 대처 기

술을 거부하고 시와 유머―그것은 이해에 이르는 길이다―를 선택했
듯이, 이 책에서도 긴장을 잘 끌어안는 데 도움이 되는 통찰을 주려고
할 것이다.

나는 우리가 비난하고 싫어하는 워싱턴 D.C.의 그들에 대해서 거의 언
급하지 않을 것이다. 나의 초점은 우리 국민이다. 그들의 의지가 민주
주의의 열쇠가 되기 때문이다. 우리가 단합하여 일반의지를 분별해낼
수 있다는 점을 신뢰하지 못한다면―그리고 그 의지에 반응하는 지도
자를 지지하면서 나머지 지도자들에게 저항하지 않는다면―우리 자
신과 자손들에게 주어진 자유의 축복을 몰수당할 것이다.

나는 막대한 돈이 지금 민주주의에 가하는 명백한 위험에 대해서 길게
불평하지 않을 것이다. 물론 그렇게 불평하는 이들에게 우리는 면밀한
관심을 기울여야겠지만 말이다. 저널리스트 빌 모이어스가 말했듯이,
"워싱턴에서 돈으로 조직된 권력에 대한 유일한 해독제는 조직화된 민
중의 힘"이다.[10]

나는 관용을 주장하지 않을 것이다. '내키는 대로 해봐. 나는 너에 대
해 관용을 베풀 용의가 있으니까!' 이런 식의 태도는 미덕치고는 너무
나 얄팍해서 거의 미덕이라고 할 수 없다. 아울러 공적 담론에서 더 좋
은 매너를 갖추자고 주장하는 데 많은 시간을 할애하지도 않을 것이
다. 매너를 위한 매너는 관용만큼이나 생각의 깊이가 얕기 때문이다.
우리에게 필요한 공손함은 말을 조심하는 데서 오지 않는다. 그것은
차이의 가치를 인정하는 데서 온다.

나는 우리 사이에 존재하는 차이를 줄이자고 요청하지 않을 것이다. 민주주의는 우리에게 동의하지 않을 권리를 부여하고, 창조적 갈등의 에너지를 긍정적인 사회 변화의 힘으로 사용할 수 있도록 고안된 것이다. 당파주의는 문제가 아니다. 상대방을 악마화하는 것이 문제다.

나는 좀 더 정확한 정보를 얻는 데 힘쓰자고 요구하지 않을 것이다. 사람들에게 자신의 가장 근본적인 신념과 모순되는 확고한 증거를 제시하면, 그들은 자기의 신념을 오히려 더욱 강력하게 옹호하게 되는 경우가 종종 있다는 것을 여러 연구가 보여준다.[11] 자신의 확신과 가치에 도전하는 것을 더 이상 두려워하지 않을 때, 비로소 우리는 진실에 가까이 다가가는 데 필요한 정보를 원할 것이다.

나는 제3의 정당 운동을 호소하지 않을 것이다. 우리에게 필요한 것은 기존의 정당들이 국민의 의지를 존중하도록 요청하는 대중운동이다. 그러나 불신과 경멸에 사로잡혀 우리 국민이 생산적인 대화를 하지 못한다면, 우리의 의지가 주장되기는커녕 자각되지도 못할 것이다.

나는 언젠가 우리 "모두 사이좋게 지낼 것"이라는 환상을 좇지 않는다. 인간의 본성과 정치의 본성 탓에 도저히 대화가 되지 않는 사람들은 언제나 있기 마련이다. 나도 그중의 한 사람이 될 것이다. 아무리 대화를 해도 합의에 이를 수 없는 사람들이 좌파와 우파에 각각 15~20퍼센트 정도 있다고 가정해보자. 이 비율은 내 가족과 친척들 가운데 정치에 대해 내가 도저히 이야기를 나눌 수 없는 이들을 헤아려 어림잡아본 것이다. 그런데 뒤집어 생각해보면 차이를 넘어서 배우고 대화를 할 수 있는 사람이 60~70퍼센트는 된다는 이야기다. 민주주의에서 그 정도면 곤경을 벗어나는 데 충분하고도 남는다.

　나의 가족이라는 매우 빈약한 샘플에서 추출한 이 "통계"는 역사적으로 근거가 있다. 1787년 미국 제헌 회의에는 55명의 대의원이 참석했는데, 그 가운데 39명만이 최종 문서에 서명했다.[12] 나머지 30퍼센트는 후손에게 전승된 헌법의 어떤 부분에 근본적으로 동의하지 못한 것이다. 이러한 정치적 분열은 미국에서 전혀 새로운 것이 아니다. 그렇긴 해도 지금 우리에게 드리워진 정치적인 앙심은 미국인으로 하여금 민주주의의 미래를 걱정하게 만든다. 공적인 삶의 불손함에 대한 광범위한 염려를 밝혀낸 2010년의 어느 여론조사에 따르면, 미국인의 95퍼센트가 "정치에서의 공손함이 건강한 민주주의를 위해서 중요하다고 믿고", 87퍼센트는 "사람들이 정치적으로 동의하지 않을 때 정중함을 갖추는 것이 가능하리라고 추측한다."[13]

　저자들은 조사에서 밝혀진 내용을 다음과 같이 요약하고 있다.

이 연구에서 밝히고자 하는 핵심은 현대의 정치 행위가 내포하는 잠재적이고 장기적인 위험이다. 우리는 이 연구가 하나의 경고 신호를 내보낸다고 본다. 미국인은 우리가 "정치를 하는" 방식을 좋아하지 않고, 그들은 적의와 비방이 병든 체제의 신호라고 믿는다. 몇 해 전에 칼럼니스트 E. J. 디온 주니어E. J. Dionne Jr.는 "정치를 혐오하는 국가는 민주주의로서 오래 번성할 수 없을 것이다"라고 언급한 바 있다. 전적으로 동의한다.[14]

진실, 고통 그리고 희망

서문에서 밝혔듯이 마음은 우리의 감정을 훨씬 넘어서는 무엇인가를 가리키는 단어다. 그것은 정신mind만으로는 다다를 수 없는 더 심층적인 앎―우리의 경험을 받아들이고 성찰하는 것―의 보다 광범위한 방식을 가리킨다. 우리는 마음을 통해 지성을 감정, 상상력, 직관 등 다른 기능들과 통합한다. 그것을 통해 따로따로가 아니라 어떻게 "함께 세계를 생각"하는지를 배울 수 있고, 아는 바대로 행동할 수 있는 용기를 얻는다.

자아와 세계에 관한 지식을 온 마음으로 붙든다면 마음은 때로 상실, 실패, 좌절, 배신 또는 죽음 등으로 인해 부서질 것이다. 그때 당신 안에 그리고 당신 주변의 세계에 무엇이 일어나는가는 당신의 마음이 **어떻게** 부서지는가에 달려 있다. 만일 그것이 수천 개의 조각으로 부서져 **흩어진다면** 결국에는 분노, 우울, 이탈에 이를 것이다. 그러나 마음이 경험이 지닌 복합성과 모순을 끌어안을 위대한 능력으로 깨져서 **열린다면**, 그 결과는 새로운 삶으로 이어질 것이다. 마음은 우리를 인간답게 만들어 준다. 그리고 정치란 권력을 사용하여 삶에 질서를 함께 부여하는 행위로서, 심층적으론 하나의 인간적인 기획이다. 마음이 부서져 흩어진 게 아니라 깨져서 열린 사람들이 정치의 주축을 이룬다면, 보다 평등하고 정의롭고 자비로운 세계를 위해 차이를 창조적으로 끌어안고 힘을 용기 있게 사용할 수 있다.

링컨이 첫 취임 연설에서 "우리 본성의 더 착한 천사들the better angels of our nature"―우리의 마음이 부서져 열릴 때 솟아나는 선량한 힘― 이라고 부른 것에 대한 나의 믿음에도 불구하고, 민주주의의 미래에 대한

희망이 일그러지는 날들이 있다. 빌 모이어스는 정치 시스템의 현재 상
태를 탄식하면서 그 이유를 다음과 같이 짚은 바 있다.

> 미국의 민주주의는 비좁은 탈출구의 연속이다. 그리고 우리의 행운은
> 바닥나고 있는지도 모른다. 미국의 경험에 관한 지배적인 전제는 (…)
> 진보 사상에 바탕을 두고 있다. 즉 현재는 과거보다 "더 낫고" 미래는
> 더 많은 개선을 가져다줄 것이라는 확신 말이다. 온갖 결함에도 불구
> 하고 우리는 계속 스스로에게 되뇐다. "시스템은 작동한다."
>
> 이제 모든 것이 수포로 돌아갔다. 우리는 돈, 패거리, 두려움의 주술에
> 무릎 꿇고 말았다. 다 함께 다른 미래를 창조하는 위대한 미국의 경험
> 은 약삭빠르게 부와 권력을 좇는 개인들에게—그리고 게걸스러운 욕
> 망과 몽롱한 오락을 부추기는 제국의 힘에— 정복당했다. 정치적인 무
> 능감이 나라에 만연하고 있다. 역사학자 로렌스 굿윈은 그러한 대중의
> 체념을 "민주주의의 도그마를 피상적인 공공 수준에서는 믿지만, 사
> 적으로는 믿지 않는 것"이라고 정의한 바 있다. (…) 희망은 더 이상 미
> 국을 움직이는 역동성이 아닌 듯하다. 그리고 희망이 없으면 우리의
> 운명을 협력하여 만들어가는 재능과 추진력을 잃어버린다.[15]

모이어스의 평가는 불길하다. 그러나 우리가 희망을 회복하고 "우리의
운명—민주주의의 운명—을 협력하여 만들어가기" 위해서 요구되는 진
실을 풍부하게 말해준다. 진실은 미국이 고통을 겪고 있다는 것이다. 많
은 사람이 일자리, 집, 저축을 잃고 시민들이 정치와 경제 시스템에 대해
자신감을 상실하는 고통을 겪고 있다. 우리는 테러의 공포에서 비롯되는

편집증으로 인해 고통받고 있다. 공동체는 해체되었고 개개인은 고립되어 고통받는다. 그리고 아이러니하게도 고통받는 타인에 대한 무관심으로 인해 고통받고 있다. 또 개인적·집단적 운명이 더 이상 우리 손에 있지 않다는 절망감으로 인해 고통받고 있다.

이러한 고통을 어찌할 것인가? 이는 인간이 겪뤄야 하는 가장 숙명적인 질문 가운데 하나다. 때로 고통은 분노로 치솟아 살인이나 전쟁을 유발한다. 때로 그것은 절망으로 가라앉아 빠르거나 느린 자기 파괴로 이어진다. 고통 앞에 우물쭈물하고 있을 때 폭력이 들이닥친다.

그러나 인간의 마음이 열려 있고, 그 연금술을 작동시킬 수 있을 때, 고통은 폭력 대신 생명력을 불러일으킬 수 있다. 이것은 에이브러햄 링컨이 안에서 바깥으로 나아가면서 이해했던 하나의 원리다. 조슈아 솅크는 다음과 같이 설명한다.

타고난 기질로 인한 "특이한 불운"을 탄식하는 초기 편지부터, 자살과 광기 같은 주제에 대해 쓴 시에 이르기까지, 링컨의 삶은 자신의 괴로움을 설명해주고 심지어 고양시켜주기까지 하는 의미를 탐구하면서 박차고 일어났다. 링컨은 대통령으로서 국민에게 촉구했다. 당신들의 축복과 질곡을 받아들이라고. 당신들의 고통에는 의미가 있음을 알아차리라고. 그리고 보다 완벽한 연합국을 향한 여정에 자신과 함께해달라고.

수백만의 사람이 결정적인 상실과 패배를 통해 배움을 얻었다는 것을 나는 개인적 생애를 통해서 알게 되었다. 그런 경험을 제대로 끌어안는다면 보다 자비롭고 너그러워지며, 타인에게 깊숙하게 관여하면서 새로운 삶을 열어갈 수 있을 것이다. 개인적 고뇌를 변형시키는 마음의 힘은 우리가 정치를 하는 방식도 변형시킬 수 있다. 우리를 은신처로 몰아넣고 시민 공동체를 파편화하면서 민주주의를 침식하는 고통에는 어떤 잠재력이 있다. 우리가 희망에 그리고 미국의 실험을 지탱하는 데 요구되는 어려운 작업에 마음을 열도록 하는 힘이 있다.[16]

존 울만 이야기

"부서진 마음의 힘"이 개인적인 맥락에서는 이해가 되지만 정치에는 적용되지 않는다고 생각하는 이들에게 한 가지 이야기를 소개하고자 한다. 한 평범한 시민의 이야기면서, 민주주의에 늘 따라다니는 매우 중대한 도덕적·정치적 쟁점이 담겨 있는 이야기다.

존 울만John Woolman(1720~1772)은 식민지 시기 뉴저지에서 살았던 퀘이커교도였다. 그는 함께 어울렸던 상인과 농부들로 구성된 프렌드 교파Society of Friends[퀘이커교파의 공식 명칭]의 회원이었는데, 거기에서는 노예를 얼마나 많이 거느리고 있느냐에 따라 영향력이 좌우되었다. 물론 그 노예들은 그 회원과 마찬가지로 이름, 가족, 역사, 희망을 지니고 있었다. 노예를 두지 않았던 재단사 울만은 인간의 평등함에 대한 퀘이커교도적 신념과, 많은 퀘이커교도의 상류층이 노예를 데리고 있다는 사실 사이의 적나라한 모순으로 마음이 괴로웠다. 그러한 모순을 무시하거나 기술적인 속임수를 쓰거나 그 갈등을 폭력으로 분출하는 것으로써 긴장을 해소할 수도 있지만, 울만은 그렇게 하지 않았다. 대신에 자신의 공동체가 그 긴장을 정직하게 끌어안고 성심誠心으로 노예를 해방하게 함으로써 이를 해결했다.

퀘이커교도들은 어떤 사안에 대해 다수결 대신 합의를 통해 결정하는데,[17] 울만의 지역 회합에서는 그의 제안에 관한 의견을 통일시킬 수 없었다. 그럼에도 불구하고 울만이 그 문제에 절대적인 성심으로 임하는 모습에 설득당한 이들은 그를 지지하기로 동의했다. 그 뒤로 20년 동안 울만은 동부 연안을 따라 여러 지역을 방문하면서 프렌드 교파 회원들을 집과 상점과 농장 그리고 모임에서 만났다. 그곳에서 퀘이커교도 동료들에게 신앙과 행동 사이에 생기는 가슴 아픈 모순을 이야기했다. 그는 언제나 자신의 믿음에 진실했다. 그는 염색하지 않은 흰옷만 입고 다녔는데, 염료가 노예 노동의 산물이기 때문이었다. 그는 노예가 마련한 식사를 하는 대신 금식을 택했다. 그리고 무심코 노예가 수고해준 혜택을 입으면, 교환이라는 느낌이 들지 않도록 하면서 적절한 대가를 지불하려 했다.

울만과 그의 가족은 진실의 명령에 대한 일관된 증언과 깊게 느껴지는 비통함 때문에 많은 대가를 치렀다. 하지만 그는 그 긴장을 마다하지 않고 무려 20년 동안 끌어안았다. 결국 퀘이커교는 미국에서 처음으로 노예를 해방시킨 종교 공동체가 되었는데, 이는 남북전쟁이 발발하기 80여 년 전의 일이다. 1783년 퀘이커교도들은 인간을 노예화하는 데서 오는 "복합적인 악"과 "정의롭지 못한 상업"을 시정하라고 의회에 탄원했다.[18] 그리고 1827년 이후, 퀘이커교도들은 '지하 철도'를 만드는 데 핵심적인 역할을 했다. 지하 철도란 "퀘어커교도들의 주장에 공감한 노예 폐지론자들의 도움을 받아 19세기 흑인 노예들이 자유국가와 캐나다로 도망치는 데 이용한 비밀 경로와 안전한 가옥의 비공식 네트워크"였다.[19]

이러한 역사적 결과가 가능했던 것은 단지 울만뿐만 아니라 퀘이커교 공동체 전체가 어떤 빛이 보일 때까지 내적인 모순을 양심적이고 꾸준하

게 끌어안았기 때문이다. 울만과 마찬가지로 그 공동체도 그 문제를 거
짓으로 또는 어수룩하게 해결하려 들지 않았다. 퀘이커교도들은 바로 투
표에 부쳐 노예를 소유한 다수가 뜻을 관철하도록 하지 않았고, 성가신
울만을 추방하지도 않았다. 그들은 긴장이 긍정적으로 작동하리라 믿으
면서 대화를 통해 자신들의 신념을 시험했고, 통일된 의견에 도달하기까
지 애를 써서 결국 역사적으로 중대한 결정을 내릴 수 있었다.

유감스럽게도 미美 의회 의원들은 1783년 퀘이커교도들의 청원을 숙
고하는 긴장을 끌어안으려 하지 않았다. 10월 8일 청원서를 접수하고 나
서 그들은 곧바로 심의를 보류한 다음 다시는 그것을 끄집어내지 않았
다. 아마도 그 청원서가 미국 독립선언에 호소하였다는 사실이 너무 많
은 긴장을 유발한 듯하다. 청원서는 노예제도가 "보편적인 자유를 옹호
할 때 종종 반복되는 그 엄숙한 선언을 거스르면서"[20] 존재한다고 진술
하였기 때문이다.

우리는 존 울만의 이야기를 통해 마음이 부서지는 두 가지 방식을 다
시 구별할 수 있다. 첫째는 마음이 수천 개의 사금파리로 폭발해버리는
전형적인 이미지다. 어떤 사람은 그 조각들을 주워 다시 생명을 불어넣
으려 한다. 어떤 이는 절망의 터널로 들어간다. 어떤 이는 그 마음의 파
편들이 적에게 가하는 상처에 으스스한 만족을 느낀다. 이런 식으로 부
서진 마음은 해결되지 않은 상처로 남아 자신과 타인을 계속 괴롭힌다.
마음이 부서지고 흩어질 때, 그것은 폭력의 씨앗을 뿌리고 타인들의 고
통을 가중시킬 수 있다.

그러나 울만의 이야기에서 보듯이 다른 식으로 마음이 부서질 수도 있
다. 마음이 부드러울 때, 그것은 우리 자신과 세상의 고통을 끌어안는 더
커다란 능력으로 "깨져 열릴" 수 있다. 자신의 아픔을 끌어안아 보다 많

은 자비심으로 자신을 열어갈 때, 부서진 마음은 치유의 근원이 되어 고통받는 타자와의 공감을 심화하고 그들에게 이르는 능력을 확장시킬 수 있다. 이런 식으로 긴장을 끌어안음으로써 정의와 평화의 씨앗을 심을 수 있다. 울만과 그 외의 비폭력 모델이 그것을 거듭 보여주었다.[21]

울만의 이야기는 또한 이 책에서 다루려는 중심 주제의 핵심을 짚어준다. 긴장을 창조적으로 끌어안는다는 것은 결정을 하지 않거나 행동하지 않는 것을 뜻하지 않는다. 인간 생활의 모든 수준에서—국가를 정의롭게 통치하는 것은 물론 일상생활에서도— 결정은 이뤄져야 한다. 그러나 긴장을 견디지 못하는 데서 오는 조급함이나 다양한 의견의 충돌을 두려워하는 데서 오는 무지 속에서 결정이 이뤄져서는 안 된다. 남북전쟁이 일어나기 80여 년 전에 퀘이커교도들이 미국의 가장 커다란 도덕적 딜레마를 다룬 방식이 어떤 의미를 지닌다면, 그것은 부서져 열리고 긴장을 끌어안는 마음이 단지 자비와 치유의 강력한 근원만이 아니라는 것이다. 그것은 도전적인 결정에 필요한 지혜의 근원이기도 하다.

민주주의를 가능하게 하는 충동은—그리고 그것을 위협하는 충동은—마음에서 비롯된다. 마음은 무심한 자기 이익 추구와 공동체에 대한 갈망이 뒤섞인 복합체다. 거기에서부터 그 충동은 가족, 이웃, 일터, 자발적 결사체, 공적 생활의 다양한 장과 자신의 관계로 움직여나간다. 바로 그러한 곳에서 존 울만은 단지 원칙을 갖고 꾸준하게 걷고 이야기함으로써 뭔가를 해낸 것이다. 그곳에서 우리도 뭔가를 해낼 수 있다. 통제할 수 없는 어떤 힘이 우리를 지배한다는 환상에서 자유로울 수 있다면 말이다.

우리는 "정치"라고 하면 방금 언급한 일상의 장소들이 아니라, 멀리 있는 권력의 중심—의회, 로비스트, 당직자, 이사회—을 떠올린다. 이것은 잘못이다. 그러한 일상의 장소들은 평범한 생활의 핵심적인 전前 정치적인 층들 그리고 민주주의의 사활이 걸려 있는 사회적 인프라를 구성하기 때문이다. 제도 정치의 최상 수준에서 공공선이 실현되려면, 시민들이 그런 지역적 장소에서 발언하고 행동하면서 모두에게 영향을 끼치는 사안에 대해 결정할 때 최선의 지도자들을 지지하고 최악의 지도자들에게 저항해야 한다.

존 울만처럼 무엇이 마음을 부수든 그것에 굴복하기보다, 오히려 거기에서 힘을 얻고 지역의 장에서 공공의 복리를 위해 한 걸음씩 나아가는 평범한 미국인에게 민주주의의 미래가 달려 있다.[22] 하워드 진은 다음과 같이 말한다.

정의를 위한 (모든) 투쟁의 핵심 요소는 잠깐 동안만이라도, 두려움에 휩싸여 있는 동안이라도 한 걸음 나서면서 뭔가를 하는 사람들이다. 그리고 심지어 가장 작고 비영웅적인 행동들이 불쏘시개로 쌓여나가다가 어떤 놀라운 상황에서 격렬한 변화로 점화될 수 있다.[23]

내가 하고 싶은 이야기들

이 뒤에 이어지는 장章들에서 나는 먼저 마음에서 우러나오는 정치적 실천이 무엇을 의미하는지를 깊이 이해해보려 한다. 우리는 불화, 맹독성, 수동성, 무력감을 넘어서는 무엇인가를 열망하고, 민주주의의 유산을 최고 입찰자에게 팔고 싶어한다. 우리에게는 그러한 열망을 추구하면서 삶의 긴장들을 의식적이고 충실하게 끌어안을 용기가 있다. 그래서 결국 그 긴장들이 우리를 부수어 열어젖힐 것이다.

부서져 열린 마음은 자비심만이 아니라 힘의 근원이기도 하다. 우리를 왜소하게 만드는 것들을 끌어내리고 강하게 만드는 것들을 끌어올리는 힘 말이다. 우리는 위대한 여러 사회운동이 해온 일들을 수행함으로써 그 힘을 사용할 수 있다. 마음의 힘을 교육하고 이끌어내는 데 시간, 기술, 에너지를 쏟아붓는 것이다. 역사가 일관적으로 보여주듯이 마음은 말을 하고 행동을 유발할 수 있다. 그 행동은 전형적인 권력에 의해 유발되는 것만큼이나 실제적이다.

나는 제2장에서 미국의 시민으로서 살아온 여정을 잠시 회고할 것이다. 내 인생의 소우주에서 우리 국민 속에서 발견되는 어둠과 빛을 모두 본다. 그것이 내게 일깨워주는 것은 민주주의는 여러 문제의 장본인으로 지목하고 싶은 정체 모호한 그들만이 아니라 나—그리고 우리—에 관한 것이라는 점이다. 1831~1832년에 미국을 방문하고 나서 『미국의 민주주의』라는 고전을 쓴 알렉시스 드 토크빌이 생각난다. 일찍이 토크빌은 민주주의가 요구하는 "마음의 습관habits of the heart"을 시민들이 세대를 넘어 발전시키지 못한다면 미국의 민주주의가 실패할 것이라고 내다봤다. 마음의 습관이란 경험을 받아들이고 해석하고 반응하는 유형으로서 사람들 안에 깊이 배어 있는 것인데, 여기서 말하는 경험에는 지성, 감정, 자기 이미지 그리고 의미와 목적의 개념 등이 포함된다. 다시 말해 그것은 민주주의의 내재적이고 비가시적인 인프라를 구성하는 습관이라고 할 수 있다. 나는 이 장에서 삶의 밀고 당김과 찢김을 창조적으로 끌어안기 위해 필요한 다섯 가지 습관을 설명할 것이다.

제3장에서는 마음이라는 것이 언제나 정치의 동력이었고, 선과 악을 아우르는 모든 목적에 이용되는 내적인 힘의 근원이라고 주장할 것이다.

그 힘은 마음이 부서지는 경험을 통해 증폭되고 분출된다. 하지만 어떤 종류의 힘이 생성되는가는 마음이 어떻게 깨지느냐에 달려 있다. 부서져 흩어지는 대신 부서져 열리도록 하는 탄력성은 오로지 마음의 민주적인 습관의 실행을 통해서만 생겨난다. 이 장에서 나는 소비주의와 마녀사냥으로 나타나는 우리 시대의 내적 공허함에 대해 살펴볼 것이다. 그 두 가지는 민주주의가 요구하는 마음의 습관을 계발하기 위해서 우리가 맞서 싸워야 하는 기본적인 "마음의 조건"이다.

정치에서 마음의 역할에 대해 옹호한 다음, 이어지는 네 장에서 민주주의의 외적이고 가시적인 인프라를 검토할 것이다. 즉 좋든 나쁘든 마음의 습관이 형성되는 일상생활의 공간과 장소들 말이다. 우리 국민을 복원하는 방향으로 차이를 끌어안는 법을 배울 수 있도록 그 장소들을 선용하는 실질적인 가능성을 제안한다.

제4장에서는 창조적으로 긴장을 끌어안는 제도를 창안함으로써 "싸우거나 아니면 도망치는" 반응에 저항하는 인간성의 긴 역사를 살펴볼 것이다. 미국의 건국자들이 만든 통치 구조는 역사에서 빛나는 정치적 성취라고 할 수 있다. 그 구조는 자기의 마음속에 긴장을 끌어안는 법을 배운 국민에 의해서만 애당초 의도한 대로 기능한다. 나는 여기에서 우리 중 상당수의 마음이 개인적 삶의 긴장에 의해 열려 있고, 그 능력을 공공의 장으로 끌고 들어오는 법을 배울 수 있다는 희망적인 사실을 짚어볼 것이다.

제5장에서는 공공의 삶, "낯선 사람들과 함께" 이리저리 움직이는 일상에 대해 살펴볼 것이다. 그것이 민주주의에서 어떤 역할을 하고 그 쇠퇴의 원인이 무엇인지, 마음이 형성되기도 하고 왜곡되기도 하는 그 중대한 전 정치적 삶의 층위를 어떻게 재건할 수 있는지를 파헤칠 것이다.

공공의 삶은 너무나 평범해서 공기나 물처럼 당연시된다. 그러나 건강한 생태계가 깨끗한 공기와 물에 의지하듯 건강한 민주주의도 공공의 삶에 의지한다. 나서서 관여하는 대중이 없으면 민주주의는 죽기 시작하고, 과두정치 같은 것이 등장해 그 자리를 차지하게 된다.

제6장에서는 마음의 습관이 의식적이고 의도적으로 배양되는 몇 가지 전통적인 장에 대해 살펴볼 것이다. 학교, 대학, 종교 공동체 등이 그것이다. 나는 민주주의에 절대적인 이 기관들이 교실에서 집회에 이르는 지역의 장에서 시민을 형성하는 역사적 기능을 어떻게 회복할 수 있는지 그 실제적인 방법들을 제안할 것이다.

제7장에서는 대중매체에 의해 창출되는 안전하지 않은 정치적 공간을 살펴볼 것이다. 너무나 광활하고 파편화되고 격앙되어 있어서 그 안에 너무 오래 있으면 무력감을 느끼게 되는 공간 말이다. 아울러 시민들이 안전하다고 느끼면서 개인과 집단적 힘을 회복할 수 있는 비관습적인 공간들에 주목할 것이다. 우리 자신이 누구인지를 기억할 수 있는 침묵과 고독의 공간, 커뮤니티 조직가에게 친숙한 작은 모임, 온라인 커뮤니티 같은 것이 여기에 포함된다. 우리는 이러한 인간적 규모의 장에서 대중매체의 왜곡에 저항할 수 있고, 시민성이 요구하는 목소리와 힘을 발견할 수 있다.

마지막으로 제8장에서는 인간 역사에서 마음의 역할에 대해 다시 생각해볼 것이다. 마음의 역사는 세상사를 관찰해서는 쓰일 수 없다. 그대신 우리의 열망을 표현하는 국가적 신화를 검토함으로써 그 중요한 실마리들을 찾을 수 있다. 나는 민주주의라고 불리는 운동을 포함한 사회운동들이 열망과 현실의 간극을 좁히려고 노력해온 과정을 밝힐 것이다. 그리고 나서 "비극적 간극" 안에 서서 행동해야 할 필요를 검토함으로써 창조적으로 긴장을 끌어안는 것의 개념을 다시 생각해보려 한다. 지금 존재하는 모습과 존재할 수 있거나 마땅히 존재해야 하는 모습 사이를 영원히 갈라놓으려는 간극 말이다. 에너지, 책임감, 비전 그리고 희망을 가지고 그 간극을 살아가는 용기는 미국이라 불리는 실험뿐만 아니라 마음의 열망을 충족시키려는 모든 인간적이고 위대한 실험의 동력이 되어왔다.

민주주의의 "토대"—선거에서 이기기 위해 정당이 규합하는 토대가 아니라 미국의 민주주의 그 자체의 기반을 형성하는 우리 국민—를 회복하고 싶다면, 좋은 정보와 최대한의 합리성을 가져야 한다.[24] 그러나 그것만으로는 부족하다. 인간의 마음을 교육하고 관여시키는 의도적이고 지성적인 방법들도 계발해야 한다. 인간의 마음은 민주주의의 토대가 되는, 링컨이 우리 본성의 더 선한 천사들이라고 부른 것의 근원이기 때문이다.

지금 진행되는 투쟁 속에서, 링컨이 1861년 3월 4일 행한 첫 취임 연설 마지막 부분에 그 표현이 나온 역사적 맥락을 기억할 만하다.[25] 당시 연합국이 지탱될 수 없을 듯 보였고, 눈에 보이는 적은 오직 우리 자신뿐이었다. 5주 뒤에 섬터 요새Fort Sumter에서 남북전쟁의 첫 총성이 울렸다. 4년간의 살육이 이어졌고, 62만 명의 군인 사상자가 나왔으며, 민간인 사망자도 5만 명으로 추정되었다. 아포맷톡스에서 리Robert Edward Lee 장군은 그랜트Ulysses Simpson Grant 장군에게 항복했다.

나라가 그렇게 엄청난 폭력에 휩싸인 가운데 링컨이 연설하는 순간, "천사들"에 대한 그의 희망적인 언어는 덧없는 제스처로 보였을 것이 틀림없다. 격랑이 이는 바다를 잠재우겠다는 부질없는 희망으로 기름 한 방울을 떨어뜨리는 것만큼이나 가련한 몸짓이었던 것이다. 하지만 그것은 부서져 열린 마음에 뿌리내린 희망만이 우리를 통찰할 수 있는 순간이었다.

우리는 적이 아니라 친구입니다. 우리는 적이 되어서는 안 됩니다. 열
정이 손상되었을지는 몰라도 그것이 애정의 유대를 부수어서는 안 됩
니다. 모든 전쟁터와 애국자의 무덤으로부터 이 광활한 대지를 살아가
는 모든 마음과 가정에 이르기까지 기억의 신비로운 현鉉은 아직 미합
중국의 합창을 연주할 것입니다. 우리 본성의 더 선한 천사들이 그것
을 반드시 다시 울리게 될 것입니다.

2

저절로
시민이 된
사람의 고백

Confessions of an
Accidental Citizen

많은 이는 자신의 견해를 밝히고 이견을 내는 데 자신 없어 한다.
우리를 성장시킨 교육·종교 제도들은 우리를 드라마의 배우가 아니라
관객의 일원으로 취급한다. 그 결과 우리는 어른이 되어서도 정치를 스포츠처럼
관람한다. 그러나 우리는 아직도 자신의 견해를 찾아내 사용하는 방법을 배울 수
있고, 긍정적인 변화에 기여하는 데서 오는 만족감을 알 수 있다.

미국에 처음으로 오고 있네,
가장 좋은 것과 가장 나쁜 것의 요람이.
바로 여기에서 그들의 범위가 결정되네.
변화를 위한 장치
그리고 영적인 갈증도 생겨나네.
바로 여기에서 가족이 깨지고
그리고 바로 여기에서 외로운 이들은 말하네.
마음은 열려야 한다고.
근본적인 방식으로.
민주주의가 미국으로 오고 있네.
—레너드 코헨, 「민주주의」[1]

줄곧 유복하게 지내온 한 미국인 백인 남성—이 나라는 이런 사람들이 지내기에 가장 훌륭하다—으로서, 우연한 탄생 덕분에 완전한 시민권이라는 선물이 내게 주어졌다. 거기엔 아무런 의문이나 도전이 없었

다. 오늘 나는 그 선물이 얼마나 엄청난 것인지 새삼 깨닫는다. 그러나
오랫동안 그것을 의식하지 못했고 감사하는 마음도 없었다. 시민권 획득
에 아무런 노력을 들이지 않았기 때문이다.

　나는 1950년대에 성장했다. "나 같은" 국민에게 정치적으로 고요한 시
기였다. 내 정치 수업은 대학을 졸업한 1961년에 시작되었는데, 그때 케
네디 대통령의 유명한 연설에서 "국가가 여러분에게 무엇을 해줄까를 묻
지 말고, 여러분이 국가를 위해 무엇을 할 수 있는지를 물어보십시오"라
는 말을 들었다. 1960년대에 결혼하여 가정을 꾸리는 대학원생으로서
내게 주어진 선물에 대해 좀 더 의식하기 시작했다. 즉 나의 시민권이라
는 것이 무엇을 의미하는지 보다 적극적으로 질문하기 시작한 것이다.
그 뒤에 이어진 시기에 여러 사건이 내게 도전으로 다가왔다. 케네디 대
통령의 암살, 잘못된 전쟁 그리고 국내외에서 정의롭지 못한 잔인한 일
들이 잇따랐다. 그때 정치적인 비통함을 처음으로 느꼈다. 그러나 그 당
시에 나의 여러 역할 가운데 가장 중요한 것이 무엇이냐고 누군가 물었
다면 아버지, 배우자, 교사, 작가 그리고 뭐든 수입이 되는 일들이었다고
말했을 것이다. 시민은 그 목록에 들어가지 않았을 것이다.

　물론 위에서 나열한 그런 역할들 속에서 시민이 될 수 없다는 말은 아
니다. 정반대로 그 모든 것 속에서 활기차게 수행되는 시민의 과업이 있
고, 이 책에서 그 모습을 보여주고자 한다. 많은 사람이 관여하지 않거
나 관여할 수도 없다고 생각하는 정당 활동―예를 들어 정당에 가입하
고 기여하는 것, 선거 때 후보자를 위해 가가호호 방문하는 것, 집회에
참석하는 것 등―의 비좁은 범위로 시민의 역할을 국한시킨다면, 시민
권을 온전하게 성취할 기회는 그만큼 축소된다. 우리 대부분은 우선 가
족, 일, 지역사회의 일상적인 장소에서 시민이 될 것이다.

그렇긴 해도 나의 20대 후반에서 중년에 이르기까지 시민권의 의미는 축소되었고 심지어 왜곡되었다. 일상의 전 정치적인 역할들을 어떻게 수행하는가가 민주주의의 요구에 부응하는 데 도움이 될 수 있음을 이해하지 못했기 때문이다. 공공선에 기여하고 싶었지만 내겐 좋은 것이 우선시되었다. 커뮤니티 조직가로서 5년간 활동하긴 했지만, 뭔가 색다른 경력을 갖고 싶은 마음이 한켠에 있었다. 나는 미국의 공적 생활의 회복에 관한 책을 썼지만, 그 강력한 동기는 내가 이 세상에서 잊히기 전에 누군가의 레이더에 나의 특이한 경력을 올려놓는 것이었다.[2]

시민성과 공공선

내가 살아가는 방식이나 가치관에서 민주주의를 거스르는 것은 아무 것도 없었다. 나는 마약을 하지 않았고, 가족이 사치스러운 생활을 할 자격이 있다고 상상조차 하지 않았다. 사실 우리 가족은 여러 해 동안 입에 겨우 풀칠할 정도로 살았다. 그렇긴 해도 공공선을 해치지 않는 일을 택하고, 남을 해치지 않는 사적인 이익을 추구하면서 사람들과 어울려 지내면, 그 결과는 "가벼운 시민권"이다. 그러나 21세기 미국에서는 가벼운 것으론 안 된다. 그 정도로는 민주주의의 번성은 고사하고 그 존속조차 어렵다.

70대 초반에 들어선 지금, 젊었을 때와는 다른 눈으로 시민권을 바라본다. 시간은 좀 더 전문적인 역할들을 박탈해왔다. 얼마 지나지 않아 아무런 역할도 하지 못할 것이다. 나는 지금 시민권에 관한 더욱더 깊은 진실을 보게 된다. 그것은 우리가 수행하는 역할들로 환원될 수 없다. 오늘 시민권에 대한 나의 정의는 매우 심층적이고 포괄적이다. **시민권은 내가 세계 속에 존재하는 방식인데, 거기에는 내가 자신의 생존을 위해 본질적으로 의지하게 되는 인간 및 다른 존재들의 광대한 커뮤니티의 일원이라는 생각이 깔려 있다.**

이제 모든 삶의 국면에서 내게 당장 이로움을 주든 주지 않든 그 요구에 반응하려고 노력하면서 그 커뮤니티에 대해 감사하고, 칭송하며 표현하는 것 이외에 아무런 선택지가 없다는 것을—적어도 영예로운 선택지가 없음을—깨닫는다. 결국 공공선에 합당한 것이면 무엇이든 내게도 좋은 것이다.

그러나 내가 만일 커뮤니티의 중요성을 믿는다면, 어떤 공공선이 있다고(그것이 무엇인지는 차치하고서라도) 만인이 동의하는 장소가 국가라는 식의 낭만적 환상에 대해 시민권의 비전을 표류하도록 내버려둘 여유가 없다. 민주주의에서 정치적인 삶은 너무 껄끄럽고 불완전해서 갈등으로 점철된다. 우리 안에 있는 그러한 차이들을 대충 덮어버리는 것은 민주주의의 잠재력을 훼손시킨다. 그 차이들은 우리가 생명을 불어넣는 방식으로 끌어안기만 한다면 민주주의에 도움이 된다.

나는 이 사실을 쉽게 깨달은 척하지 않으련다. 선거에서 이기기 위해 나의 신앙 전통을 왜곡하는 정치인들이나 자신의 개인적 그림자를 공공 정책으로 옮겨놓으려는 인종주의자와 동성애 혐오자를 만나면, 미드웨스트 출신의 이 선량한 퀘이커교 소년[저자를 가리킨다]은 헐크를 흉내낼 것이다. 그러나 어떤 사람들의 신념이 아무리 기가 막히고, 도덕적으로 문제가 있다 해도 나는 반대자들의 인간성을 부정하거나 더 나아가 민주주의의 기반인 정치적 생태계를 훼손하지 않고 시민 공동체에서 목소리를 내는 법을 배워야 한다.

우리가 비록 서로를 존중하는 담론을 창출할 수 있다 해도, 공공선의 세부 항목에 대해서 광범위한 합의가 이뤄질 것이라고 생각하지 않는다. 공교육과 의료보험 그리고 정부 그 자체의 역할에 이르기까지 다양한 쟁점에서 미국인은 깊숙하게 갈라진다. 우리는 그 세부 항목에 서로 동의할 수 없을 것이다. 그러나 현재 정부 형태의 가치를 믿는다면 민주주의 그 자체의 유지가 관심의 초점이 되도록 하는 대안적 정의定義에 동의해야 한다. 우리는 한목소리로 다음과 같이 말할 수 있어야 한다. **우리 안에 있는 정치적 차이에서 비롯되는 갈등들이 민주주의의 기반인 시민 공동체를 해체하지 않도록 끌어안는 것이 공공선이다.**

시민권과 공공선에 대한 나의 이해는 지난 40년 동안 품어온 세 가지 믿음에 뿌리를 두고 있다. 젊었을 때 그 믿음은 지금보다 더 이론적이었고 덜 체화된 것이었다.

나는 민주주의를 믿는다. 그 확고한 성취와 아직 실현되지 않은 기약을 믿는다.

나는 미국의 정치제도를 믿는다. 그 제도의 설계에 내재된 천재성과 최선으로 사용될 때 성취해온 분명한 이로움을 믿는다.

나는 인간의 마음이 지닌 힘을 믿는다. 진실과 정의, 사랑과 용서를 담아낼 수 있는 그 역량을 믿는다.

이러한 믿음은 예외를 허락하지 않는 듯하고 심지어 경건해 보이기까지 한다. 하지만 내게 그 믿음을 견지하는 긴 투쟁은 그렇듯 절대적이고 경건하게 경험되어오지 않았다. 미국의 민주주의와 인간의 마음은 매우 복잡하고 모순적이어서 나는 오랫동안 나의 믿음에 대해 논쟁해왔다. 때로는 다른 사람들과 그리고 그보다 더 자주 나 자신과 입씨름해온 것이다. 나는 믿음만큼이나 논쟁에 가치를 둔다. 윌리엄 슬론 코핀은 이렇게 말한 바 있다. "세 종류의 애국자가 있는데, 그 가운데 둘은 나쁜 것이고, 하나는 좋은 것이다. 나쁜 애국자는 비판 없이 사랑만 하는 자들과 사랑 없이 비판만 하는 자들이다. 좋은 애국자는 자기 나라와 끊임없이 사랑싸움을 한다."[3]

정치에서의 신념과 의심

방금 위에서 나열한 믿음들은 비판적으로 수용하지 않으면 위험한 망상이 될 수 있음을 역사가 말해준다. 그 그림자를 대강 엿보기만 해도 핵심이 드러난다.

나는 민주주의를 믿는다. 그러나 민주주의로 여겨지는 것이 나라 안과 바깥에서 뭔가 덜 고상한 것을 감추는 명분이었음이 종종 드러난다. 국내에서 우리는 인종주의와 경제적 착취 그리고 돌봄의 단순한 실패 등으로 인해 사람들의 자유를 박탈해왔다. 우리는 자기 나라를 점령하기를 원치 않는 사람들에게 자유를 부과하기 위해 군사적인 힘을 아무런 부끄러움 없이 행사했다. 민주주의라는 명분을 내걸었지만, 사실 그들의 목숨을 대가로 우리의 경제적 이익을 지키고 있는 것이다.

나는 미국의 정치제도를 믿는다. 그러나 이 제도는 국민의 뜻 대신 기업의 뜻을 반영하는 정책을 세울 때가 너무 많다. 국민은 돈으로 살 수 있는 접근 통로가 없어서 자신의 뜻을 알리기가 어렵다. 그리고 국민이 길거리나 투표장에서 가까스로 자신의 존재를 알리면, 생각이 다른 정치 지도자들은 수천 가지 방법을 동원해서 꼼수를 부리거나 약속을 어기거나 자기 스폰서들의 이익을 지키기 위해 막후에서 움직인다.

나는 인간의 마음을 믿는다. 그러나 그 힘은 온갖 테러리즘에서 드러나듯이 미쳐서 날뛸 때가 많다. 거기에 종교적인 논리의 외피가 입혀지기도 한다. 그리고 일부 미디어의 선동가들은 진실을 가리거나 왜곡하고 때로 노골적으로 거짓말을 늘어놓으면서 자기들에게 도전하는 이들을 고함으로 침묵시키거나 비방하는데, 이는 민주주의의 기반이 되는 신뢰를 위협하는 일이다. 물론 우리가 마음에 두려움과 분노를 품고 선동가들이 파는 것을 좇는 중독자들의 시장에 뛰어들지 않는다면, 그들은 부유해지거나 유명해지지 않는다.

그러므로 보다 정확하게 나의 믿음을 표현할 필요가 있다. 민주주의는 우리가 **가지고 있는** 무엇이 아니라 우리가 **해야 할** 무엇이라는 것을 이해하는 한에서 가치가 있다고 믿는다. 그러나 미국의 민주주의가 지구상에 있는 모든 나라의 문제에 만병통치약이 된다고 생각하지 않는다. 특히 그 문제에 연루된 사람들이 적극적으로 원하지 않는 경우에 더욱 그렇다. 진실을 말하자면 미국인 중에서도 얼마만큼 그것을 원할지 가끔 의문이 든다. 지금 우리는 우리 안의 차이들이 유발하는 긴장이 시민 공동체를 파편화시키도록 허용하고 있고, 비민주적인 힘들은 거기에서

생기는 공백을 채우는 데 열을 올리고 있다. 그런데도 우리는 아무 문제
도 없다는 듯이 정치적 유산을 낭비하고 있는 것이다.

나는 미국의 민주주의 제도가 설립자들이 의도한 대로 기능할 때 그
가치를 믿을 수 있다. 비극적이게도 그 설립자들은 우리 국민의 "국민"에
서 그리고 "모든 사람은 평등하게 창조되었다"의 "모든"에서 여성, 인디언
그리고 노예들을 제외시키는 오류를 범했다. 분명히 그들은 오늘 우리가
지니고 있는 다양성을 위한 기반을 의식적으로 닦지 않았다. 누군가가
그들에게 언젠가 18세 이상의 모든 미국인(기소된 범죄자들을 제외하고)
이 투표권을 갖게 될 것이고, 2050년 무렵에는 유색인이 미국 인구의 절
반을 차지할 것이라고 말했다면, 그들은 그럴 리가 없다고 말했을 것이
다.[4]

그럼에도 불구하고 그 설립자들이 창출한 정치제도는 그들 대부분이
상상하거나 심지어 바람직하다고 여기던 것 이상으로 포괄적인 사회를
창출했다. 깨어 있는 미국인이 끊임없이 외쳤던 함성이 그 과정에 힘을
실어주었다. 그들이 흠집 있는 유산을 남겨준 지 2세기 반이 지난 지금
가장 중요한 것은 그 설립자들의 인종주의, 성차별주의, 엘리트주의가
아니다. 중요한 것은 그들이 우리에게 그 제도를 물려주지 않았다면 지
금 우리가 누리는 다양성을 갖지 못했을 것이고, 미국의 이상과 현실 사
이의 계속되는 긴장을 공공선을 위해서 활용하지도 못했을 것이라는 사
실이다.

우리는 특히 인종적 정의를 위한 투쟁과 관련해서 이 정치제도를 활
용해야 한다. 그 영역에서 생각보다 별로 진보를 이뤄내지 못했고, 보기
에 따라서는 오히려 뒷걸음질 치기도 했다. 법학자 미셸 알렉산더가 말
했듯이, 정치적으로 동기화된 "마약과의 전쟁"—그 집행에는 인종적인

편견이 깔려 있었으며, 비폭력적이고 타인의 희생을 수반하지 않는 범죄에 너무 가혹한 처벌이 가해졌다ー은 다음과 같은 사실로 귀결되었다.

오늘날 1850년의 노예보다 많은 아프리카계 미국인이 교도소에 있거나 집행유예 또는 가석방 상태에 있다. 그리고 중범죄자 시민권 박탈법 때문에 시민권을 박탈당한 아프리카계 미국인이 1870년 때보다 더 많다.[5]

나는 인간의 마음이 지닌 힘이 선을 행하는 만큼 악을 꾀하기도 한다고 생각한다. 그 마음은 어떤 사람들을 테러리스트로 만들고, 어떤 사람들은 굶주린 자와 부랑자들을 돕도록 한다. 그 마음은 어떤 사람들로 하여금 "정부를 무너뜨리기 위해" 연방정부 건물을 폭파시켜버리게도 하고, 또 다른 사람들로 하여금 우리가 곧 정부이고 민주주의 약속을 실현하기 위해 힘을 모아야 한다고 생각하게 한다. 그 마음은 민주주의 그 자체만큼이나 복잡한 힘들이 겨루는 장으로서, 우리는 위기 상황에서 그 갈등하는 힘들의 소용돌이를 무시하거나 감상적으로 받아들인다.

우리 본성의 더 선한 천사들에 대해 근본적인 믿음을 갖고 있었던 에이브러햄 링컨은 개인적 경험을 통해 그 천사들에게 그늘진 동반자들이 있음을 알았다. 링컨의 전기작가 조슈아 솅크는 더 선한 천사들에 대한 링컨의 이미지를 다음과 같이 설명한다.

거기에는 영속적인 복합성과 끊임없는 긴장이 담겨 있다. 개개인과 국가들은 여러 얼굴을 지니고 있어서 선한 것을 이룰 수도 있으면서 악한 것으로도 쉽게 기울고, 그 갈등 속에 마냥 묶여 있기도 한다. 링컨이 여러 가지로 표현했듯이, 우리 본성의 더 선한 천사들은 인간 심리의 심층에 도달한다. 즉 그것은 분리와 갈등, 파멸과 조화, 고통과 보상, 여행과 그에 대한 도전 등 모든 인간이 직관적으로 알고 있는 경험들을 반영하기 때문이다.[6]

인간 그 자체의 생명의 핵이라 할 수 있는 마음은 민주주의를 파괴할 수도 있고, 온전하게 만들 수도 있다. 바로 그 때문에 19세기의 방문객 토크빌은 『미국의 민주주의』에서 미국 시민들이 세대를 넘어 정치적 온전함을 지지하는 마음의 습관을 가꾸어가느냐에 따라 민주주의의 미래가 결정적으로 좌우된다고 주장했던 것이다.

토크빌 연구자 레오 담로슈가 지적하듯이, 토크빌의 저작에 깔려 있는 기본 주제는 "자유를 지탱하는 데 습관과 믿음이 법보다 더 중요하다"는 것이다.[7] 미국 민주주의의 계관 시인 휘트먼도 그 점에 동의했다. 그의 시 「미국!」은 다음과 같이 시작한다.

미국!
너는 법률가들에 의해 묶이리라고 기대했는가?
문서 협정에 의해? 아니면 무기에 의해?

물러가거라!
나 여기 왔노라, 법정과 무기의 모든 힘을 넘어선 이것들을 가지고,
이것들! 땅 그 자체가 묶인 것만큼이나 굳건하게 너를 묶어줄 것이다.[8]

휘트먼이 "이것들!"—"법정과 무기의 모든 힘을 넘어선" 힘—이라고

한 것은 아주 단순하게 말하자면 그 마음속에 맺어진 인간관계를 가리킨다. 그는 민주주의가 본래의 뜻대로 작동하기 위해서는 대지를 가로질러 "무수히 연결되어 있는 손들"이 움직여야 한다고 주장했다.

여러 형태의 분열이 공동체 의식을 약화시키고 민주주의를 위협하는 까닭에 법이나 무력으로 상황을 치유할 수 없게 된 오늘날, 토크빌과 휘트먼이 예언자적이었다는 것이 분명해진다. 우리 국민이 민주주의의 긴장을 시민 공동체의 새로운 형성 쪽으로 끌어안기 위해서는 우리의 마음이 부서져 우리를 분리시키는 것이 아니라, 부서져 열려 다양성을 수용하도록 습관을 가꿔나가야 한다.

깨어져 희망으로 열린 마음

1974년 봄, 나는 어떤 경험을 통해 위와 같은 책무를 절실하게 깨닫게 되었다. 나는 메릴랜드에 있는 집에서 열차를 타고 조지아 주 아메리쿠스에 가서 코이노니아Koinonia 파트너들과 함께 일주일을 보냈다. 그 공동체는 해비타트 운동의 발상지이기도 하다. 조지아 주의 유명한 적토赤土 지대에 위치한 코이노니아 공동체는 그 지역 주민들에게 농사일과 가옥을 제공함으로써 농촌의 가난으로부터 탈출할 수 있도록 돕는 일에 헌신하고 있다.

나는 그 적토를 또렷하게 기억하고 있는데, 그 땅을 걸으면서 신었던 흰 양말을 아무리 빨아도 핑크빛 얼룩이 지워지지 않았기 때문이다. 그보다 더욱 지워지지 않는 것은 어느 일요일 아침 몇몇 사람과 함께 작은 독립 흑인 교회에서 보냈던 두세 시간의 기억이다. 그 교구의 신도 대부분은 통나무집에 살았고, 다른 사람 소유의 땅에서 일하면서 근근이 생계를 이어갔다. 그들은 미국이 "모든 사람은 평등하다"는 선언을 배신한 데서 비롯된 고통을 대대로 물려받고 있었다.

나는 예배에 앞서 진행되는 어른 주일학교에 참석하기 위해 아침 일찍 교회에 갔다. 그때 토의되었던 주제는 생각나지 않지만, 수업이 진행되던 방식은 절대로 잊을 수가 없다. 단 세 사람만이 그날 아침에 참석했다. 하지만 그 세 사람은 늘 해왔듯이 '로버트의 규칙Robert's Rules of Order'을 따라 수업을 진행했다. 그 규칙은 팽팽한 대립과 난투를 피하면서 질서 정연하게 집단이 의사결정을 하도록 돕는 일련의 절차다.9 한 사람은 진행 요원, 다른 한 사람은 기록 요원, 또 다른 사람은 수위관守衛官 역할을 맡았다. 수위관은 만에 하나 다른 두 사람 가운데 한 명이 버거워하는 등의 경우를 대비한 것이라고 나는 추정했다.

나는 그 당시 백인 젊은이로서 인생이 순탄했던 만큼 앞뒤가 꽉 막혀 있었으며, 학력은 높았지만 아는 것은 별로 없었다. 그래서 당황스러웠다. 예배가 끝난 뒤 목사를 만났을 때 불쑥 말을 꺼냈다. "이해가 안 가요. 그 사람들은 주일학교 수업을 왜 그렇게 형식에 꽉 매여서 진행해야 하지요? 그냥 앉아서 서로 이야기를 나누면 안 되나요?"

그는 이렇게 대답했다. "글쎄요. 당신이 그것을 이해하지 못한다면, 아마 당신이 이해하지 못하는 것이 대단히 많을 것 같습니다." 이 말에 귀가 솔깃해졌다. 그가 한 말을 받아 적지 않아서 정확하게 옮길 수 없지만, 그날 아침 배운 것은 지금까지도 강렬하게 남아 있다.

이 교회에 소속된 사람들은 오랜 역사 속에서 권리를 박탈당하고 정치 과정에서 배제된 미국의 시민들이다. 시민권 법안 덕분에 그들을 차단시켰던 문은 이제 열렸다.

물론 길 위에 걸림돌은 아직 남아 있고 오랫동안 없어지지 않을 것이다. 그러나 지금 신도들은 정당 집회에서 발언할 수 있고, 공청회에서 증언할 수 있으며 법률가들에게 자신의 요구와 열망을 전달할 수 있다. 그리고 권력의 전당에서 목소리를 낼 수 있는 모든 것을 할 수 있다. 우리가 그들에게 바라는 것은 더 넓은 세계로 나아가면서 공식적인 토론이나 논쟁에 참여한다는 것이 무엇인지를 알고 외부 세계에 겁을 먹지 않는 것이다. 그들은 로버트 규칙을 통해 그것을 맛볼 수 있다.

그날 주일학교 수업에 참석한 사람들은 공동체 구성원끼리 서로의 요구에 귀 기울임으로써 훌륭한 시민이 되는 법을 이미 알고 있다. 그들은 성서의 가르침을 진지하게 받아들여 과부와 고아와 굶주린 자와 부랑자들을 돌본다. 그들은 이제 또 다른 형태의 시민권을 연습하고 있다. 귀담아듣고 분명하게 말하는 것 그리고 더 커다랗고 다양한 갈등으로 점철된 미국 정치의 세계에서 절차를 따르는 것 말이다. 오늘 당신이 배운 것을 기억하고 마음에 새기기 바란다.[10]

그날 아침 내가 만난 사람들은 "저절로 된 시민들"이 아니었다. 미국 시민권의 도전받지 않은 권리는 그들에게 쉽사리 주어지지 않았다. 사람들이 어렵게 획득한 무언가에 가치를 부여하듯이 그들도 시민권에 가치를 부여했다. 안식일이 되어 육체노동에서 물러나 쉬는 동안에도 그 교인들은 훌륭한 시민이 되기 위한 마음의 습관을 따르고 있었다.

이야기 뒤에 있는 이야기

그 교회 교인들은 민주주의를 지탱하는 데 열쇠가 되는 몇 가지 세련된 습관을 이미 지니고 있었다. 예를 들어 그들은 자신이 가장 잘 아는 사람들 속에서 공동체를 만드는 이들이었다. 목사가 증언하듯이 그들은 이웃의 요구에 깨어 있었고 반응하였다.

그러나 민주주의는 "자신이 잘 아는 사람들"만큼 "다른 사람들"과 관계를 맺을 것을 요구한다. 관점, 요구, 이해관계가 우리 자신과 아주 다를 것 같은 낯선 사람들 말이다. 그래서 내가 아메리쿠스에서 만난 사람들은 로버트 규칙을 배우는 데 시간을 들였다. 그것은 그 교인들이 한때 배제되어 있던 법적 세계의 형식성이라는 문화에 적응하는 일이었다. 그들은 공식적 규칙의 논리를 배우면서 마음의 비공식적인 습관—발언을 하고 다양한 의견에 귀 기울이며, 문제와 우선순위와 해결책을 둘러싼 중대한 차이들을 협상하는 데 필요한 습관—도 습득하고 있었다.

그 교인들이 로버트 규칙을 배우기 오래전에 그들은 다른 부족에 속한 이들과 공동체를 창조하는 데 열쇠가 되는 또 다른 마음의 습관을 키워놓고 있었다. 그것은 낯선 사람을 환대하는 것이었다. 그 증거는 무엇인가. 이 나라가 건국된 이래 자신들을 억압하고 그 위에 군림했던 온갖 외적인 표시를 달고 있는 이방인인 내게 그들이 베풀어준 따스함이면 충분하다. 우리 국민이라는 현실을 만들기 위해서 우리에게 낯설게 보이는 이들에게 환대를 확장하는 것만큼 중요한 마음의 습관은 없다.

그에 못지않게 중요한 것은 희망이라고 불리는 마음의 습관이다. 그 사람들은 여러 세대에 걸쳐 억압을 받아왔는데도 몇 가지 희망을 붙들고 있었다. 자기들에게 많은 것을 약속했지만 거의 가져다준 것이 없는 민주주의에 대한 희망, 뭔가 중요한 일을 해낼 수 있는 시민으로서 갖는 잠재력에 대한 희망, 나 같은 사람들이 우리 본성의 더 선한 천사들에 접근할 수 있으리라는 희망 등이 그것이다. 그들은 그러한 희망을 품고, 인간 평등에 대한 미국적 가치와 이 "자유의 땅"에서 노예로 끌려와 부당하고 비인간적으로 취급받아 온 현실 사이의 긴장을 끌어안을 수 있었다. 세대를 넘어서면서 그들의 마음은 여러 번 이 모순에 부딪혀 부서져 왔다. 그러나 그러한 역사가 그들 마음속에서 분노나 절망으로 폭발하도록 하는 대신, 그 마음이 부서져 서로에게, 타인에게 그리고 희망에 열리도록 했다.

그 희망의 샘물은 내가 우연히 공유하고 있는 종교적 전통에 있었다. 그래서 우리가 그날 교회에서 만났을 때, 우리 사이의 차이보다 더 깊이 들어가는 신앙의 맥락을 공유할 수 있었다. 그 맥락은 매우 강력해서 나의 무지나 오만이 그것을 깰 수 없었고, 그 덕분에 목사도 나를 밀쳐내지 않고 가르쳐주었다. 오늘날 기독교 전통의 공적인 이미지는 종종 분열을 메우는 것이 아니라 조장하는 것이고, 이는 유대교와 이슬람도 마찬가지다.

그 세 가지 종교 전통은 잘못 이해되는데, 그 추종자들이 증오와 폭력에 가담하여 본래 지니고 있던 종교의 가치를 왜곡하고 더럽히기 때문이다. 기독교, 이슬람, 유대교 그리고 주요한 세계 종교의 핵심에는 자비심과 환대가 있다. 종교사학자 카렌 암스트롱Karen Armstrong은 "세계의 신앙에서 모든 진정한 영성이 실천적인 자비심과 타인과 함께 느끼는 능력 속에서 일관성 있게 표현되어야 한다고 주장한다."[11] 이러한 사실 속에서 너덜너덜해진 시민적 직물을 다시 짤 힘을 불러일으킬 수 있지 않을까 하는 희망을 가져본다.

지난 40여 년을 되돌아보건대, 조지아 주의 그 적토가 있는 시골에 위치한 작은 흑인 교회에서의 짧은 경험이 내가 알아야 할 것들을 가르쳐 왔다. 그들이 내게 베풀어준 환대와 그 목사가 전해준 교훈은 내 마음을 최상으로 일깨워주었다. 그래서 손상된 민주주의에서 겪는 삶의 심오한 긴장들을 공동체를 다시 짜고 창의성을 불러일으키며, 미국의 약속을 살아 있도록 하는 가능성의 에너지로 변형시킬 수 있었다.

그 교회에 머무는 몇 시간 동안 나와 외모와 생각이 비슷한 사람들 사이에서 배운 만큼, 그들에게서도 시민의 마음에 대해 배울 수 있었다. 민주주의의 번영을 위해 우리가 알아야 할 것들의 일부는 우리와 다르게 사는 사람들 속으로 "경계를 넘어 들어가는 것"을 통해서만 배울 수 있다. 두려움에 사로잡혀 그들로부터 도망치는 것이 아니라 타자의 경험이 우리의 닫힌 마음을 부수어 열도록 한다는 믿음을 가지고 그들 속으로 들어가는 것 말이다.

미국에서의 토크빌

아메리쿠스에서 55마일[약 88킬로미터] 떨어진 녹스빌과 조지아까지 여행을 했던 알렉시스 드 토크빌은, 자신이 중요하게 여긴 마음의 습관이 1974년에 아직 건강하게 살아 있었고 어느 교회에서 자라고 있었다는 것을 알았다면 기뻐했을 것이다. 1세기 반 전, 그는 교회 같은 자발적 결사체가 민주주의 인프라의 결정적인 요소라고 봤다.

토크빌은 노예의 후손들이 미국 시민이 되었다는 사실에도 기뻐하며 놀랐을 것이다. 그가 보기에 노예제는 민주주의를 위협하는 도덕적 해악이고, 우리가 그 오점을 극복할 수 있으리라고 확신하지 못했는데, 이는 지금까지 풀리지 않고 있는 문제다. 나는 우리가 스스로 천명한 가치들에 부합하지 못한다는 사실에 슬픔을 느끼지만—그리고 아프리카계 미국인이 대통령이 되기는 했지만 최근에는 인종적 정의가 퇴보한 면도 있다—이러한 모순과 계속 씨름할 수밖에 없는 정치 구조를 가지고 있다는 사실에 뿌듯함을 느낀다.[12]

토크빌이 1830년대에 미국을 여행하면서 민주적인 마음의 습관이 얼마나 중요한가를 확인했을 때, 그는 마음이라는 단어를 지금 내가 여기에서 쓴 것과 똑같은 의미로 사용했다. 즉 그것은 모든 인간적 능력의 통합적인 핵심인 것이다. 그는 자신이 관심을 가졌던 습관habit의 동의어로 습속mores이라는 사회학적 용어를 사용했는데, 이는 단순히 정서만을 가리키는 것이 아니다.

(그것이 가리키는 것은) 인간이 지난 다양한 관념, 그들 사이에 존재하는 여러 의견, 생각의 습관을 형성하는 이념의 전체 범위다. 따라서 나는 이 단어를 인간의 도덕적이고 지적인 상태 전체를 가리키는 것으로 사용한다.[13]

레오 담로슈가 지적하듯이, 토크빌에게 "이념은 적어도 감정만큼 중요하다. 왜냐하면 그것이 없으면 공통의 행동이 있을 수 없고, 공통의 행동이 없으면 오로지 사람들만 있을 뿐 사회적인 신체는 존재하지 않기 때문이다. 사회가 존재하기 위해서, 나아가 그 사회가 번영하기 위해서는 시민들의 마음이 일정한 지도 이념에 의해 한데 모아지고 묶여야 한다."[14]

토크빌은 "개인주의"라고 불리는 미국인의 마음의 습관에 특별히 관심을 가졌다. 그는 개인주의를 다음과 같이 정의한다. "각각의 시민이 동료 집단에서 빠져나와 가족과 친구들의 모임 속으로 숨어들고 싶도록 만드는 조용하고 세심한 감정. 자기 취향에 맞게 형성된 이 작은 사회가 있기에, 그는 커다란 사회를 기꺼이 떠나 그 작은 사회 자체를 보살핀다."[15] 토크빌에 따르면 사회적 평등이 확산되고 개인주의가 자라남에 따라 다음과 같은 변화가 일어난다.

> 비록 다른 사람들 위에 군림할 만큼 부나 권력을 지니지 않았지만 자기 자신의 욕구를 보살피기에 충분한 부와 이해력을 지니게 되는 사람이 점점 많아진다. 그런 사람들은 누구에게도 신세를 지지 않으며 아무것도 기대하지 않는다. 그들은 스스로를 고립된 존재로 생각하면서 자신의 운명은 전적으로 자신에게 달려 있다고 상상한다.[16]

　개인주의의 성향이 강해질수록 공동체적 구조물은 허약해진다. 그렇게 되면 독재 권력에 더더욱 취약해진다. 공동체적인 본능이 미국적 개인주의를 견제하고 독재의 위험을 피할 수 있도록 도와주리라는 토크빌의 희망은 종교나 시민사회 등 여러 조직의 삶에서 목격한 힘에 근거하고 있었다. 토크빌은 "연령, 조건, 성향에 관계없이 모든 미국인"은 다음과 같은 공통점을 갖고 있다고 쓰고 있다.

> 그들은 끊임없이 결사체를 만들어낸다. 모든 사람이 참여하는 상업과 공업 회사뿐만 아니라, 수천 가지 다른 종류의 결사체가 있다. 종교적인 것이 있는가 하면 도덕적인 것도 있고, 진지한 것이 있는가 하면 하찮은 것도 있고, 포괄적이고 거대한 것이 있는가 하면 제한적이고 협

소한 것도 있다. 그 결성의 목적은 다양하다. 즐기기 위해서, 세미나를 갖기 위해서, 여인숙을 짓기 위해서, 교회를 세우기 위해서, 도서를 보급하기 위해서, 지구의 정반대편에 선교사를 파견하기 위해서 등이다. 그들은 결사체의 방식으로 병원, 감옥, 학교 등을 설립한다. 어떤 진리를 설파하기 위해서 또는 훌륭한 본보기를 내세우면서 어떤 감정을 보존하기 위해서라면, 그들은 하나의 사회를 형성하고 있는 것이다.[17]

이러한 결사체들에서 토크빌이 목격한 것은 "단지 사람들 사이에 영향을 주고받는 것만으로도 감정과 의견들이 채택되고, 마음이 넓어지며, 생각이 계발된다는 것"이다.[18]

그는 미국의 이러한 특징을 자기 나라의 삶과 대조시켰다. 프랑스혁명 이전에 프랑스에서는 자발적 결사체라는 것이 사실상 알려져 있지 않았다. 상류 계급은 공론을 형성하고, 사회적 행동을 일으키고, 정책을 형성하는 데 필요한 모든 카드를 쥐고 있었다. 부르주아들은 게임을 엄격하게 관리했고, 자신들이 위험에 처하지 않도록 하는 카드를 모두 쥐고 있었다. 그러나 토크빌은 미국에서 시민들이 적극적으로 결사체를 만들고 민주주의의 기반이 되는 마음의 습관을 키우면서 스스로의 힘으로 활동하고 중앙 권력을 견제하는 것을 봤다.[19]

21세기의 미국은 1830년대에 토크빌이 방문했을 때와 너무 다르다. 크기, 도시화, 커뮤니케이션, 다양성, 국부國富, 계급 구조, 잡음의 수준, 복잡성 그리고 전 세계적 연관성 등에서 엄청난 차이를 보인다. 그러나 인간의 마음이 지니는 역동성은 시간이 지나도 극적으로 바뀌지 않는다. 거기에서 가장 두드러지는 것은 독립하고 싶어하는 욕구와 서로 의지하고 싶어하는 욕구 사이의 줄다리기다. 토크빌이 젊은 민주주의를 목격한 지 거의 2세기가 지난 지금, 미국인은 양극 사이를 계속 왔다 갔다 하고 있다.

개인주의는 우리 사이에 여전히 강력한 주제로 남아 있는데, 이는 심지어 군중에 맞서면서까지 독자적인 생각과 행동을 지지한다. 공동체주의는 미국인의 생활에서 계속 주요한 영향력을 행사하고 있는데—비록 그 형태는 토크빌 시대에 비해 많이 달라졌지만—그것은 어느 국가의 국민이 누리는 것보다 훨씬 많은 전 정치적인 기회를 제공하고, 따라서 정치권력에 더 많은 잠재력을 제공한다.[20]

사람에 관한 모든 것이 그러하듯이 이러한 습관에도 부정적인 면이 있다. 개인주의는 이기주의로 전락할 수 있고, 공동체주의는 개인이 스스로 무언가를 생각하지 못하는 상태로 붕괴할 수 있다. 개인주의와 공동체주의를 창조적인 긴장 속에서 끌어안는—다른 쪽의 어두운 가능성을 서로 견제하도록 하면서—방법을 배우는 것은 마음의 민주적 습관에 열쇠가 된다.

다섯 가지 마음의 습관

누군가 내게 21세기에 부응하기 위해 미국인에게 필요한 마음의 습관을 두 단어로 요약해달라고 한다면, **뻔뻔스러움**과 **겸손함**이라는 말을 고르겠다. 뻔뻔스러움이란 나에게 표출할 의견이 있고 그것을 발언할 권리가 있음을 아는 것이다.[21] 겸손함이란 내가 아는 진리가 언제나 부분적이고 전혀 진리가 아닐 수도 있음을 받아들이는 것이다. 따라서 내 의견을 분명하고 자신 있게 발언하는 것만큼 특별히 타인에게 열린 마음과 존중하는 태도로 귀 기울일 필요가 있다. 겸손함과 뻔뻔스러움의 마음을 갖추면 민주주의가 필요로 하는 시민이 될 수 있다. 이러한 시민이 다수가 되지 못하리란 법은 없다.

물론 오늘 우리에게 필요한 자질을 설명하는 데는 두 단어 이상이 있어야 한다. 그래서 서로 맞물려 있는 마음의 습관 다섯 가지를 설명하고자 한다. 처음 세 개는 겸손함과, 나머지 두 개는 뻔뻔스러움과 관련 있다. 앞서 정의를 내린 것을 되풀이하자면 그러한 습관은 경험을 받아들이고 해석하며, 거기에 반응하는 방식에 깊이 배인 유형이다. 그 경험에는 지성, 감정, 자기 이미지 그리고 의미와 목적의 개념 등이 포함된다. 이 다섯 가지 습관은 민주주의를 지탱하는 데 결정적인 요소다.

우리는 이 안에서 모두 함께 있다는 것을 이해해야 한다. 생태학자, 경제학자, 윤리학자, 과학철학자 그리고 종교적·세속적 지도자들은 이 주제에 대해 모두 한마디씩 했다. 개인주의와 국가의 우월성에 대한 우리의 환상에도 불구하고, 인류는 심층적으로 상호 연결된 종種이다. 우리는 모두 생명의 형태를 가지고 서로 얽혀 있는데, 전 세계적 차원의 경제적·생태적 위기가 생생하고도 무서울 만큼 자세하게 그 사실을 드러내준다. 우리는 서로에 대해 의지하고 있고 책임을 져야 한다는 사실 그리고 거기에는 낯선 자들 즉 이방인도 포함된다는 사실을 받아들여야 한다. 동시에 이러한 상호 의존의 관념이 너무 이상주의로 흘러 실현 불가능한 꿈이 되지 않도록 해야 한다. 전 세계적 수준에서 또는 국가적 수준에서 상호 연관되어 있음을 끊임없이 의식하도록 권장하는 것은 성자들이나 성취할 수 있는 완벽함을 주문하는 것이다. 그것은 자기기만 또는 실패로 귀결될 뿐이다. 이것은 두 번째 마음의 습관으로 이어진다.

우리는 다름의 가치를 인정할 줄 알아야 한다. 우리가 이 안에서 모두 하나라는 것은 사실이다. 이와 마찬가지로 우리가 삶의 대부분을 부족 또는 생활양식의 고립된 섬 속에서 보낸다는 것 또한 사실이다. 그래서 세상을 우리와 그들이라는 관점에서 생각하는 것은 인간의 생각이 지닌 많은 한계 가운데 하나다. 좋은 소식은 "우리와 그들"이 "우리 대 그들"을 의미할 필요는 없다는 것이다. 대신에 그것은 낯선 사람을 환대하는 고대 전통을 상기시킬 수 있고, 21세기적 맥락에서 해석할 기회를 우리에게 부여해준다. 올바르게 이해된 환대는 낯선 사람이 우리에게 많은 것을 가르쳐줄 수 있다는 생각을 전제로 한다. 이는 다름을 적극적으로 우리의 삶으로 초대하여 더욱 확장한다. 거기에는 우리의 생활양식과 완전히 달라 보이는 형태의 다름도 포함된다. 물론 그 차이 안에 깔려 있는 창조적 가능성들을 끌어안지 않으면 깊은 환대를 실천하지 못할 것이다. 이것은 세 번째 마음의 습관으로 이어진다.

우리는 생명을 북돋는 방식으로 긴장을 끌어안는 능력을 계발해야 한다. 우리의 삶은 모순으로 가득 차 있다. 열망과 행위의 간극에서부터 신념에 어긋나기에 참을 수 없는 관찰이나 통찰에 이르기까지 엄청나게 다양하다. 그것들을 창조적으로 끌어안지 못한다면, 그 모순들은 우리를 차단시키고 행동을 가로막을 것이다. 그러나 그 긴장들이 우리 마음을 확장하도록 한다면, 자신과 세상에 대한 새로운 이해로 나아가면서 자신의 삶을 고양시키고 타인의 삶도 고양시킬 수 있게 될 것이다. 인간의 마음이 지닌 천재성은 그 긴장들을 활용하여 통찰력과 에

너지와 새로운 삶을 생성할 능력에 있다. 이러한 재능을 극대화하려면
네 번째 마음의 습관이 필요하다.

우리는 개인적인 견해와 주체성에 대한 의식을 가져야 한다. 우리가 자
기 나름의 진리를 표현하면서 타인들이 내세우는 진리와 대조, 수정하
며 발언과 행동을 할 때 통찰력과 에너지는 새로운 생명을 불러일으킨
다. 그러나 많은 이는 자신의 견해를 밝히고 이견을 내는 데 자신 없어
한다. 우리를 성장시킨 교육·종교 제도들은 우리를 드라마의 배우가
아니라 관객의 일원으로 취급한다. 그 결과 우리는 어른이 되어서도 정
치를 스포츠처럼 관람한다. 그러나 우리는 아직도 자신의 견해를 찾
아내 사용하는 방법을 배울 수 있고, 긍정적인 변화에 기여하는 데서
오는 만족감을 알 수 있다. 공동체의 지지가 있다면 말이다. 이는 다섯
번째 마음의 습관으로 이어진다.

우리는 공동체를 창조하는 능력을 강화해야 한다. 공동체가 없다면
목소리를 실현하는 것이 거의 불가능하다. 로사 파크스Rosa Louise
McCauley Parks[미 의회가 첫 '여성 민권운동가'라고 부른 흑인] 한 명을
키워내려면 마을 하나가 있어야 한다. 공동체가 없으면 하나의 힘이 증
식하면서 발휘되는 것은 거의 불가능하다. 파크스가 개인적으로 보여
준 결연한 행동을 사회 변화로 전환하려면 마을 하나가 있어야 하는
것이다. 지금과 같은 대중사회에서 공동체가 완성품으로 오는 경우는
거의 없다. 그러나 우리가 살고 일하는 장소에서 공동체를 창조하기 위
해서 생활의 다른 부분들을 포기하고 전업 조직가가 될 필요는 없다.
둘 또는 셋의 비슷한 사람들이 꾸준하게 동반자가 된다면, 시민으로서

발언하고 행동하는 데 필요한 용기에 불을 붙일 수 있다.

손을 잡고 오르기

이러한 다섯 가지 마음의 습관을 가꾸는 것은 어처구니없게 막대한 과제처럼 보일지 모른다. 하지만 그것은 평범한 미국인이 일상생활 속에서 도달할 수 있는 인간적 규모의 의제들이다. 그 습관들 하나하나는 조지아 주 아메리쿠스에 있는 작은 흑인 독립교회에서 가꿔지고 있었다. 민주주의는 그러한 사람들의 "소대" 수백만 개를 필요로 한다. 그들이 전국에 흩어져서 민주주의가 요구하는 개인적·집단적 자질을 계발할 수 있다.[22] 다음 네 장에서 나는 우리가 매일의 생활 현장에서 그것을 정확하게 해낼 수 있는 자세한 실행 방법을 제안할 것이다.

내가 1974년 봄에 아메리쿠스에서 만난 신도들은 우연적인 것이 아닌 의도적인 시민이 되도록 우리를 초대하고— 실제로 우리에게 도전했다 —미국에 최상의 자질을 부여하는 미덕을 몸소 구현하고 있었다. 영혼의 관대함, 내일을 위한 희망, 공공선을 위해 일하고자 하는 지혜와 의지 등이 그것이다. 우리가 부서져 열린 마음의 교훈을 배울 수 있다면, 그들은 미국의 실패를 상기시키면서 그 미래를 위한 희망의 이유를 제시해줄 수 있다. 우리는 그 진리와 희망의 장소에 서서 그 신도들이 그러했던 것처럼, 우리를 갈라놓는 선들을 넘어설 수 있다. 그래서 국민의, 국민에 의한, 국민을 위한 정부가 "지구상에서 사라지지" 않도록 하기 위해 요구되는 시민 공동체를 재건할 수 있다.

13세기 페르시아의 시인 하피즈의 「위대한 욕구A Great Need」[23]라는 시에는 휘트먼이 18세기 중반에 국가 간의 단합을 보장하기 위해 요청했던 "무수하게 연결된 손"의 이미지를 연상시키는 대목이 있다.[24] 두 시인은 모두 미국의 민주주의가 현재 당면한 위기와 그것이 우리에게 요구하는 것에 대해 말해준다. 우리가 서로 귀 기울이며 협력하도록 요구하는 공공선에 대한 위협이 이번이 처음은 아니라는 것, 그것을 우리의 손과 마음으로 해낼 수 있는 힘이 있다는 것을 상기시켜준다.

위대한 욕구를 채우기 위해

우리는 모두 손을 잡네.

그리고 걸어 올라가네.

사랑하지 않는 것은 내버려두는 것

잘 들어,

우리를 둘러싼 땅은

그렇게 하기엔

위험할 만큼

너무 넓다네.

3

정치의 마음
The Heart of Politics

나는 갈등이 없는 공공 영역을 상상하지도 염원하지도 않는다.
그것은 죽음이 없는 삶을 염원하는 것과 비슷한 환상에 지나지 않기 때문이다.
전체주의 사회에서만 갈등은 추방된다. 물론 갈등은 사라지는 것이 아니라
지하로 쫓겨날 뿐이고, 폭력이 강요하는 단일함의 환상이 그 자리를 채운다.
건강한 민주주의 속에서 공적 갈등은 불가피할 뿐 아니라 장려되어야 한다.

인간의 마음은 민주주의의 첫 번째 집이다. 거기에서 우리는 묻는다. 우리는 공정할 수 있는가? 우리는 너그러울 수 있는가? 우리는 단지 생각만이 아니라 전 존재로 경청할 수 있는가? 그리고 의견보다는 관심을 줄 수 있는가? 살아 있는 민주주의를 추구하기 위해 용기 있게, 끊임없이, 절대로 포기하지 않고, 동료 시민을 신뢰하겠다고 결심할 수 있는가?

— 테리 템페스트 윌리엄스, 「관여」[1]

서문에서 언급했던 개인적이고 정치적인 비통함의 어둠에서 빠져나오면서 나는 "살아 있는 민주주의"에 대한 이런 글을 접하게 되었다. 그 당시 마침 공화당이 집권하고 있었지만 민주당도 내 마음을 부숴놓았다. 엉뚱한 곳에서 사랑을 찾는 것이 개인적으로만이 아니라 정치적으로 잘못이라는 것을 입증해주었다.

9·11테러를 당하고 미국은 전쟁에 돌입했다. 지도자들은 잘못된 명분으로 우리를 이끌었거나 그들 스스로 속아 넘어갔다. 그리고 그들은 헌

법적 권리의 일부를 몰래 보류시켰다. 대통령을 포함한 몇몇 지도자는 민주주의를 복원하기 위해 시민이 되는 것이 아니라, 경제를 복원하기 위해 쇼핑을 하고 상업주의를 부추김으로써 애국자가 되라고 강요했다. 많은 미국인이 전쟁을 지지했다. 다른 많은 미국인은 공적으로 반대 의 사를 강하게 표출했다. 하지만 반대자들이 무엇을 주장하든 권력을 쥐 고 있는 사람들 가운데 오로지 극소수만이 존중하는 마음으로 경청하 는 듯했다.

지도자들은 우리 국민의 다양한 목소리를 얕보며 가치를 인정하지 않 는 듯했다. 그들 중 일부는 이견을 적극적으로 깎아내렸다. 우리는 시민 으로서 전쟁이라는 중대한 쟁점에 대해 시민적인 논쟁의 틀을 만들어 공론화하면서 나라의 방향을 정하는 데 기여하는 방법을 알지 못했다. 내가 보기에 좌파와 중도와 우파 그 모든 진영에 불손함과 무능함이 만 연했다. 부드럽게 표현하자면 나는 절망의 수렁에 빠져 있었다. 또한 이 나라의 정치로부터 스스로를 추방시켰다. 내가 사랑하는 민주주의의 왜 곡에 저항할 힘이 없다고 확신했기 때문이다.

테리 템페스트 윌리엄스가 민주주의에 대해서 한 말은 우리 가운데 누구도 무력하지 않다는 것을 상기시키면서 나를 일으켜 세워주었다. 마 음이 민주주의의 집이라면 우리 각자는 민주주의를 그 뿌리에 되돌려놓 는 데 필요한 힘을 나누어 갖고 있다. 그러나 그의 말은 나를 회복시키면 서 동시에 나를 꾸짖었다. 나는 윌리엄스가 제기한 시민권의 역량에 대 한 질문을 정직함과 열린 마음, 신뢰와 끈기를 가지고 끌어안지 않았다. 나는 마음을 경직시키면서 동료 시민에 대한 믿음을 잃어버리고 말았다. 내가 윌리엄스의 말에서 발견한 희망 그리고 질책은 나의 적극적인 시민 권을 다시 주장하겠다고 결심하도록 점화해주었다.

윌리엄스는 결코 낭만주의자가 아니다. 그녀는 인간의 마음이 필연적으로 민주주의를 향해 움직인다고 거짓된 주장을 하지 않는다. 사실 그렇지 않기 때문이다. 마음은 관대함과 정의로움만큼이나 파시즘과 종족학살에도 책임이 있다. 윌리엄스가 단지 주장하는 것은 마음은 민주주의에 걸려 있는 질문들과 씨름하는 곳이라는 점이다.

우리는 공정할 수 있는가? 우리는 너그러울 수 있는가? 우리는 단지 생각으로써가 아니라 전 존재로 경청할 수 있는가? 그리고 의견보다는 관심을 줄 수 있는가? 살아 있는 민주주의를 추구하기 위해 용기 있게, 끊임없이, 절대로 포기하지 않고, 동료 시민을 신뢰하겠다고 결심할 수 있는가?

이 모든 질문 앞에서 우리의 마음은 갈등에 휩싸인다. 우리는 공정하고 관대해지고 싶어한다. 그러나 자기에게 필요한 것 이상을 가지고 있을 때조차 타인들을 질투하면서 자신의 몫을 늘리는 데 집착하기도 한다. 우리는 다른 사람의 목소리에 귀를 기울이고 싶어한다. 그러나 어떤 말을 듣게 될까 두려워서 이견을 가진 사람들과의 대화를 회피할 방법들을 찾기도 한다. 우리는 동료 시민을 신뢰하고 싶어한다. 그러나 가까운 사람을 포함해 타인에게 상처를 받아보았기에 낯선 사람들을 신뢰하기를 어려워한다. 인간의 마음이 민주주의의 첫 번째 집은 아니라 할지라도 민주주의의 첫 번째 토론장임에는 틀림없다. 운명적인 결과들을 함축하는 조용한 논쟁이 그곳에서 끊임없이 벌어지는 것이다.

내가 정치에서 마음의 역할을 강조하면, 엄격한 정치적 현실주의자들은 선거와 통치의 거칠고 우악스러운 과정 앞에서 그것은 너무 순진한 발상이라고 무시할지 모른다. 그러나 나는 내 나름의 근거에 입각한 현실을 주장함으로써 현실주의자들의 현실과 대면하고 싶다. 정치를 이해하지만 그 안에서 마음의 역할은 무시한다고 천명하는 사람들은 둘 중에 하나다. 감정을 조작함으로써 얻어내는 영향력에 대해 정직하지 않거나, 세상이 어떻게 돌아가는지를 자세하게 들여다보지 않는 사람이다.

유권자의 표를 얻기 위해서는 감정을 선동해 지성을 마비시키고, 마음을 분열시켜 정복해야 한다는 것은 선거 정치의 가장 초보적인 지식이다. 예를 들어 미국인의 개인적인 부 가운데 4분의 1을 단 1퍼센트가 갖고 있고(이는 1928년 대공황 직전에 나타났던 부의 집중이다), 상위 20퍼센트가 85퍼센트의 부를 소유한다는 것은 단순한 사실이다.[2] 그러나 이 사실이 지닌 경제학적인 함의를 내세우면서 선거운동을 해도 당신의 반대자들이 "가족, 신앙 그리고 애국심"을 옹호하게 되면 당신은—비록 하위 80퍼센트에 속한다 해도—자신의 이해관계에 어긋나게 투표를 할 것이다. 미국의 중산층이 급격하게 줄어들면서 가족이 해체되고 아메리칸 드림에 대한 확신이 허물어지고 있는 슬픈 아이러니에도 불구하고, 상황은 그렇게 전개된다.

감정에 호소하는 것은 지성에 호소하는 것을 거의 항상 능가할 뿐 아니라, 깊이 간직하고 있는 신념과 충돌하는 사실을 제시하면 사람들은 신념을 바꾸기보다 그 신념을 강화할 가능성이 크다. 물론 이는 우리의 상식과 어긋나지만 여러 조사 결과는 일관성 있게 그것을 증명해준다.[3] 경제적으로 상층으로 올라서려는 기대를 가지고 살아온 사람들에게 수입의 불평등을 드러내는 도표를 제시해보라. 그들은 자신의 생각을 바꾸기보다는 당신을 사회주의자나 공산주의자라고 부를 가능성이 크다.

마음에 대해 이야기하는 것이 정치에 맞지 않는다고 무시하는 사람들이 부정직한 것이 아니라면, 그들은 단지 오류를 범하고 있는 것이다. 그들은 우리의 보이지 않는 내적 동력과 보이는 행위가 각각 다른 세계에 속한 것처럼 취급하는 문화의 왜곡된 렌즈를 통해서 현실을 바라본다. 그러나 내적인 현실과 외적인 현실은 끊임없이 상호작용하면서 우리 자신과 세상을 함께 창조한다.

지금의 경제 위기를 초래한 소비주의를 부추긴 것은 무엇인가? 충분히 가지고 있으면서도 충분하지 않다는 두려움, 우리가 좀 더 많이 가져 마땅하다는 오만함, 물질로 채우려는 영적인 공허함 같은 것이 아니겠는가? 그리고 우리의 관대함을 불러일으키는 것은 무엇인가? 인간의 요구에 대한 이타적인 충동 아니겠는가? 우리가 물질적인 소유에 집착한다고 잘 알려져 있지만, 자선은 여전히 미국인의 삶에서 중요한 특징을 이룬다. 1인당 소득 대비 기부액에서 미국은 세계 1위다. 이것은 프랑스의 3배, 독일의 7배, 이탈리아의 14배다.[4] 인간의 마음은 물리학에서 밝혀진 만큼이나 복잡한 힘들이 작용하는 역장力場이다.

마음과 현실 정치

정치적 영향력을 가진 사람이 이성을 역사의 1차적 동인으로 믿으면서 마음의 힘을 무시하거나 부정할 때, 그것은 틀림없이 재난을 불러온다. 2008년 10월 23일 앨런 그린스펀은 미 의회에서 미국과 세계 전체를 엄청난 고통으로 몰아넣은 경제 파탄에 대해 증언했다. 그린스펀은 이성의 우위를 주장한 철학자 아인 랜드Ayn Rand를 오랫동안 신봉해온 지도자적인 경제학자로서, 1987년부터 2006년까지 연방준비제도이사회 의 장직을 맡았다. 그 기간 동안 미국 경제는 무제한의 성장 동력을 가진 것처럼 과대 선전되었다.

그 시기에 일부 미국인은 필요하지도 않은 주식, 집, 소비재 등을 없는 돈을 빌려 아주 비싼 가격에 사들였다. 우리의 이성은 과열된 경기에 기만당했거나 사기꾼들에게 속았고, 고삐 풀린 소비주의나 흔해빠진 탐욕에 휘둘리고 있었다. 이러한 고공비행이 얼마나 계속될까 걱정하면서 한밤중에 깨어나 텔레비전을 켰을 때, 우리는 여러 전문가가 번갈아 나와 중력의 법칙이 유독 우리에게만 작동하지 않는 까닭에 대해 끊임없이 설명하는 것을 들었다.

불행히도 대부분의 전문가는 우리가 피터팬처럼 환상 속으로 비행한 것은 매우 허약한 줄로 지탱되는 무대 위의 환영이었음을 언급하지 못했다. 그때 그 줄이 툭 끊어졌고 우리는 깨져버렸다. 그래서 다시 텔레비전을 켰을 때, 앨런 그린스펀이 의회에서 증언하는 것을 보게 되었는데, 그는 우리처럼 혼란에 빠지고 당황한 듯했다. 그는 오랫동안 사용해온 것과 똑같은 "합리적" 경제 논리를 펴고 있었다. 그러나 이번에 그는 경제의 마법을 통해 또 다른 결론에 도달했다.

나는 드라마 작가에게 주어진 특권을 끌어들여 그 대화를 다음과 같이 살짝 희화화해본다.

질문: 당신과 동료들이 경제학이라는 최상의 도구를 가지고 운전해온 열차를 집어삼킨 이 비극적인 파국을 돌아볼 때, 무엇이 가장 놀라운 것인가요?

답: 부정직과 탐욕이 금전 거래에서 너무 중요한 역할을 한 결과 그 산업이 아무런 실질적 감독이나 규제 없이 굴러갈 수 있었다는 사실이지요.

실제로 그린스펀이 말한 것은 규제 없이 금융기관을 경영하는 사람들이 주주들의 자본을 지키기 위해 움직이지 않았음을 알고 "충격적인 의구심"에 사로잡혔다는 것이다.5 그는 "세상이 어떻게 돌아가는지"에 대한 자신의 모델에서 "결함"을 발견했다. 그 모델은 막대한 돈을 움직이는 사람들이 투자자들의 이익을 자기 자신의 이익과 동등하게 취급할 것이고 따라서 규제받을 필요가 없다는 전제에 입각한다.6

그린스펀은 인간의 마음이 지닌 힘에 무지할 때 우리의 눈이 얼마나 어두워질 수 있는가를 단지 몇 마디의 말로 밝혀주었다. 만일 선박 설계자가 대형 유람선 선체에 큰 구멍이 있는 채로 디자인해서 수천 명의 승객을 물에 빠뜨렸다면—그리고 나서 해양재난조사위원회에서 자신의 디자인에 결함이 있었음을 뒤늦게 알았다고 설명했다면—그의 면허증은 당장 취소되었을 것이다. 그런데 상황 분석에서 인간의 마음을 늘 제외시키는 경제학자나 다른 전문가들은 국가라는 선박의 책임 설계자로 왜 계속 남아 있는가?

여러 역사적 사건 그리고 마음의 역동에 대해 사유하는 문학작품들—몇몇만 거론하자면 그리스 비극, 성서, 셰익스피어와 도스토옙스키의 작품 등이 있다—을 본다면 모든 인간사에서 마음의 역할이 중요한 동인이라는 것이 널리 인정되리라고 누구나 생각할 것이다. 경제학이나 정치학 또는 의학이나 공학 등의 분야에서 마음의 힘을 제대로 헤아리지 못하는 건 어처구니없는 무지로 여겨질 것이라고 생각하기까지 할 것이다.7

그러나 미국에서 책임 있는 지위에 오른 많은 지식인은 거의 관찰되고 측정될 수 있는 것에만 근거해서 일을 해나가야 한다고 믿었다. 현실을 그런 식으로 잘못 정의하는 시스템 속에서 교육을 받았기 때문이다. 그러나 인간이 관계되는 모든 일은 마음이라는 보이지 않는 힘에 의해 작동한다. 어떤 사람과 사랑에 빠져 인생의 여정을 바꾸는 것에서부터 시작해서 다른 족속의 사람들을 불신하는 것에 이르기까지, 놀라운 용기로 행동하는 것에서부터 가장 야만적인 잔인함에 이르기까지, 과학에 생기를 불어넣은 호기심에서 생각을 마비시키는 두려움에 이르기까지, 인간의 마음은 연기를 감독하는 무대 뒤편이다. 그 단순한 진실을 무시하면 실제 삶에 대한 결정적인 단서를 놓침으로써 우리 자신과 세계를 위기에 빠뜨리게 된다.

반복하건대 내가 여기에서 사용하는 마음이라는 단어는 통합적인 방식의 앎을 가리킨다. 그 앎을 통해 테리 템페스트 윌리엄스는 마음이 민주주의의 복잡하고 도전적인 질문들을 품어내는 곳이라고 주장할 수 있었다. 따라서 내가 인간사에서 마음의 중대한 역할을 강조한다고 해서 미국의 건국 초창기부터 출몰하여 민주주의를 위협했던 반지성주의를 옹호하는 것은 결코 아니다.

감정이 지성을 압도하면, 명백히 진실이 아닌 "사실들"이 엉터리 시민적 담론 속에서 제지받지 않고 떠돌아다니게 되고, 그런 가운데 우리는 자신의 명분을 강화하기 위해 허구를 지어내는 공적 인물들을 지지하게 될 것이다. 2009년과 2010년 의료보험 개혁을 둘러싼 범국가적 논쟁은 어느 유명 정치인이 페이스북에 올린 황당한 주장으로 인해 초점이 흐려지고 말았다. 그는 주장하기를, 행정부가 개혁안을 추진하다보면 생존 가능성이 낮은 환자들의 사망 여부와 그 시기를 결정하는 "사망선고위원회death panel"가 생겨난다는 것이었다. 이것은 1692년과 1693년 세일럼의 마녀사냥에 불을 지른 "사실들"의 21세기 판이다.[8]

마음을 느낌으로 축소하고 환원시켜버리면 정치는 감정 조작의 위험한 게임으로 변질되어 결국에는 몇몇 종류의 전제 정치로 귀결될 수 있

다. 그러나 인간 능력의 통합적 핵심이라는 정당한 역할을 마음에 복원
시키면 그것은 우리에게 권력의 장소를 제공하고, 민주주의의 인프라를
안으로부터 바깥으로 재건하는 데 필요한 지식을 함께 부여할 것이다.

어느 농부의 마음

"마음 안으로 내려앉는 사유"하기를 배우면—인지와 감정을 감각, 직
관 그리고 신체적 지식 같은 능력과 통합시키면서—그 결과는 통찰, 지
혜 그리고 자신이 아는 대로 행동하는 용기가 될 수 있다.[9] 그 점을 보여
주는 이야기 하나를 소개하고자 한다.

나는 워싱턴 D.C.에서 온 선출직·임명직 공무원 20명을 위한 일주일
간의 피정을 이끌었던 적이 있다. 참석자들은 퇴물 관료들의 공적인 이
미지를 조금도 닮지 않았다. 그들은 골치 아픈 사회문제를 풀기 위해 수
많은 시간을 투자하고 헌신하는 시민 지도자들이었다. 그러나 그들을
더욱 괴롭히는 것은 내면의 삶에 관한 쟁점이었고, 그 때문에 그 피정에
오게 된 것이다.

그들 모두 공적 봉사의 윤리에 이끌려 정부에 들어갔지만, 자신의 가
치와 권력정치power politics[정치의 내용을 이념적·윤리적인 계기보다도, 지
배자 또는 국가가 자기의 이익 추구를 위하여 행하는 권력투쟁으로서 파악하
는 생각이나 정책] 사이의 갈등으로 괴로워하면서 애당초 민주주의의 명
분에 대한 욕망을 불러일으켰던 윤리를 회복하고자 했다. 3일 동안 나는
그들이 하나의 공간을 창조하여 지성보다 심연에 있고 우리의 모든 능
력이 수렴되는 마음의 장소에 다가갈 수 있도록 도움을 주었다. 그들은

3일 동안 자신이 처한 딜레마를 솔직함과 동정심을 가지고 탐구하며 나누었다. 그러면서 마음으로 느끼는 시민적 가치와 냉혹한 정치 세계 사이의 긴장을 창조적으로 살아가는 방법을 모색했다.

참가자 가운데 한 남자는 아이오와 주 동북부에서 25년 동안 농사를 지었고, 이후 10년 동안 농무부에서 근무했다. 그는 피정이 진행되는 동안, 다시 사무실로 돌아가면 자기를 기다리고 있을 한 가지 곤경에 관해 여러 차례 걱정스럽게 말했다. 그는 표토表土의 보존에 관련된 어떤 정책을 결정해야 했다. 표토는 귀중한 천연자원인데, 지속가능성보다 단기적인 이윤을 추구하며 사업을 운영하는 농업회사들에 의해 파괴되고 있으며, 이로 인해 식량 공급의 질과 지구의 안전이 위험에 빠지고 있다. 그는 여러 번 이렇게 말했다. "농부로서 가지고 있는 마음은 내가 무엇을 해야 하는지 알고 있지요……." 그는 또한 그의 마음이 이끄는 대로 할 경우 심각한 곤란에 처한다는 것, 특히 농업회사의 돈을 받은 상사와의 관계가 껄끄러워진다는 것도 잘 알고 있었다.

그는 일요일 아침 마지막 시간에 농부의 마음을 따라서 결정을 내려야 한다는 점이 분명해졌다고 말했다. 잠시 깊은 침묵이 흐른 뒤 어떤 참가자가 물었다. "상사에게 어떻게 대답하려구요?"

"쉽지는 않을 겁니다." 그는 대답했다. "그러나 이 피정에서 시간을 보내면서 나는 한 가지 중요한 것을 이해하게 되었습니다. 나는 상사에게 대답하지 않습니다. **나는 땅에게 대답합니다.**"

그 사람이 마음으로부터 들은 것은 당면한 복잡함과 협상하는 데 필요한 실질적인 전략이나 전술이 아니었다. 하지만 그것은 다음 수순을 밟아가는 데 필요한 견고한 기반을 마련해주었다. 그가 사무실로 돌아가 미국식 농업의 코스를 바꾼 것은 아니다. 그러나 그는 자신의 마음에 접속했고 그 명령에 답하기 위해 할 수 있는 것을 했기 때문에, 그의 행동은 관련자 모두에게 순전히 도덕적으로 이득이 되는 결과를 가져왔다. 그는 보다 훌륭한 지구의 청지기 노릇을 할 수 있는 정책을 고안해냈을지 모른다. 그는 몇몇 동료가 자기들 나름의 도덕적 입장을 세우도록 영감을 불어넣었을지 모른다. 그는 다음번 딜레마에 봉착할 때 최소한 자문을 구할 "내면의 교사"가 있음을 이제 알고 있다.

이 "농부의 마음"이 품고 있는 지식의 본질에 대해 잠시 생각해보자. 그의 감정은 분명하게 기울고 있었다. 그는 땅을 깊이 걱정하고 있었던 것이다. 그의 걱정은 학문적 연구와 25년간의 농사 경험에서 얻어진 과학적·경험적 지식과 얽혀 있었다. 그는 땅과 농사 수단이 지니고 있는 한계와 잠재력을 이해하고 있었다. 또한 여러 행동 경로가 초래하는 단기적·장기적인 결과들 그리고 농부의 삶에서 부딪히는 복잡하고 때로 모순적인 요구들도 이해하고 있었다.

그 농무부의 공무원은 오로지 자아의 핵심에서만 상호작용하며 정보를 주고받는 다양한 원천의 지식에 입각하여 결정을 내렸다. 그는 어떻게 그 내면의 장소에 이르렀는가? 자신의 가치와 정치적 압박 사이의 긴장을 무시하길 거부한 것이다. 대신에 그는 마음이 부서져 앞길을 향해 열릴 때까지 그 긴장을 끈질기게 그리고 성찰적으로 끌어안았다.

비통함의 힘

개인적이고 정치적인 삶이 전개될 때, 우리 안의 세계와 우리를 둘러싼 세계는 끊임없이 갈등하고 협력하면서 서로를 빚어낸다. 모든 인간사

를 볼 때 외부 세계에서 일어나는 일들의 원인과 결과 모두 마음속에서
발견될 수 있다. 그리고 좋든 나쁘든 인간의 마음에서 일어나는 일들 가
운데 비통함만큼 강력한 것은 없다.

  히틀러가 "민족의 위대함"을 아리안족의 우월성의 신화를 통해 복원
하겠다고 약속했을 때 그에게 권력을 부여한 것은 결국 평범한 독일인들
이었다. 그들은 제1차 세계대전에서의 패배와 바이마르공화국에서 경험
한 경제적 실패, 문화적 굴욕감으로 인해 크게 비통해 했다. 그리고 칠레
와 아르헨티나에서 폭군들의 잔인함을 폭로하고, 공공 시위를 통해 정의
를 요구함으로써 그 살인마들을 권좌에서 끌어내린 것은 "실종자들"로
인해 비통해 한 할머니들이었다.

  만일 당신이 어떤 사람이나 어떤 것—남자, 여자, 아이, 직업, 아이디
어, 이념—을 사랑했다면 실패, 상실, 배신, 거부 또는 죽음으로 마음이
비통해진다는 것이 무엇을 의미하는지 잘 알 것이다. 대부분의 미국인처
럼 나는 민주주의를 사랑한다. 그리고 내가 아는 많은 사람처럼 민주주
의가 안팎으로부터 위협당할 때 마음이 비통해진다. 우리 국민의 의지가
기업의 돈이나 관료의 부패, 감시 권력의 기만 등에 꺾여버릴 때 비통해
하지 않을 수 있는가? 차이를 어른답게 다루지 못하고 의견이 다른 사람
들을 향한 싸구려 적개심에 빠져버리는 우리의 모습 앞에서도 그렇지 않
겠는가?

  이런 식으로 왜소해지고 상실감을 느끼는 것은 인생에서 겪는 고통이
다. 그 고통을 가리키는 말로서 **비통함**이 가장 정직하다. 그러나 실용적
인 미국인은 공적 영역에서 마음이 경험하는 것을 명명하고 주장하는
것을 어려워한다. 우리 나름의 아메리칸 드림을 위협하는 어떤 것 때문
에 "내 마음이 비통하다"라고—상처를 인정하고 그것이 치유되도록 개

방하면서—말하는 대신에, 사적 세계에 숨어들거나 냉소주의나 분노로
자신을 표현한다. 그런 태도와 감정은 사회 변화보다는 사이코드라마를
더 많이 생산하면서 공공 영역을 병들게 한다. 국가가 입은 상처를 치유
하려면 그러한 행위가 비통함이 쓰고 있는 가면이라는 것, 그 저변에 깔
려 있는 조건이라기보다는 증상이라는 것을 이해해야 한다.

　물론 예외는 있다. 우리가 듣게 되는 냉소, 분노 그리고 증오의 일부는
전략적으로 준비된 시나리오다. 예를 들어 "다름"에 대한 뿌리 깊은 두
려움을 조장하는 것은 공적인 메가폰이 있을 경우, 부와 권력을 획득하
는 확실한 방법이다. 미디어의 유명 인사들은—그리고 너무 많은 정치
후보자와 관리가—사람들이 사로잡혀 있는 두려움을 최대한 이용한다.
그 사업은 자신의 부나 정치적 운명에는 도움이 되지만 공공의 부를 파
산으로 몰아넣을 수 있다.

　사회적 품위를 지켜주는 규범이 약화되면 두려움을 부추기는 그 사
람들은 헨리 지루Henry A. Giroux가 "잔인함의 문화Culture of cruelty"라고
부른 것을 불러일으킨다. 그래서 "민주적 가치, 자비심 그리고 정의 및
여기에 수반되는 사회관계의 실행 가능한 관념 등을 말소"시키는 데 막
힘이 없다.[10] 그들의 선동적 수사와 고정관념의 조장에 대해 사람들이 문
제를 제기하면, 자기들은 애국적인 엔터테이너지 저널리스트가 아니라
고 주장한다. 그 미디어 스타들이 스스로 정치적 상황 판단의 믿을 만한
제공자라고 믿도록 사람들을 설득하는 데 열심을 내지 않았다면, 또한
그들이 노련한 풍자가들처럼 정말로 오락을 하고 있었다면, 그들의 주장
은 신빙성이 있을 것이다.

　그러한 조작의 달인들이 매우 능란하게 이용하는 인간의 경험은 명백
하고 단순한 비통함이다. 그들은 연금술을 거꾸로 이용하여 인간적 감

각이라는 금 덩어리를 평범함이라는 광물 찌꺼기로 바꿔낸다. 거기에는
사악함의 가능성이 내포되어 있다.✦ 그들의 성공은 우리가 비통함을 이
해하지 못하고, 그 치료에 필요한 것이 무엇인지 알지 못할 때 어떤 결과
가 나타나는지를 잘 보여준다. 증오심을 부추기는 사람들에 이끌려 소
수의 시민들이 폭력적으로 변하고 공동체의 직물을 난도질한다. 다른 한
편으로 많은 사람은 냉소 또는 두려움에 사로잡혀 그 무엇에도 관여하
지 않고, 그러한 방관은 그 직물을 풀어헤쳐버리는 데 도움을 준다. 그
리고 그것을 다시 짜는 일에 아무도 나서지 않게 만든다.

  비통함이 죽음이 아닌 생명에 이르게 하려면 그것을 어떻게 다뤄야
할까? 만일 우리가 동일한 것에 대해 모두 비통하다면 그 문제는 답하기
쉬울 것이다. 무엇이 더 나은 것인지 합의를 이루고 그 목적을 향해 손을
모을 것이다. 그러나 비통함의 근원은 다르고 종종 모순적이기도 하다.
내 마음을 슬프게 하는 것이 당신의 마음을 기쁘게 할 수 있다. 당신은
하느님이 미국의 편에 서서 우리가 벌이는 전쟁에 축복을 내린다고, 미
국 경제 시스템의 미덕은 모든 사람이 알아서 제 앞가림을 한다는 점에
있다고 믿을 것이다. 하지만 나는 신이 결코 한 국가나 하나의 전쟁을 절
대로 축복하지 않았다고, 미국에서 심화되는 경제적 불의가 좋은 사회
에 대한 어떤 합당한 개념에도 부합하지 않는다고 믿는다.

  나는 개인적 신념을 조금도 숨김없이 말했을 뿐 그 이상은 아니다. 여

✦ 여기에서 평범함과 사악함을 결부시키는 것은 이해가 되지 않을 수 있다. 이는 한나 아렌트가 나치의
  전범 아이히만의 재판과정을 참관한 것을 토대로 쓴 『예루살렘의 아이히만Eichmann in Jerusalem』이
  라는 책에서 나온 표현인 '악의 평범성banality of evil'을 원용한 것이다. 법정에 선 아이히만은 결코 극
  악무도한 모습이 아니었다. 그는 그저 자기에게 주어진 임무를 충실히 수행했을 뿐이라면서 전혀 개
  인적인 죄책감을 드러내지 않았는데, 이를 보고 아렌트는 그토록 아무 생각 없이 상투적인 언어만 늘
  어놓는 평범함이 끔찍한 악을 행할 수 있음을 발견했다.—옮긴이

기에서 이런 쟁점들을 더 밀고 나가지 않을 것이다. 그런 논쟁은 좀처럼 사람들의 생각을 바꾸지 않는다. 그 대신 보다 희망적인 가능성을 탐구하고 싶다. 우리 사이에 아메리칸 드림의 본질에 대한 날카로운 이견들이 존재함에도 불구하고, 좌우나 중도를 막론하고 우리 가운데 많은 이가 적어도 이것만큼은 공유할 것이다. 즉 우리의 문화와 사회와 국가에 대한 비통함을 다 함께 경험하고 있는 것이다. 그렇게 공유되는 비통함은 상호 이해의 가교가 되어 서로를 향해 걸어가도록 해줄 수 있다.

우리의 날카로운 의견 불일치가 민주주의 파괴의 씨앗이 될 필요는 없다. 우리의 마음을 여는 쪽으로 긴장을 끌어안을 수 있다면, 그것은 민주주의의 탁월함과 그 회복의 추동력을 입증하는 징표가 될 수 있다.

두 종류의 비통함

일상생활은 비통함을 다루는 연습의 기회가 끊임없이 제공되는 영혼의 학교다. 우리가 무언가를 열망했다가 실패할 때, 희망을 가졌다가 그것이 무너질 때, 누군가를 사랑했다가 그를 잃어버리는 아픔을 경험할 때, 연습의 기회들이 주어진다. 이 어려운 경험들 안으로 들어가 의식적으로 맞닥뜨릴 수 있다면 우리의 마음은 운동을 하면서 부드러워질 수 있는 것이다. 그러나 만일 삶에서 배울 수 있는 그 순간들로부터 스스로를 차단하려 한다면 마음은 마치 운동하지 않은 근육처럼 스트레스에 점점 더 취약해진다.

스트레스 상황에서 운동하지 않은 마음은 좌절이나 분노로 폭발할 것이다. 특별히 긴장된 상황에서라면 폭발하는 마음은 그 고통의 원천을 향해 폭탄 파편처럼 던져질 수 있다. 그러나 고통에 의식적으로 맞닥뜨리면서 마음을 일관성 있게 운동시켜왔다면 부서져 흩어지는 대신 부서져 열릴 가능성이 크다. 그러한 마음은 긴장을 잘 끌어안아 고통과 기쁨 모두가 확장되도록 근육을 사용할 줄 안다.

우리 모두는 자신이 사랑했던 사람이나 물건을 잃어버려 비통해 하는 사람들을 안다. 그들은 전혀 잘못한 것이 없는데 부패한 경제 때문에 집을 잃었고, 비인간적인 기업의 결정 때문에 일자리를 빼앗겼으며, 아이들이 뭔가를 잘못 선택하여 떠나갔고, 친구와 가족이 폭력 또는 죽음에 희생되었다. 그러한 상실에 직면하여 어떤 사람들은 더욱 비통함에 빠지고 위축된다. 그런가 하면 어떤 사람들은 자비심이 커지면서, 어둠과 슬픔의 에너지 안으로 스며드는 통찰을 이용하여 스스로를 치유하고 타인의 아픔으로 손을 뻗친다.

부서져 열린 마음은 성자들에게서만 발견되는 드문 것이 아니다. 그것은 우리 자신을 포함하여 평범한 사람들의 삶 속에서 흔히 발견된다. 당신은 자신에게 삶의 의미를 주었던 사람의 죽음으로 고통받는다. 그 사람이 없는 삶은 거의 무가치하게 보일 만큼 깊은 슬픔의 지하 통로를 지나간다. 그러나 어느 날 당신은 떨쳐 일어나 발견하게 된다. 그 통렬한 상실 때문에 마음은 더욱 감사함으로 넘치며, 살아 있고, 사랑스러움을 느끼게 된다는 것을 깨닫는다. 마음은 광물 찌꺼기를 황금으로 변형시키는 연금술 종류기다.

비통함의 경험에 사람들이 왜 그렇게 다르게 반응하는지 완전히 이해하지 못할 것이다. 산산조각 났던 영혼이 어떻게 다시 온전해지는가는 영원한 수수께끼다. 그러나 마음이 부서져 열린 사람들은 삶 속에서 여러 차례 "작은 죽음들"을 기꺼이 받아들여온 경우가 많다. 작은 상실과

실패 그리고 배신의 경험들은 아직 오지 않은 더 커다란 죽음을 대비하
도록 연습시켜준다. 어떤 사람들은 영적인 훈련이나 삶에 대한 철학적
성찰의 차원에서 의도적으로 그것을 행한다. 또한 어떤 사람들은 그렇
게 "하지 않으면 죽는" 장소로 삶이 자신을 이끌어가기 때문에 행하기도
한다.

　지금 우리의 국가가 바로 그런 장소이다. 우리는 시민 공동체의 온전
함을 복구해야 한다. 그렇지 않으면 민주주의가 시들어가는 것을 목격
해야 할지도 모른다. 미국에서 여러 이유로 부서져 열린 마음들 안에는
정치과정을 치유할 잠재력이 깃들어 있다. 그런 마음들은 링컨이 "애정
의 유대our bonds of affection"라고 부른 것의 원천이다. 낯선 사람들 사
이에 형성되는 일체감은 민주주의가 시민들에게 요구하는 것을 가능하
게 해준다. 심지어―그리고 특별히― 격렬한 갈등이 일어나는 상황에서
조차 중대한 쟁점들을 여럿이 창조적으로 다루는 역량 말이다.[11] 우리가
서로에게 마음을 열지 못하거나 않는다면 민주주의를 위축시키는 권력
은 우리 국민의 붕괴로 인해 생겨난 공백을 치고 들어올 것이다. 그러나
마음의 연금술 속에서 그 공동체는 복원될 수 있다.

　나는 갈등이 없는 공공 영역을 상상하지도 염원하지도 않는다. 그것
은 죽음이 없는 삶을 염원하는 것과 비슷한 환상에 지나지 않기 때문이
다. 전체주의 사회에서만 갈등은 추방된다. 물론 갈등은 사라지는 것이
아니라 지하로 쫓겨날 뿐이고, 폭력이 강요하는 단일함의 환상이 그 자
리를 채운다. 건강한 민주주의 속에서 공적 갈등은 불가피할 뿐 아니라
장려되어야 한다. 동의하지 않을 권리를 누리는 것은 창의성을 북돋아준
다. 그리고 참과 거짓, 옳고 그름, 정의와 불의 등을 둘러싼 여러 비판적
인 질문에 판결을 내릴 수 있도록 해준다.

그러나 논쟁이 폭탄 파편을 던지는 수준으로 퇴화될 때 우리는 촌뜨
기처럼 행동하는 것을 넘어 민주주의의 대문 앞에서 야만인이 된다. 그
래서 논쟁의 생명을 원치 않는 시민, 사생활의 환상적인 안전함으로 도
피하는 시민을 공공의 광장에서 내몰고, 그 공백을 반민주적인 권력이
채우도록 방치한다. 문자 그대로 또는 은유적인 의미에서 무장되지 않은
시민으로 우리가 등장할 수 없을 때 민주주의는 쇠퇴한다.

우리는 공적 혹은 사적 생활에서 마음에 상처를 받지 않으려고 스스
로를 "무장한다." 감정, 자아, 가치, 궁극적인 믿음 등을 위협하는 것이라
고 여겨지는 것에 직면할 때, 우리는 자신의 방어를 깨부술지 모르는 것에
대항해 자신을 차단해버린다. 우리 자신을 갈등을 향해 열어놓으면 자신
과 세계 속에서 더 많은 것을 배우고 느끼면서 성장할 수 있다는 것을 이
해할 때 새로운 삶이 가능해진다. 갈등으로 인해 우리가 왜소해지고 더욱
두려워지는 대신 위대해지면 더욱 자신감을 가질 수 있을까. 그것은 일상
의 경험에서 마음을 여는 훈련을 기꺼이 할 것인가에 달려 있다.

마음의 병*을 진단하다

개인적·사회적 건강에 기여하는 마음의 습관을 키우고 싶다면 국가
를 죽일 수도 있는 마음의 병의 숨은 원인을 이해해야 한다. 그중 가장
주된 것은 내적인 공허함, 강력한 개인적 정체감의 결여다. 그것은 거짓
되고 해로운 "의미" 체계에 빠져들기 쉽게 만든다.

근대성은 우리가 누구이고 삶이 무엇을 의미하는지에 대한 문화적 합
의 같은 것을 없애버렸다. "여기에 답이 있다!" 한때 우리를 안심시키던

그 목소리는 "너의 개인적 의미를 여기에서 찾아라!"라고 경쟁적으로 외치는 목소리들의 불협화음으로 대치되었다. 물론 우리 나름대로 의미의 원천을 선택할 수 있는 자유는 귀중한 보물이다. 그것은 민주주의가 우리와 세계에 건네준 위대한 선물이다. 그러나 그것을 얻기 위해서는 대가를 치러야 할 때가 많다. 삶의 의미를 발견하기까지 고립되고, 길을 잃고, 가치와 목적을 빼앗기는 것이다.

　우리는 대안을 찾아갈 때 선택해야 한다. 바깥에서 시끄럽게 외쳐대는 목소리들을 향할 것인가, 아니면 안쪽에 귀를 기울일 것인가. 많은 사람에게 내적인 영역은 지도에 나와 있지 않은 낯선 땅으로서 가장 가기 싫어하는 장소다. 내적인 여행을 통해 우리 안에서 그리고 우리 사이에서 생명력을 주는 의미의 원천을 찾을 수 있다. 그러나 두 가지 두려움이 그 여행을 가로막는다. 이 미지의 땅에서 길을 잃을지 모른다는 것, 지도도 없는 그 황무지에서 발견되는 무엇인가가 우리를 무섭게 하거나 심지어 해칠 수도 있다는 것이다. 내면으로 들어가기를 두려워하는 우리는 의미를 파는 수많은 노점상의 먹잇감이 되기 쉽다. 그들은 공허함과 두려움에 대한 거짓 치료제를 특별 할인가격에 판매한다고 우리를 속인다.

　그 치료제의 목록을 다 쓰려면 이 책보다 더 많은 페이지가 필요할 것이다. 무심하게 이것저것을 기웃거리기, 강박적인 과로, 알코올과 마약 중독, 어떤 권위자를 향한 컬트적인 존경 등 실로 다양하다. 여기에서는 우리 사이에서 가장 흔하고 민주주의를 좀먹는 두 가지 거짓 치료제에 초점을 맞추고자 한다. 소비주의와 희생양 만들기가 그것이다. 그 두 가지 모두 개인 관계와 시민 공동체를 왜곡시킨다. 그리고 민주주의의 번

✦ 원문에는 "heart disease"로서 '심장병'으로 흔히 쓰이는 말을 이중적으로 사용한 것이다. —옮긴이

영에 필요한 마음의 습관을 거스르는 쪽으로 작동한다.

많은 사람에게 소비주의는 내적인 공허함을 달래는 선택의 마약이다. 우리가 상품과 서비스를 구매하는 까닭은 그것이 정말로 필요해서가 아니라 그것이 우리의 정체감과 존재 가치를 세워주기 때문이다. 우리의 공적·사적 생활에 스며드는 광고가 가까운 증거다. 거기에서 제품의 쓸모를 강조하는 경우는 드물고, 그 대신 자기들이 충족시키리라고 주장한 내적인 욕구를 겨냥한다. 소비자들이 추구하는 것을 면밀하게 연구한 자료를 토대로 그 전략이 세워진다. "젊고, 아름다워지고, 똑똑해지고, 강인해지고 싶은가? 이것을 사라!" 우리의 소비 중독은 그들이 제공하는 향상에 대한 거짓 약속을 끊임없이 구매할 정도로 깊어질 수 있다. 잠깐 뭔가 얻은 듯하나 마음은 여전히 공허하고 지갑만 얇아졌을 뿐인데도 말이다.[12]

극단적으로 말하자면 이런 종류의 소비주의는 개인은 물론 공동체에도 해가 된다. 그것은 실질적인 경제성장에 기여하지 않는다. 다만 성장의 환상을 불러일으키면서 그 뒤에 온갖 병적인 현상을 야기한다. 20세기 중반 이후 저축은 수입을 웃돌았다. 그러나 많은 이가 마치 돈을 가지고 있다는 듯 소비해야 한다고 주장했다. 우리는 매우 비싼 집이나 성능이 매우 좋은 자동차를 헛되이 구매하는 데 지출했다. 그것이 가능했던 건 독점 자본과 부정 조작된 크레디트 게임을 했기 때문인데, 그 결과 경제는 대공황에 버금가는 벼랑에 몰렸고, 많은 사람이 경제적으로 추락해버렸다. 독성이 가득한 소비주의는 많은 미국인을—여기에는 분수에 맞게 살려고 애쓰는 사람들도 포함된다—직장과 집에서 내몰았다. 그 결과 주기적인 경기 침체에서 가족과 공동체의 붕괴에 이르는 수많은 문제가 생겨났다.

불황이 지속되어 실업률이 높아지면(앞서 밝혔듯이 국가 차원에서 9퍼센트, 일부 집단에서는 40퍼센트가 넘는다), 민주주의의 다양성에 수반되는 긴장을 품을 능력이 제대로 작동하지 못한다. 돈 펙은 「일자리 없는 시대가 어떻게 미국을 바꿀 것인가」라는 글에서 경제사학자 벤저민 프리드먼Benjamin Morton Friedman의 책 『경제성장의 도덕적 결과The Moral Consequences of Economic Growth』에 나온 사례를 다음과 같이 요약한다.

경제 침체나 쇠퇴가 오래 지속되면 거의 모든 사회에서 영혼의 격조가 떨어지고 포용력이 줄어들었다. 그리고 권리와 자유의 증진이 멈추거나 역행하는 것이 보통이었다. 프리드먼에 따르면 "많은 시민이 앞으로 나아가고 있다는 느낌을 한번 상실하면", 아무리 국부가 넉넉해도 "사회가 경직과 불관용으로 후퇴하는 것을 막을 수 없다." 물질적 진보가 꺾일 때…… 사람들은 타인의 지위에 질투심을 더 느끼게 된다. 인종 간 그리고 계급 간 갈등이 심화되면서 반이민 정서가 짙어진다. 가난한 자들에 대한 관심도 줄어든다.[13]

빈곤선을 웃도는 수준에서 살아가는 미국인 가운데, "적게 갖는 것이 많이 갖는 것이다"라는 오래된 교훈을 배운 이들이 있다. 그들은 불필요한 욕망에 탐닉하는 대신 필수품 구매를 줄였다. 그들은 물질을 거부하고, 수리하고, 공유하는 것의 가치를 발견했다. 또한 친구와 가족 그리고 이웃과 서로 지지하는 관계를 만드는 데 더 많은 시간을 투자하기 같은 비물질적 가치도 발견했다. 어려운 시기를 살아가는 지침 가운데 다음과 같은 말이 있다. "안전과 만족은 돈보다 친구로부터 더 쉽게 획득된다."[14]
그런 단순한 진리를 더 많은 사람이 깨달아야 한다. "끝없는 성장"의 경제적 신화나 물질적 소유가 의미를 채워줄 것이라는 개인적 신화는 개인적·정치적 불행을 예고하는 환상이다. 소비주의의 "즉각적 만족"이 가까이에서 이뤄지는데, 시민권—장기적인 관여를 요구하고 결과는 좀처럼 곧바로 나타나지 않는 역할—에 대해 진지한 관심을 가질 이유가 있겠는가. 소비에 대한 우리의 강박은 공공 영역으로부터의 탈출을 부추기는 또 하나의 동인이 되고, 우리가 국민으로서 행사할 집단적 권력을 무너뜨리는 또 하나의 힘이 된다.

내적 공허감에 대한 두 번째 거짓 치료제는 희생양 만들기다. 이는 고삐 풀린 소비주의보다 훨씬 치명적인 결과를 개인과 공동체에 가져온다. 벤저민 프리드먼이 암시하듯이, 자기 문제의 탓을 낯선 타인에게 덮어씌우면서 위로를 얻는 사람들이 있다. 그 병리 현상은 거의 매일 뉴스에서 접할 수 있다. 우리는 자기 내면의 그늘을 인종, 사회계급, 종교, 이데올로기가 다른 사람들에게 투사하면서, 자신에게 결핍된 것의 탓을 그들에게 돌린다. 다른 이들을 깔아뭉개고, 그들의 "열등함"을 배경으로 우리의 "우월함"을 주장하면서 정체감을 회복한다.

이런 형태의 마음의 병은 소비주의만큼 흔한 것은 아니지만, 빈도가 적은 만큼 맹독성이 크다. 극단적으로 말하자면 희생양 만들기는 파시즘이라고 불리는 정치적 질병을 키운다. "급진적이고 권위주의적인 민족주의"에 중심을 두고 있는 파시즘의 운동 이데올로기는 자신이 부리고 싶은 운동과 국민국가에 대한 "개방성과 반대"를 적극적으로 억압한다.[15] 이렇듯 병든 민족주의가 우리의 내적 공허함을 채워 가장 온건하게 표출되면 국가에 대한 비판이 비애국적이고 심지어 배신이라는 믿음 정도로 나타난다. 하지만 가장 극악하게 표출되면, 그것은 나치즘의 광기에 버금가는 이데올로기를 배양하고, 홀로코스트를 추동한 것 같은 집단적 사악함을 빚어낸다.

희생양 만들기가 파시즘의 극단으로 흐르지 않는다 해도 타인에 대한 두려움에서 행동하는 것은 민주주의를 위협한다. 공공 영역에서 물러나 "비슷한 부류"의 사람들과의 보호된 사생활로 숨어들어야 안심하는 사람들이 있다. 게이티드 커뮤니티gated community✦에서 살아야만 하는 사람들이며 가족, 일, 종교 공동체, 친구들 사이를 정기적으로 오가는 "터널"을 넘어서는 모험을 전혀 하지 않는 사람들이 그 예가 된다. 피난처에 보호된 삶은 공허하고 고립된 사람들에게 의미, 공동체, 안전 등으로 여겨지는 무엇인가를 찾는 데 도움을 준다. 그러나 문이 잠긴 벽 뒤에서 또는 터널로 연결된 벙커 속에서 살아가는 "커뮤니티"는 거짓 현실일 뿐이다. 그들이 민주주의를 적극적으로 파괴하지는 않는다 해도 그것의 건강한 발전에 심각한 지장을 준다.

물론 많은 미국인에게 낯선 사람들과 어울려 지내는 것은 가능할 뿐 아니라 실제로 즐거운 일이다. 그리고 희생양 만들기에 휘말리지 않는 일이다. 간단하게 말하면 사춘기 시절의 사고방식을 벗어나 남 탓을 하지 않고 자기의 내적인 의미 탐구를 위한 분투에 책임을 질 줄 아는 어른들이 있는 것이다. 또한 그 분투가 내면이 아닌 외부를 향할 때—매우 현실적 불의가 삶을 왜소하게 만들 때가 그러하다—그들은 상상의 적에 대한 증오 안에 쭈그리고 앉아 있지 않고, 사태를 바로잡으려는 쪽으로 창조적인 행동을 취할 줄 안다. 이러한 미국인은 민주주의가 요구하는 마음의 습관을 지니고 있는 것이다.

✦ 입주민 외에는 거주 구역으로 자유롭게 들어올 수 없도록 울타리를 쳐놓고 살아가는 커뮤니티. 한국에서 최근에 지어지는 초고층 아파트나 타운하우스 등이 이에 해당한다.—옮긴이

민주주의가 요구하는 자아

민주주의 사회가 제대로—사람들을 개인적 자유와 집단적 책임으로 불러들이면서—작동할 때 민주주의를 지속시키는 종류의 자아, 즉 독립적이면서 동시에 상호 의존적인 자아가 형성된다.

민주주의는 자기 나름의 생각을 가진 사람들을 필요로 하며, 가장 잘 작동할 경우 그런 사람들을 키워내기도 한다. 개인적인 기업가 정신과 창의성은 비즈니스와 기술과 예술 영역에 이르는 모든 방면에서 진전을 가져왔다. 이데올로기적인 동조가 사람들을 빗나가게 만들 때 독립적인 사고는 국가를 제 궤도에 돌려놓는 데 도움을 준다. 그러나 자아가 타인들과 상호 의존적이라는 것을 이해하지 못하면 인성적 측면에서 결함이 되는 것은 말할 것도 없고, 기업가 정신과 창의성과 정치를 제대로 구현하는 데 무엇이 필요한지를 이해하지 못한다.

여러 일을 하는 데 "마을 하나가 필요하다." 아이 한 명을 기르기 위해서, 대화에서 우리의 생각을 시험하기 위해서, 하나의 개념을 현실로 변화하는 데 필요한 자원을 모으기 위해서, 심지어 가장 고독한 형태의 창의적인 작업을 자극하고 지지하기 위해서 마을 하나가 필요한 것이다. 어떤 분야에서든 성공을 거둔 사람들—가치 있는 노력을 통해 뛰어난 성취를 이룬 사람부터 고통스러운 시간을 잘 견딘 사람에 이르기까지—에게 물어보라. 그들이 성공하거나 견디어내는 데 부분적으로 다른 사람에게 신세를 졌다고 생각하는 사람들이 얼마나 많은지 확인해보라. 그렇게 생각한다고 손을 들지 못하는 사람은 뭔가 착각하고 있음이 분명하다.

민주주의가 요구하는 자아라고 해서 내면의 공허함이나 두려움에 사로잡히지 않는 것이 아니다. 그러나 그런 자아는 소비주의의 환상이나 희생양 만들기의 도피, 또는 다른 거짓 치료제 속에서 자아와 의미를 찾지 않는다. 건강한 자아가 지닌 정체성은 자기와 비슷한 부류의 사람들 속에서 그리고 다른 사람들, 심지어 (때로는 특별히) 낯선 타인들과 함께 있으면서 편안함을 느낄 수 있다. 건강한 자아는 자신의 두 다리로 서 있으면서 공동체에 의존하고 기여하는 여러 방법을 알고 있다.

그런 자아는 저절로 생겨나는 것이 아니다. 사회가 시민들에게 자신을 성찰하고 마음의 역동을 다루는 기회를 풍부하게 제공할 때만 그러한 자아가 형성된다. 앞으로 이어지는 네 장에서 나는 그 역동이 형성되는 몇 가지 상황을 탐구할 것이다. 제4장에서는 정부라는 거대한 제도에 초점을 맞추고, 제5장에서는 민주주의가 요구하는 개방적이고 자유분방한 공적인 삶에, 제6장에서는 공립학교와 종교 조직 같은 지역 기관에, 제7장에서는 내가 "근원적 민주주의를 위한 안전한 공간"이라고 부르는 다양한 조건(물리적인 것부터 가상적인 것에 이르기까지)에 초점을 맞출 것이다.

이 모든 장소는 민주주의의 가시적인 인프라를 구성하는데, 마음의 습관이라고 불리는 보이지 않는 인프라를 형성하는 에너지가 창출되고 보관된다. 민주주의를 살아 있게 하고 번성하게 하는 마음의 습관을 생성하기 위해 우리는 일상생활에서 무엇을 해야 하는가? 이제 그 질문들로 넘어가보자.

4

민주주의의 베틀

The Loom of Democracy

언어, 예술, 종교, 교육과 마찬가지로 민주주의는 삶의 긴장에
종지부를 찍으라고 제안하지 않는다. 그 대신 긴장을 창조적으로
활용하는 과정을 제공하고, 긴장의 에너지를 건설적인 목표로 전환시켜주기로
약속하는 정치 구조를 선사한다. 민주주의가 그 약속을 품고 있기 때문에
삶은 "보살피고 친구를 맺는" 반응을 촉발할 수 있다.

우리는 삶 속에서 논리적인 사고로는 화해될 수 없는 대립들을 화해시
켜야 하는 상황에 종종 놓이게 된다. 삶의 전형적인 문제들은 평범한
존재의 수준에서는 풀리지 않는다. 교육에서 자유와 규율의 요구를
어떻게 화해시킬 수 있는가? 사실 수많은 어머니와 교사들이 그 일을
해내고 있지만 누구도 그 해법을 글로 적지 못한다. 그들은 그 대립들
을 초월한 높은 수준의 힘을 끌어들임으로써 화해시키는 것이다. 그것
은 바로 사랑의 힘이다.

—E. F. 슈마허, 『작은 것이 아름답다Small Is Beautiful』[1]

    영국의 경제학자 슈마허Ernst Friedrich Schumacher가 "수많은 어머니와
교사들"이 아이를 교육하면서 자유와 규율 같은 대립을 화해시키는 방
법에 대해 생각하며 위와 같이 말할 때, 그는 링컨의 첫 번째 취임 연설
또는 미국의 건국자들이 세운 통치 구조에 대해 생각하고 있지 않았을
까 하고 추측해본다. 하지만 "갈라져나가는 문제들"을 해결하는 우리의
능력에 대한 그의 통찰은 링컨의 대통령직 수행이나 민주주의 제도에 깃

들어 있는 천재성을 부각시킨다.

링컨은 남북전쟁 직전의 미국을 향해 첫 번째 취임 연설을 했다. 그는 "우리는 적이 아니라 친구입니다"라고 결론을 지으면서, 애정의 유대를 복원하는 데 도움이 되는 우리 본성의 더 선한 천사들에게 호소했다. 사랑의 힘을 통해 갈라져나가는 문제들이 화해될 수 있다는 슈마허의 말을 링컨이라면 이해했을 것이다.

미국의 건국자들도 슈마허의 말을 이해했을 것으로 보인다. 그러나 그이유는 달랐을 것이다. 구유럽의 억압적인 정부를 개선하려 했던 그들은 갈라져나가는 문제들의 긴장을 끌어안기에 충분한 정치 구조를 창출할 필요를 느꼈다. 그들이 발명해낸 민주주의 제도는 베틀처럼 기능하도록 고안되었다. 정치적인 의견의 불일치가 자아내는 긴장을 끌어안고 계속 서로 이야기하고, 공동체의 직물을 다시 짜는 기회를 거듭 포착하는 것이다.[2] 미국의 실험 한가운데에는 슈마허가 교육에 관해 꿰뚫어본 것과 비슷한 통찰이 있다. 좋은 사회는 자유와 규율 사이, 헌법에서 자유의 축복과 법의 지배 사이의 긴장으로부터 출현한다.

물론 아이를 키우면서 자유와 규율 간의 긴장을 끌어안는 도전은 링컨이 미국을 함께 끌어안는 도전이나, 미국의 건국자들이 민주주의의 끊임없는 딜레마들을 끌어안을 수 있는 제도를 창안하는 도전에 비교되기 어렵다. 그렇긴 해도 이 모든 것은 갈라져나가는 문제들로서 그 최상의 결과는 양자택일이 아니라 양립의 해법으로 얻어진다. 그 원칙은 아이의 양육에서와 마찬가지로 "민주주의를 실천하는 것"에도 적용될 수 있다.

리 장군이 그랜트 장군에게 항복하고 이틀 뒤에 행해진 마지막 연설에서 링컨은 남부에 대해 이야기할 때 기세등등한 승자가 굴욕에 빠진 패자에게 부과하는 양자택일의 전쟁 논리가 아니라 그것을 초월하는 화해의 정신을 호소했다. 링컨은 "이른바 탈퇴한 주들은 연합국 안에 있는 것일까 아니면 바깥에 있는 것일까라는 질문에 고착"되어 있던 연합국을 지지하는 군중에게 연설하면서 그 문제의 갈라져나가는 어법 자체를 거부했다.

그 대신 그는 화해하는 마음의 언어로 그 쟁점을 바라보면서 남부 연합 지지자들에게 이렇게 말했다. "그들 자신이 고국에서 안전함을 느낀다면, 그들이 고국 바깥에 있었는지의 여부는 전혀 중요하지 않을 것입니다."[3] 남부가 연합국 바깥에 있었음을 단언하라는 북부의 요구에 자신이 굴복한다면, 그것은 "우리의 친구들을 갈라놓는 유해한 결과만을 초래할 뿐"[4]이라고 링컨은 주장했다.

노아 브룩스라는 기자는 백악관 잔디에 링컨의 마지막 연설을 들으려 모였던 군중 속에 있었다. 링컨은 그로부터 3일 뒤 암살당했다. 그 연설을 특전特電으로 보내면서 브룩스는 링컨이 "남부를 향해 추구되어야 할 너그러운 정책"을 내세웠다고 적었다. 그러고 나서 이렇게 덧붙였다. "이것은 대중이 기대했던 종류의 연설이 아니었음이 너무도 분명하다."[5] 대신에 그들이 들은 것은 우리 본성의 더 선한 천사들의 화해하는 목소리로 링컨이 연설하는 것이었다. 그 목소리는 인간의 마음과 미국의 민주주의를 최상으로 드러낸다.

긴장을 창조적으로 끌어안으려면

사생활은 양자택일의 문제들로 가득 차 있는데 양립 가능한 반응으로 가장 잘 해결될 수 있다. 우리가 키우는 아이와 학생들에게는 자유와 규율이 모두 필요하다. 우리가 파트너나 친구들과 맺고 있는 중대한 관계 속에서 양쪽의 요구가 아무리 모순되더라도 모두 존중되어야 한다. 어떤 일을 할 때 그 속에 몸을 푹 담그면서도 그 일이 끌어내리는 힘에 맞서 정신을 끌어올리는 길을 찾아야 한다. 우리가 품고 있는 열망은 결코 성취되지 않겠지만, 거기에서 계속 소명을 얻는다.

이런 종류의 딜레마는 통상적인 논리를 따르지 않는다. 하지만 그 긴장들을 끌어안아 뭔가 새로운 것을 우리에게 열어주도록 할 줄 알아야 한다. 그리고 민주주의의 갈라져나가는 문제들을 끌어안는 것을 배울 수 있다는 사실에 희망이 있다. 우리는 사랑의 힘으로 많은 것을 해낼 수 있다. 아이들이 배우고 성장하는 것을 도울 수 있다. 자신의 요구를 다른 사람의 요구와 상호 연관시키면서 서로 만족을 얻을 수 있다. 직업 안팎에서 정신을 깨어 있게 할 수 있다. 불가능한 열망이 다음번 가능성을 향해 우리에게 계속 다가오도록 할 수 있다.

그렇다면 양자택일하도록 유혹하는 딜레마를 해결하고 "제3의 것"이 떠오를 때까지 충분하게 긴장을 붙드는 방법은 정확하게 무엇인가? 슈마허의 말을 들어보자.

갈라져나가는 문제들은 (…) 보다 상위의 힘들에 대한 수요를 유발하고 따라서 그 공급을 촉진한다. 그 결과 사랑, 아름다움, 선함 그리고 진리가 삶 속으로 들어온다. 오로지 그런 상위의 힘들을 통해서만 삶의 정황 속에서 대립들이 화해될 수 있다.6

물론 수요와 공급은 경제학 법칙이고, 슈마허는 우리의 마음이 그와 비슷한 법칙에 반응한다고 암시한다. 일상생활은 여러 종류의 갈라져나가는 수요를 유발한다. 그것은 "사랑, 아름다움, 선함 그리고 진리"의 풍부한 내적 공급을 "촉진"한다. 그 힘들은 긴장을 파괴적인 힘으로부터 창조적인 에너지로 변형시킬 수 있다. 긴장을 충분히 붙들어 우리의 마음을 열게 하고 그 연금술이 작동하도록 하게 한다면 말이다.

슈마허의 분석은 민첩하다. 뭔가를 변형시키는 마음의 힘은 우리가 마음의 절박한 요구에 스스로를 기꺼이 노출시킬 때 비로소 발휘될 것이다. 그러나 그것은 잘못된 방향으로 움직일 수도 있다. 마음은 긴장을 건설적인 방향으로 바꾸는 능력을 지니고 있지만, 자동적으로 그렇게 되진 않는다. 만일 마음이 연습을 통해 부드러워져 스트레스 속에서 부서져 흩어지지 않고 깨져 열릴 수 있다면, 그때 비로소 그 힘은 발휘될 것이다. 여기에서 '만일'이라는 것은 매우 중대한 조건이다.

마음이 부서져 흩어질 때 우리의 "못난 천사들"이 활개를 치는데 그들이 일으키는 파괴적인 소행은 도처에서 확인된다. 그 어두운 힘의 고삐가 풀리면 우리는 갈라져나가는 문제들에 직면하여 파트너나 아이들에게 폭발하면서, 그들이 아니라 우리의 필요를 좇는다. 또는 일터에서 냉소주의에 빠져 스스로를 분노에 맡긴다. 또 개인적인 한계라는 고통을 완화시키는 수많은 마취제에 중독된다.

마음은 생명의 요구를 만날 때 부서져 열릴까 아니면 흩어질까? 모든 것은 그 요구들이 놓인 마음의 질에 달려 있고, 마음이 어떻게 형성되거나 왜곡되어왔는가에 좌우된다. 경험이 풍부하고 성찰적인 마음, 내면의 연습을 실행하고, 삶에 반응하고 관여하면서 부드러워진 마음인가? 아니면 상처받은 채 방치되고 스스로를 은폐하고 위축된 마음, 다른 요구에 직면하여 산산조각 나버리기 쉬운 마음인가?

예를 들어 우리가 부모로서 아이들에게 자유와 규율 모두를 주고자 할 때 그 양극성을 세련되게 끌어안지 못하도록 하는 내적 장애물이 있을 수 있다. 사랑하는 자녀의 미래에 대한 두려움이 그것이리라. 우리는 불안에 쫓겨 자유와 그 위험 대신 구속과 안전 쪽으로 기울지 모른다. 그래서 아이들이 어렵게 배우면서 성장할 기회를 박탈하는 것이다. 또는 자기가 어린 시절 억압당하면서 어른이 되는 과정이 느렸고, 고통스러웠다고 생각하면서 그 분노 때문에 아이들에게 과도한 자유를 줄 수도 있다.

우리가 현명하다면 그런 장애물을 극복하기 위한 내면의 작업을 할 것이다. 내면의 삶에 대해 가르치는 여러 교사는—랄프 왈도 에머슨에서 하워드 서먼에 이르기까지, 잘만 샤흐터에서 달라이 라마에 이르기까지—마음이 부서져 흩어지지 않고 부드럽게 휘어져 열리도록 하는 몇 가지 실행 또는 "연습"을 권장한다. 온전히 주시하기mindfulness, 명상이나 기도, 인간의 조건에 관한 위대한 문학 읽기, 고독과 침묵 속에서 시간 보내기, 카운슬러나 영적 지도자와의 대화. 이런 실행은 우리가 두려움이나 분노에 휩싸여 뜻하지 않은 해악을 끼치기 전에 마음을 여는 데 도움이 된다. 우리가 마음을 열어야 하는 그런 순간들에 스스로를 현명하게 대비시키지 않는다면, 우리가 끼치는 해악이 우리를 안으로 들어가도록 강요할 것이다. 이를 통해 우리는 마음을 연습한다는 것이 얼마나 중요한지를 배우게 될 것이다.

그렇다면 마음을 열어 갈라져나가는 문제들을 화해시키는 방법은 구체적으로 무엇인가? "누구도 해법을 글로 쓸 수 없다"고 한 슈마허는 옳다. 그러나 내가 제2장 끝부분에서 언급했듯이, 우리는 정치적인 삶에서 갈라지는 문제들의 긴장을 창조적인 방향으로 활용하는 데 필요한 마음의 습관을 열거할 수는 있다. 그 구체적인 습관을 열거하면 여러 삶의 정황에서 그것을 가르치고 배우는 방법들을 탐구할 수 있다.

그 정황 중에서 가장 크고 포괄적인 것은 미국의 민주주의 그 자체다. 그것은 건국의 주역들이 거대한 차원에서 갈라져나가는 문제들의 긴장을 끌어안고자 고안해낸 구조와 과정의 복합체다. 그 힘의 장을 민주적인 마음의 습관을 가꾸는 데 활용하려면, 그것이 우리에게 요구하는 것 그리고 우리가 그 요구를 끌어안으면 그것이 우리 안에서 불러일으키는 것을 이해해야 한다. 이를 위해 "민주주의의 베틀"이 작동하는 방식에 대해 더 말해보고자 한다.

끝없는 논쟁

민주주의에서의 정치적인 삶은 모순과 갈등의 연속이다. 다수의 의지가 소수의 권리를 침해할 때 우리는 무엇을 할 것인가? 우리가 자유와 정의 둘 다 원한다면, 제약 없는 개인적 경제활동과 정부 규제 간의 적절한 균형은 무엇인가? 교육, 동기부여, 또는 법적 제재 등 여러 행위를 변화시키는 데 무엇이 가장 효과적인가? 다른 나라가 위협을 가해올 때 조용한 외교와 군사적인 시위 가운데 무엇이 국가의 이익을 보장해줄 것인가?

이렇듯 갈라져나가는 문제들에 직면하여 의견을 달리하는 사람들이 마음을 닫고, 서로 대립하는 대신 마음을 열고 함께 뭔가를 하게 만드는 제도는 무엇인가? 미국의 건국자들이 이 문제와 씨름할 때 왕의 칙령으로 갈등을 "해결"하는 구세계의 전통을 넘어서려는 욕망이 그들의 동기에 부분적으로 깔려 있었다. 그러나 보다 즉각적인 동기는 심각한 갈등을 그들 사이에서 처리하고자 하는 필요였다. 건국의 주역들이 모두 백인 남성 지주였다는 사실이 영국으로부터의 독립과 국가 헌법의 제정 과정에서 통일된 입장을 취하도록 도와주지는 않았다. 오히려 정반대였다. 그들 사이에 존재하는 신념의 다양성이 갈등으로 분열되지 않고 그것을 좋게 활용할 수 있는 정치제도를 발명하도록 했다.

그들이 창안해낸 제도는 상위의 힘들에 대한 수요를 유발하고, 따라서 그 공급을 촉진하는 "갈라져나가는 문제들"에 대한 슈마허의 렌즈를 통해서 가장 잘 보인다. 그들이 신성한 존재로 다가와 우리를 구원했다는 뜻이 아니다. 그런 생각을 뒷받침할 증거는 전혀 없다. 그들이 창안해낸 정부 형태는 긴장을 어설프게 그리고 거짓으로 해결하는 데 급급해하지 않고 그냥 오랫동안 붙들고 있다. 그래서 강제로 문제를 해결할 경우 결코 달성되지 않는 인간의 창의성을 촉진한다.

역사학자 조셉 엘리스Joseph John Ellis의 직관적이고 예리한 표현을 빌리자면, 미국의 건국자들이 우리에게 물려준 통치 제도는 "답을 제공하는 것이 아니라" "두드러진 질문들이 계속 토론될 수 있는 틀을 제공하는 것"7이었다. 우리의 정부 형태는 차이를 억누르는 것이 아니라, 그 긴장의 에너지를 생생하게 유지하면서 국가에 활기를 불어넣도록 설계되었다. 그 사실의 증거는 미국 민주주의의 핵심 구조와 과정 모두에서 발견된다.

행정, 입법, 사법 사이의 긴장 속에 쟁점들을 끌어안고, 그들을 장·단기적 주기週期로 살아 있도록 유지하는 연방의 권력 분리와 견제와 균형의 시스템

연방정부와 주정부 사이의 지속적인 긴장. 그 역동 속에서 두 수준의 정부가 지닌 권리와 책임이 계속 추출된다.8

원고와 피고를 각각 대변하는 검사와 변호사 간의 긴장이 법의 지배를 대변하는 판사와 배심원들의 숙고에 의해 견지되는 적대적 정의 시스템

연방정부의 힘을 제한하고 민주주의를 건강하게 지키는 긴장을 유지하기 위해 쓰인 권리에 관한 미국 헌법의 모든 수정 조항

유권자를 논쟁의 긴장 속으로 끌어들여 한 쟁점에 대해 결말을 내도록 함으로써 정치적 적대자들을 경쟁시키는 정기적 선거 — 승자의 위치에 있는 사람에 대해 계속 비판이 가해질 것이고, 머지않은 장래에 선거가 다시 열린다는 것을 모두가 알고 있다. [9]

건국의 주역들은 이런 식으로 대비를 해둠으로써 인간의 역사를 어지럽히는 파멸을 피하고자 했다. 그 파멸은 폭력으로 갈등을 해결하는 데서 비롯된다. 강요된 해결은 거짓 해결이다. 억압은 단지 이견을 땅 밑으로 몰아넣을 뿐이고, 얼마 지나지 않아 폭발하면서 새로운 폭력을 낳는다. 미국식 민주주의에서 정치적 삶의 끊임없는 갈등은 주고받기give and take의 변증법 안에 억제되어 있으면서, 협력과 창의성을 생성하고 심지어 필요로 하기까지 한다. 이러한 원칙들은 우리의 영혼을 시험할 수 있고 실제로 시험하는 정치 시스템을 창출한다. 해결을 위한 충분한 동의를 확보하지 못해 커다란 문제들이 풀리지 않은 채로 계속 흘러갈 때, 또한 해결되었다고 생각했던 문제들이 다시 불거질 때, 그 시스템은 우리를 짜증나게 하고 미치게 하며 지치게 하고 무섭게 한다.

그러나 이것은 21세기를 살아가는 가장 중대한 교훈 중 하나로서 위기에 처할 때마다 상기해야 한다. 즉 긴장은 삶의 징표이고 긴장의 종식

은 죽음의 징표라는 것이다. "최종적 해결Die Endlösung"은 독일인들이 우리가 홀로코스트라고 알고 있는 죽음의 통치에 붙인 이름이다. 전쟁, 경제 붕괴 그리고 중층적인 사회위기에 쇠약해진 독일은 국가적 자부심에 심각한 상처를 입었다. 나치는 대중의 상한 마음에 편승해 아리안족의 우월성에 대한 악마적 신화를 창조하면서 절대 권력을 획득했다. 부서져 흩어진 마음들을 조작하는 데 능숙했던 히틀러는 독일인의 심리에 있는 집단적 그림자를 해방시켰다. 오랜 역사 속에서 희생양이 되어왔던 유대인들은 바로 가까이에 있었고, 거기서 최종적인 해결을 찾았다. 만일 당신이 원하는 것이 긴장의 종식이라면 파시즘은 당신을 위한 것이다. 그러나 우리의 문제에 최종적 해결책을 결정하는 날은 많은 존재가 죽기 시작하는 날이라는 것을 이해하라. 많은 사람이 주의를 주었듯이 당신과 나 그리고 인류가 그 존재에 포함될 것이다.

미국 헌법은 생명을 주는 원칙과 실천의 조합인데 최종적인 해결을 불가능하게 한다는 것이 그 부분적인 이유다. 조셉 엘리스가 주장하듯이 그것은 "논리 그리고 유럽 전체의 정치 전통이 축적해온 지혜"에 도전하는 "참신한 정치적 발견"이다. 왜냐하면 "헌법은 역사 그 차제와 마찬가지로 끝없는 논쟁을 지탱하도록 설계되어 있기" 때문이다. 엘리스에 따르면 헌법에는 "계속되는 협상"이 깊이 새겨져 있는데, 그 안에서는 모든 해결이 잠정적이며 정부의 어느 한 부분도 결정을 내릴 수 있는 권력을 쥐고 있지 않다. 이렇듯 "통치권을 일부러 애매하게 만드는 것"은 "치명적인 약점"이 아니고, "불변의 강점"이다. 헌법의 탁월함은 "최종적인 발언 같은 것이 나오지 않는 논쟁적인 과정"[10]을 소중하게 여긴다는 데 있다.

물론 건국의 주역들은 논쟁을 위한 논쟁 이상의 것을 염두에 두었다. 조지 워싱턴의 사례가 그것을 증명한다. 그는 원래 집중화된 통제를 위해 권력의 균형을 연방정부쪽으로 더욱 결정적으로 기울이고 싶어했다. 그러나 그는 알게 되었다. 헌법 구성에 이르는 논쟁의 긴장이 "그렇지 않았으면 아마도 발휘되지 않았을 능력, 즉 정부의 과학에 새로운 빛을 던져주었고, 사람에게 충분하고 공정한 토론의 권리를 부여한 능력"11을 불러내었다는 것을.

워싱턴이 말하려는 요점은 쉽게 일반화된다. 골치 아픈 문제에 대해서 집단적인 해결책을 계속 모색하면서 어떤 문제에도 영원한 결론을 거부하도록 하는 정치 시스템은 독재 지배 아래 잠자고 있는 창조적 능력을 불러낸다. 미국 민주주의가 의도적으로 창출하는 긴장을 끌어안는다면 시스템 그 자체가 건강한 국가를 위해 요청되는 마음의 습관을 계발하도록 우리를 도와줄 것이다.

끝없는 도전

미국의 건국자들을 통해 다듬어진 민주주의에서는 어떤 문제에 대한 해법이 나왔다고 해서 그 문제를 국가의 의제에서 삭제하지 않는다. 머지않아 누군가가 다른 해법을 내놓고, 우리는 일필휘지—筆揮之로 답을 쓰기에는 너무나 복잡한 문제들에 계속 천착한다. 민주주의 제도는 제대로 작동한다면 "두드러진 질문들"의 긴장을 끌어안고 다음, 그다음, 그다음의 해법을 향해 스스로를 열어놓도록 강권한다. 물론 그다음 해법이 더 좋은 것일 수도 있고, 더 나쁜 것일 수도 있지만, 그렇게 끝없이 새로운 해법을 찾아가는 과정 속에서 민주주의의 약속은 살아 움직인다.

예를 들어 미국이 인종적 정의를 위해 그토록 오랫동안 고통스럽게 투쟁해온 것을 어떻게 달리 이해할 수 있을까? 처음부터 우리는 "모든 사람은 평등하게 태어났다"라는 건국자들의 선언과 가장 난폭한 형태의 인종주의 사이의 긴장을 끌어안고 왔다. 그 긴장 때문에 너무 많은 사람에게 오랫동안 아메리칸 드림은 악몽이 되었다. 그러나 우리는 그 긴장을 끌어안았기 때문에 뭔가 더 새롭고 나은 것을 향해 서서히 개방해왔다.

우리는 고통스러운 한 걸음 한 걸음으로 노예제를 벗어났고, 헌법에서 5분의 3에 해당하는 인간으로 여겨진 이들에게 (이론상으로는) 완전한 지위를 부여했으며, "짐 크로 법Jim Crow"[흑인을 경제적·사회적인 면에서 차별하며 불이익을 주는 법을 뜻한다]으로 알려진 파괴적인 역행을 바로잡았고, 아프리카계 미국인을 대통령으로 뽑을 수 있는 국민이 되었다. 우리는 이런 일들을 용서할 수 없을 만큼 느리게 진행했고, 최근 10년 동안에는 심지어 시계바늘을 거꾸로 돌려놓기도 했다. 법학자 미셸 알렉산더의 말을 원용하자면, 지금 아프리카계 미국인은 "새로운 짐 크로 법" 아래 살고 있고, 이러한 상황은 그렇게 만든 불의한 법에 저항하는 대중운동에 의해서만 바뀔 수 있다.12

그러나 긴장을 창조적으로 끌어안을 정치제도가 없었다면 어떤 중대한 쟁점에 관해서 미국은 무슨 진보를 이룰 수 있었을까? 뭔가 더 나은 것을 위해 봉기하는 민중을 새로운 비전이 확립되기 전에 무자비하게 탄압해버리는 많은 권위주의 국가를 보면 부분적으로 답이 나온다. 미국의 진보는 현상 유지에 안주하지 않으려는 평범한 사람들, 마음이 무너진 사람들의 동요에서 비롯되는 경우가 많았다. 1964년의 시민 권리 법안과 1965년 선거 권리 법안을 의회가 통과시키도록 한 것은 지도자들의 지혜가 아니라 시민들의 힘이었다.13 그런 종류의 변화는 시민들의 동요가 일으키는 긴장을 끌어안을 수 있을 만큼 강인한 제도적 베틀을 요구한다. 공동체적 삶의 옷감을 끝없이 짜고 다시 짜기 위해서 베틀의 실통을 연달아 움직이도록 해야 하는 것이다.

우리는 불완전한 세계에 살고 있는 불완전한 사람들이다. 따라서 국가가 지속되는 한 인종적 불의不義라는 긴장을 계속 끌어안게 될 것이다. 우리가 민주주의를 고수한다면 그 긴장이 우리의 마음을 최상의 답을 향해 열도록 해야 할 것이다. 그래서 우리만큼이나 불완전한 사람들에 의해 주창된 비전의 숭고함에 비열한 현실이 조금이라도 가까이 다가갈 수 있도록 계속 애를 써야 한다. 미국의 건국자들은 그들이 배제했던 집단에까지 투표권이 주어진 것은 고사하고, 오늘 미국을 특징짓는 다양성조차도 상상할 수 없었다. 그러나 그들은 자신들에게 존재했던 격렬한 불일치를 경험하며 이해할 수 있었다. 갈등의 에너지를 파괴가 아닌 창조 쪽으로 다스리는 것이 미국 정치의 근본적인 특징이 되어야 한다는 점을 깨달은 것이다. 그들은 또한 그것을 마음에 품고 통치 구조를 고안해냈다.

"정부의 베틀"이 긴장을 끌어안는 능력을 훼손하는 것은 무엇이든 민주주의를 위협한다. 예를 들어 입법, 사법, 행정이라는 세 권력의 축이 서로를 망쳐놓으면서―행정부가 의회를 교묘하게 끌어들이면서 전쟁을 선언할 때처럼―견제와 균형의 시스템을 약화시키는 것을 들 수 있다. 또한 대통령이 자신의 특권을 남용하여 법률적인 절차를 무시하고 그리고 공적으로 알리지 않은 채 "정당하게 제정된 법률"을 개조할 때 민주주의는 위협받는다. 막대한 돈이 정치과정을 지배하면서 그림자 정부를 창출하고 권력의 실제적인 작동을 모호하게 할 때도 위협이 가해진다.

이 장을 쓰는 동안, 긴장을 끌어안는 민주주의 베틀의 기능이 얼마나 쉽게 타협될 수 있는지를 잘 보여주는 세 개의 이야기를 접하게 되었다.

첫 번째는 부유한 로비스트들이 노숙인에게 돈을 주고 말끔하게 차려입게 한 다음 의회 앞에서 밤을 새워 줄을 서 있도록 한다는 것이다. 자신들의 이해관계가 걸려 있는 청문회에서 노숙인들이 모두 자리를 차지해 다른 사람들이 들어오지 못하도록 하기 위해서다.[14]

두 번째 이야기는 발언의 자유로운 형식을 취해 거대 자본의 "권리를 지키면서" 선거 자금 개혁과 맞서 싸움으로써 권력에 오른 고참 상원의원에 관한 것이다. 그는 상원의원이 되고 얼마 지나지 않아 한 가지 중요한 사실을 발견했다. "상원의 법률적인 협상이 시작되기 전에 요구되는 통상적인 절차적 동의에 대해 의사진행을 방해할 수 있고" 그렇게 함으로써, 그가 여러 해 동안 맞서 싸워온 선거 자금 정밀 감사에 "시간이 부족해지도록" 하는 효과가 생긴다는 것을 말이다. 그 상원의원은 말했다. "절차에 대해 가능하면 많이 알아두는 것이 매우 중요하고 확실히 유용하다는 것을 깨달았다. 절차는 종종 책략이기 때문이다."[15] 그 의원은 한 가지를 언급하지 않았다. 그가 완벽하게 수행한 술책은 공개적이고 민주적인 논쟁에서 우리의 긴장을 끌어안으려는 미국의 건국자들의 의도를 파괴한다는 것을.

세 번째 이야기는 판사, 검사, 변호사들이 "재판을 효율적으로 그러나 불공정하게 만드는 관행"에 공모함으로써 사법제도의 "법률적 절차에 내재하는 견제와 균형을 무너뜨리는" 방식에 관한 것이다. 신속한 재판을 위해 법정의 장애를 제거한다는 명분하에 "검사들은 어려운 사건을 무시함으로써 판결 결정권을 남용하고" "재판관은 검사가 되어 가난한 피고를 부당한 양형 거래plea bargain로 몰아가고" "공선 변호사는 무력한 의뢰인의 무죄를 입증할 수 있는 증거를 무시한다."[16]

교활하거나 힘을 가진 사람들이 긴장을 끌어안는 민주주의의 기능을 훼손하는 방법에는 끝이 없다. 그런 일들을 염려하는 우리에게 질문은 명백하다. 우리는 그런 사람들이 민주주의를 무너뜨리도록 내버려둘 것인가? 아니면 그들의 파괴적인 행위로 인해 우리 안에서 나타나는 도덕적 긴장을 더욱 능동적인 형태의 시민권으로 활성화되도록 활용하면서 문명의 대의를 진전시킬 것인가?

싸움 아니면 도주를 넘어서

"문명의 대의를 진전시키다"라는 표현이 좀 과장된 듯 보인다면 이것 한 가지를 생각해보자. "문명화되는 것"이라고 불리는 고대의 기획은 조상들이 긴장을 끌어안기 위해 엄청난 창의력을 발휘하고, 생명을 불어넣음으로써 형성되어왔다는 것이다. 이러한 관점에서 본다면 미국의 민주주의는 야만성을 극복하기 위한 인류의 긴 행진 끝에 이룩한 더없이 위대한 정치적 성취다. 만일 민주주의가 실패한다면 우리는 윈스턴 처칠이 "지금까지 시도된 다른 모든 정부 형태를 제외하면 최악의 정부 형태"라고 불렀던 것을 잃어버리는 것만이 아니다. 우리는 문화적 진화의 경로를 뒤집는 것이기도 하다.

인류는 교감신경계에 '싸움 아니면 도주'의 반응 체계를 내장시킨 채 지금의 세계에 도달했다. 우리가 실제든 가상이든 어떤 위협을 감지할 때 즉각적인 행동은 되받아치거나 도망가는 것이다. 당장의 위협에 의해 생겨난 긴장을 해소하려는 이 오래된 본능은 매머드의 공격을 받으려 할 때나, 약간 더 진화한 포유류의 습격을 받을 때 또는 버스에 깔리려 할 때는 유용하다. 그러나 우리가 그런 반응 체계의 노예가 되어버린

다면, 그렇게 반응할 때 두세 배 더 곤란해지고 더 현명하게 반응할 방법
이 있는 상황에서도 그 본능이 튀어나오게 된다.

싸움 아니면 도주의 반응 체계에 사로잡히면 우리를 실제로 위험에 빠
뜨리는 위협과 단지 우리를 안락한 지대에서 끌어내는 경험을 구별하지
못한다. 또한 경우에 따라서 겉보기에 갈등이 해결된 듯하지만 실제로는
그렇지 않다는 것을 이해하지도 못한다. 그것은 단지 일시 정지일 뿐이
고 긴장은 더욱 증폭된다. 우리가 거짓된 해결을 워낙 좋아하기 때문에
다음과 같은 현상이 나타난다. 신경안정제가 그렇게도 잘 팔리는 것, 어
떤 결정을 내리는 집단이 조금 길어지는 논쟁은 참지 못하고 바로 다수
결로 들어가는 것, "이곳 출신이 아닌" 사람의 침입이 우리를 두렵게 하
는 것 그리고 우리의 "적들"의 말에 귀를 기울이고 대화를 나누기보다는
그들을 제거해야 한다고 믿는 것.

문명화된다는 것은 다음과 같은 사실을 배우는 것을 포함한다. 신경
안정제로 잠시 누그러뜨리고 싶은 긴장이 삶의 어떤 부분을 바꾸라는
요청일 수 있다는 것, 시간을 끌면서 논쟁을 하면 더 나은 해결책이 나
올 수 있다는 것, 낯선 타자가 중요한 정보, 심지어 좋은 뉴스의 전달자
일 수 있다는 것, 적들에 대한 우리의 반응이 덜 마초적이고 더욱 신중
하다면 보다 안전할 것. 우리가 그 긴장들을 참을성 있게 끌어안는다면
삶의 모든 수준에서 딜레마들을 더욱 훌륭하게 해결할 수 있을 것이다.

문명이라 불리는 기획의 초기 단계에서 우리는 본능적인 배선회로의
폭군으로부터 자유로워질 문화적 발명을 하기 시작했다. 지성, 직관, 느
낌, 상상력, 의지 등 다른 능력들을 계발해낸 것인데, 그 모든 것이 어우
러져 인간의 마음이라고 불리는 자아의 핵심을 구성한다. 우리는 싸움
아니면 도주의 반응을 초월할 수 있고 해야 한다는 생각으로 그 미완의

기획을 계속 추진하고 있다. 왜? 그러한 반사작용은 위험으로부터 우리를 지켜주기도 하지만 배움과 성장을 방해하기 때문이다. 우리의 개인적인 현상 유지를 위협하는 모든 것에 그런 반사작용이 자동적으로 일어날 때 말이다. 더 나쁜 것은 싸움 아니면 도주의 반사작용이 폭력을 기하급수적으로 증가시켜 결국에 우리 모두를 붕괴시킨다는 점이다.

언어는 긴장을 생명의 에너지로 변화시키는 데 도움을 준 첫 번째 발명 가운데 하나다. 명백한 위협에 대해 물리적이 아니라 언어적으로 반응하는 것이 가능해지면서, 우리는 공포의 근원에서 삼진을 당하거나 두려움에 떨며 그로부터 도망치지 않을 수 있게 된 것이다. 이제 우리는 위협에 대해 질문하고, 그 결과 자체를 규명하고, 그 의도를 언명할 수 있다. "이봐, 여기에서 무슨 일이 일어나고 있지?"라는 단순한 물음으로 그것이 진짜 위협인지, 아니면 우리에게 뭔가를 가르쳐주는 즐거운 경종警鐘인지를 분간할 수 있다. 진짜 위협으로 판명될 경우 우리는 언어의 도움으로 싸우러나가기 전에 평화 협상을 할 시간을 벌 수 있다.

우리를 싸움 아니면 도주의 반응에서 풀어주는 언어의 중요성은 오늘날 정치 담론에서 두드러지는 선동적인 수사를 거부할 더 많은 이유를 제공해준다. 교감신경계를 자극하는 맞춤형 수사 말이다. 우리가 그런 언어로 발언하거나 연설할 때, 우리는 "문명화되는" 기나긴 과정을 뒤집고 인류가 힘겹게 얻은 승리를 무효화시킨다.

예술은 싸움 아니면 도주의 반응을 극복하는 데 도움을 주는 두 번째 발명이다. 훌륭한 시, 회화, 소설, 드라마, 작곡은 긴장을 창조적으로 끌어안는 것으로써 생성된다. 예술은 그러한 긴장의 체험을 마음과 정신이 뻗어나가는 만남으로 만들어준다. 우리가 진정한 예술 작업으로 들어가면서 그 만남은 우리 안으로 들어온다. 거기에서 긴장이 뭔가를 생성하는 잠재력이 있음을 직감적으로 경험한다.

회화의 경우 그 안에 빛과 어둠, 차가움과 따스함, 동작과 정지가 대조를 이루면서 어느 정도 긴장을 담고 있을 때 보는 이를 더 몰입시키는 듯하다. 소설의 경우 등장인물이 자신 안에서 그리고 다른 인물과의 관계 속에서 모순에 부딪히고, 어디에서 행동이 일어날지를 둘러싸고 긴장이 일어나는 방식으로 플롯이 전개되지 않으면 지루하기 짝이 없다. 시에서도 역시 긴장이 핵심적인 역할을 한다. 시인이자 비평가인 존 테이트John Orley Allen Tate는 언어의 기술적인 측면을 언급하면서 다음과 같이 말한다. "우리가 훌륭하다고 생각하는 (…) 많은 시는 (…) 어떤 공통적 특징을 지니는데, 그것을 예리하게 파악하고자 우리는 하나의 성질로 이름을 붙일 수 있을 것이다. 나는 그 성질을 긴장이라고 부르겠다."[17]

똑같은 원리가 연극에도 적용된다. 자기 신변을 보호하기 위해 가명으로 작품을 쓰는 이라크의 극작가 바심은 그 점을 예리하게 보여준다. 그가 묘사하는 이라크 인은 미군의 통역사로 일을 했는데 미국이 내세운 해방의 의제를 굳게 믿었기 때문이다. 그들은 자신의 가족들과 함께 1차적인 공격 대상이 되었고, 그들의 도움이 필요한 동안에는 미군의 "자산"으로서 보호를 받았다. 그러나 미국의 대對 이라크 전략이 바뀌면서 미국은 자신의 협력자들을 더 이상 보호하지 않았다. 그 결과 고국에서 위험을 무릅쓰고 살거나 다른 나라로 망명을 가야 했다. 바심은 말했다. "이런 사람들이 지금 살고 있는 긴장을 관객들이 최소한 90분 동안이라도 경험하기를 바란다."[18]

간단히 말해 그것이 예술 뒤에 깔려 있는 문명화의 충동이다. 긴장을 심미적 형태로 끌어안으면서 우리는 낯선 사람이나 사물을 공감으로 대면할 수 있다. 그것은 우리가 공유하는 것을 드러내고, 마음과 정신에 깃든 새로운 가능성을 일깨우며, 다름을 공포의 근원에서 성장의 근원으로 바꾸어준다. 탁월한 예술은 어떤 모델이든 긴장을 끌어안는다. 그 경험을 통해 우리는 삶의 긴장을 보고 이해하고 껴안을 수 있다.

종교는 싸움 아니면 도주의 본능을 뛰어넘어 긴장을 더욱 창조적으로 끌어안는 데 도움이 되도록 의도된 세 번째 문화적 발전이다. 이것은 좀 과장된 이야기처럼 들릴지 모르겠다. 종교가 불신, 적대감 그리고 평화보다는 전쟁을 더 많이 유발해왔다는 인상이 널리 퍼져 있기 때문이다. 그러나 종교가 쓰디쓴 열매를 맺은 모든 사례를 살펴보면, 하나 또는 그 이상의 전통에서 이어져온 진정한 신앙이 환상에 의해 왜곡되었고, 비꼬는 자들에 의해 조작되었다. 그들은 대개 신자가 아니고, 그들의 의제는 종교적이 아니라 정치적이다. 모든 위대한 세계 종교의 진정한 의도는 삶의 끝없는 긴장—특히 모든 의미를 말살시키는 듯한 죽음의 확실성에도 불구하고 의미 있는 삶을 살려 애쓰는 긴장—속에서 의미와 목적을 찾도록 돕는 데 있다.

기독교인이 던져온 질문을 예로 들어보자. "악이 세상에 들어오기 이전의 신화적인 에덴동산과 모든 것이 다시 회복될 신화적인 새 예루살렘, 그 두 세계 사이에서 산다는 것은 무엇을 의미하는가?" 즉 끝없는 고통에 둘러싸인 인간의 역사 속에서 의미 있게 살아간다는 것은 무엇을 의미하는가? 우리의 긴장을 초월하기보다는 증폭시키는 방향으로 종교가 조작되는 사례들을 찾기는 쉽다. 그러나 보통 사람들이 종교의 깊은 우물에 다가가 고통스러운 모순 속에서 신실하게 살기 위해 용기를 얻는 사례들을 찾기는 훨씬 더 쉽다.

네 번째의 문명화 발명품은 **교육**이다. 훌륭한 교육은 우리에게 모순을 반사적으로가 아니라 성찰적으로 끌어안도록 가르친다. 그러한 마음의 습관은 모든 사회적·문화적·과학적 돌파구 아래 있다. 예를 들어 과학이 문명화에 던진 충격은 가장 널리 알려진 발견에서 1차적으로 비롯되는 것이 아니다. 그것은 우리가 모순적인 관찰과 설명을 끌어안고 실험적인 방법을 통해 그 긴장이 지식을 진보시키도록 해야 한다는 주장에서 비롯된다. 훌륭한 과학자들은 엇나가는 견해를 두려워하지 않고, 이를 뭔가 새로운 진리가 드러나는 것으로 환영한다. 또 그들은 알고 있다. 머지않아 또 다른 모순에 의해 새로운 진리가 드러날 것이라는 것 그리고 그러한 긴장들을 오래 끌어안고 있을 때만 지식을 진보시킬 수 있다는 것을.

근대 과학이 교육의 지배적인 패러다임이 되기 오래 전에 3학과(문법, 논리학 그리고 수사학)와 4학과(산수, 기하학, 음악 그리고 천문학)라는 중세의 커리큘럼이 있었다. 그 프로그램들은 "교양 과목liberal arts"의 직접적인 선조다. 그렇게 이름이 붙은 까닭은 자유로운(라틴어로 liber이다) 남녀로 살아가는 데 필요한 지식을 제공해주기 때문이다.[19] 그런 종류의 지식이 자유를 주는 것은 과거의 지혜에 우리를 사로잡히게 만들기 때문만은 아니다. 그것은 우리를 모호함과 역설에 익숙하게 하면서 예측 불가능한 미래로 나아가는 길을 찾도록 하기 때문이기도 하다. 교양 교육은 사고나 행동 속에 마비되지 않고 다양한 생각을 끌어안는 데 도움을 준다. 그것은 시끄럽게 아우성치는 군중 속에서 자신의 목소리로 주장할 수 있도록 가르쳐준다. 민주주의의 공동체적인 대화를 통해 보다 광활한 진리의 변주들에 자신을 개방하도록 이끌어준다.

민주주의와 자기 초월

민주주의는 그 자체가 싸움 아니면 도주의 반응을 넘어서도록 돕는 다섯 번째 문화적 창조물이다. 그것은 문명의 진화에 대한 이 10분짜리 투어를 시작했던 지점으로 우리를 되돌려놓는다. 그러나 민주주의는 단지 이 목록에 덧붙여지는 또 다른 항목이 아니다. 그것은 수천 년 동안 싸움 아니면 도주의 반사작용을 넘어서려고 노력해온 시도들 위에 공동의 삶을 창조해가는 정치과정이다. 긴장을 끌어안는 민주주의의 구조 덕분에 가장 훌륭한 지도자들은 반사적으로 내리는 결정에 대해 의미 있게 반대 발언을 할 수 있다. 링컨 대통령은 남북전쟁 전날 밤에 열린 첫 번째 취임 연설에서 노예제와 연방 탈퇴에 관한 현안을 언급하면서 다음과 같이 말했다.

> 우리 국민은 (…) 이 전체 주제에 대해 조용하고 깊게 생각합니다. 시간을 끈다고 해서 잃어버릴 소중한 것은 전혀 없습니다. 여러분 가운데 누구라도 절대로 심사숙고할 수 없을 만큼 다급한 목표가 있을 때 시간을 끌면 망칠 것입니다. 그러나 훌륭한 목표는 시간을 끈다 해도 망칠 수 없습니다.[20]

언어, 예술, 종교, 교육과 마찬가지로 민주주의는 삶의 긴장에 종지부를 찍으라고 제안하지 않는다. 그 대신 긴장을 창조적으로 활용하는 과정을 제공하고, 긴장의 에너지를 건설적인 목표로 전환시켜주기로 약속하는 정치 구조를 선사한다. 민주주의가 그 약속을 품고 있기 때문에 삶은 "보살피고 친구를 맺는" 반응을 촉발할 수 있다. 어떤 생물학자들은 그 반응이 우리 안의 싸움 아니면 도주의 본능만큼이나 깊게 자리잡고 있다고 믿는다. 그중 한 명은 이렇게 말한다. 스트레스의 생물학을 연구하는 사람들 사이에서 "지배적인 은유는 위협적인 사회 풍경을 죽거나 죽이는 고독한 세계로 표상한다. 내 연구에서는 그 대신 스트레스에 대한 인간의 반응이 타인을 보살피고 친구 맺는 것으로도 특징지어진다고 암시한다."[21]

토크빌은 이러한 관계적·결사체적인 본능을 북돋워주는 민주주의의 핵심적인 특징 몇 가지를 명확하게 봤다. 그것은 구세계의 군주국가에는 알려져 있지 않았다. 전기작가 레오 담로슈가 언급했듯이 토크빌은 "공식적인 허가 없이 20명 이상 모이는 것이 법적으로 금지되어 있었던"[22] 국가로부터 온 사람의 관점에서 미국인의 삶을 바라봤다.

그리하여 토크빌은 미국에서 결사체적 삶의 위력에 특별히 깊은 인상을 받았다. 『미국의 민주주의』에서 그는 다음과 같이 쓰고 있다.

당신은 미국에 발을 딛자마자 왁자지껄한 분위기를 만나게 된다. 여기저기에서 혼란스러운 떠들썩함이 솟구쳐 오르고 수천 개의 목소리가 당신의 귀에 닿는다. 그 하나하나가 어떤 사회적 필요를 표출한다. 모든 것이 당신 주변에서 움직이고 있다. 한 구역의 주민들이 모여서 교회의 건축을 결정한다. 다른 구역에서는 대의원을 선출한다. 멀리 떨어진 시골 출신의 대리인들이 읍으로 달려와서 지역의 개선을 위해 조언한다. 다른 마을에서는 농부들이 밭일을 끝내고 도로나 학교에 대한 논쟁을 벌인다. 어떤 시민들은 정부 정책에 대한 반대를 선언하기 위한 목적으로 모인다. 다른 시민들은 공직자들이 자기 나라의 아버지라고 주장한다.[23]

담로슈의 말대로 프랑스에서는 "이러한 조치들의 대부분은 위로부터 명령되어왔을 것이고, 나머지는 금지되어왔을 것이다." 거기에서 담로슈는 토크빌을 재인용한다. "민주주의는 사람들에게 가장 능력 있는 정부를 주지는 않는다. 그러나 가장 능력 있는 정부도 종종 어찌할 수 없는 일을 민주주의는 해낸다. 민주주의는 사회 전체에 끊임없는 활력과 엄청난 힘을 불어넣는데, 사회는 그 에너지 없이 결코 존속하지 못한다."24 이 모든 활동의 뒤에 깔린 마음의 습관은 부분적으로 단지 민주주의가 그렇게 하는 것을 가능하도록 하기 때문에 형성되고 실행된다. 결사체에 대한 필요는 인간의 마음속에 있는 가장 깊은 필요 가운데 하나이고, 그것은 절반의 기회라도 있으면 언제나 분출될 것이다.

　그렇긴 해도 토크빌은 미국의 결사체적인 기세에 대한 장기적 전망에서 몽상적이지 않았다. 그는 어두운 가능성, 심지어 불가피성을 예언했다. 19세기 미국의 분권화된 농경사회가 산업화와 그에 따른 권력 집중에 압도될 것을 내다본 것이다. 거의 2세기 전에 그는 이렇게 썼다.

　사람들이 가장 흔한 생활필수품조차 점점 스스로 생산할 수 없는 날을 쉽게 예견할 수 있다. 그래서 사회적 권력의 소임이 끊임없이 늘어나고, 바로 그 노력은 매일 그 소임을 더 크게 만들 것이다. 그것이 결사체를 대신하면 할수록 개인들은 결사체를 꾸릴 생각을 점점 덜 하게 될 것이고, 사회적 권력의 도움을 점점 필요로 할 것이다. 이러한 원인과 결과는 끝없이 서로를 부추긴다.25

　오늘날 우리는 이 강력한 인과의 순환을 살아가고 있다. 우리가 정치적·경제적인 측면에서 막강한 형태의 "사회적 권력"에 의존할수록, 우리는 서로에 대해 점점 덜 의존하게 된다. 지금 당장 주변에 눈을 돌려 당신의 웰빙에 필수적이라고 여겨지는 모든 것을 살펴보라. 그 어느 것도 당신이나 당신의 친구 또는 이웃이 생산한 것이 아니고 생산할 수도 없다. 그런 물건들 없이 살겠다며 자처하고 나설 사람은 거의 없다. 그러나 우리가 서로에 대해 덜 의존할수록 민주적인 마음의 습관을 배양해온 상호 의존을 더 약화시킨다. 그리고 우리가 서로에게 덜 의존할수록 소비주의가 시민성을 삼켜버리기 쉽다.

토크빌은 『미국의 민주주의』의 어떤 대목에서 독재가 발흥하는 사회적 조건에 대해 쓰고 있다. 그는 오늘날 우리가 주변에서 보는 사적 세계에 갇힌 개인들에 대해 놀랍도록 정확하게 묘사하고 있다. 그들의 세계는 너무 작아져서 공동의 삶을 직조하는 데 나설 수 없다.

> 분리되어 사는 사람들은 각자 모두의 나머지 운명에 대해 이방인이다. 자신의 자녀와 사적인 친구들만이 인류의 전체다. 그는 나머지 동료 시민에게 가까이 있지만 보지 않는다. 그는 그들과 접촉하지만 느끼지 않는다. 그는 오직 자기 안에서 또 오로지 자기를 위해서만 존재한다. 그리고 그의 친척이 여전히 그에게 남아 있다 해도, 그는 여하튼 자신의 나라를 잃어버렸다고 말해도 좋을 것이다.[26]

사람들이 점점 사적 영역에 매몰되는 지금의 미국을 바라볼 때 토크빌의 글은 선견지명이 있고 마음을 동요시킨다. 정치는 물론 경제적인 면에서도 중앙집중화된 권력에 점점 의존하면서 삶이 사적 영역에 매몰되고 있다. 따라서 우리가 민주적인 마음의 습관을 계발하기 위해 할 수 있는 일을 가능한 모든 상황에서 해나가는 것이 매우 절박하다.

　그렇다면 어떻게 할 것인가. 다음 세 장에 걸쳐 나는 그 질문에 답을
해보겠다. 우선 우리가 공적인 삶을 보존하고 풍부하게 하는 방법들에
대해 생각해볼 것이다. 공적인 삶은 일상에서 늘 접하는 민주주의의 핵
심적인 무대이고, 우리 국민이 단순한 말을 넘어 경험으로 육화될 수 있
는 영역이다.

5

낯선 자들과
함께하는 삶
Life in the Company of
Strangers

한 사회가 권위주의적 통치체제로 흘러가기 시작할 때 가장 먼저
차단되는 장소는 공적인 삶이 영위되는 곳들이다. 사람들은 체포의 위험을
무릅쓰지 않고 길거리에 모일 수 없다. 공적인 시위는 불법으로 선언되고
강제로 종식된다. (…) 또 모든 결사적인 삶은 권력의 승인을 받아야 한다.
엉터리 정치 집회가 무대 위에 오르고 정권에 의해 각본과 안무가 짜인다.

영혼의 공동체가 있다.
거기에 속하라. 기쁨을 느끼라.
시끄러운 길을 걷는
소음 속에 있는 기쁨을
— 루미, 「영혼의 공동체」[1]

 몇 해 전 뉴욕 브로드웨이에서 난폭하게 운전하는 택시를 탄 일이 있
는데, 그 택시기사는 내게 소중한 선물 두 가지를 남겼다. 공적인 삶에
대한 가장 그럴듯한 묘사 그리고 "낯선 자들과 함께하는" 삶이 민주주의
적인 마음의 습관을 계발하고 연습하는 데 얼마나 도움이 되는지의 생
생한 사례가 그것이다.
 대단히 위험한 커브길에서 택시가 기울어 내달리고 있을 때, 나는 기
사에게 자신의 직업을 얼마나 좋아하는지 물어봤다. 나는 그가 직업만
이 아니라 생명도 가지고 있음을 상기하게 되면 좀 더 조심해서 운전하
리라고 생각했다. 그러나 그건 실수였다. 운전사는 마치 누군가가 그 질

문을 던져주기를 오랫동안 기다려온 듯했다. 그래서 신이 나서 대답하기 시작했다. 말하면서 뒤에 있는 내게 고개를 돌리기도 하고 여러 동작을 취했다. 아예 핸들을 손에서 놓을 때도 있었다. 내 질문은 오히려 더 위험한 곡예 운전을 유도한 셈이었다. 하지만 그가 말해준 내용은 그런 위험을 감수할 만한 가치가 있을 만큼 값졌다.

글쎄요, 어떤 손님이 탈지 전혀 알 수가 없지요. 그래서 조금 위험하기는 해요. 하지만 많은 사람을 만날 수가 있어요. 대중을 알아야 해요. 거기에서 인생에 대해 많은 걸 배운답니다. 대중을 알지 못한다면 아무것도 모르는 거죠. 생각을 나누면서 사람들에게서 많은 것을 배우니까요. 꼭 학교에 다니는 거 같아요. 여러 종류의 사람을 만나면 도움이 되지 상처가 되지는 않아요. 한 종류의 사람들만 좋아하면 좋지 않아요! 승객들과 이야기하면서 내가 좋은 생각이 있으면 말해주지요! 상대방은 그렇다고도 할 수도 있고, 아니라도 할 수도 있어요. 그런 식으로 나를 교육하는 것입니다. 아주 즐거워요. 돈을 주고도 이런 교육을 받을 수가 없지요. 늘 같은 종류의 사람들과 있기만 하면, 늘 같은 옷을 걸치고 있는 것과 마찬가지랍니다. 그래서 싫증이 나죠. 그러나 대중은 늘 신선하지요![2]

맨해튼 택시기사들에게 뻔뻔스러움이라고 불리는 마음의 습관은 장사 수완이다. 이 택시기사는 뻔뻔스러움과 겸손함을 절묘하게 조합하여 시민 정신의 귀감을 구현하고 있다. 그는 낯선 사람들을 자기 택시 안으로 기꺼이 맞아들여 그에게 자신의 생각을 말하고, 그들의 말을 경청한다. 그는 다양성과 불일치의 긴장을 사용하여 새로운 가능성에 자신의 마음을 열어젖힌다. 그렇게 하면서 스스로를 교육하고 이것이 그를 즐겁게 한다. 그 택시기사가 공적인 삶에 대해 지니고 있는 열성을 국가의 원류原流에 공급할 수 있다면 민주주의의 미래는 확실할 것이다.

맨해튼의 택시기사들은 공적인 삶의 위험에 대해 잘 알고 있다. 그래서 그것을 낭만적으로 받아들이지 않는다. "어떤 손님이 탈지 전혀 알 수가 없지요. 그래서 조금 위험하기는 해요." 모든 기사가 어떤 손님에게는 승차를 거부하고(위험할 만큼 술에 취한 손님의 경우처럼), 어느 시간대에는 도시의 어떤 구역을 피한다(거기에서 다른 기사들이 봉변을 당한 적이 있기 때문이다). 그러나 그 운전사는 위험에 직면한다 해도 겁을 먹지 않았다. 낯선 사람들에 대한 뿌리 깊은 두려움이 아이러니하게 그리고 비극적으로 잘못 배치된 것이라는 점을 알고 있었기 때문이다. 미국에서 폭력 범죄의 대부분은 낯선 사람이 아니라 "피해자를 아는 사람들에 의해서 저질러진다."3 우리는 스스로 인정하고 싶지 않지만 자신 안에 혹은 곁에 있는 어둠을 낯선 사람에게 투사한다.

나를 태우고 곡예 운전을 하던 그 기사가 보기에 공적인 삶의 위험은 그다지 자주 발생하지 않고 많은 경우 과장된 것이다. 그는 매일 낯선 사람들과 대화를 나누는 즐거움으로 그 두려움을 확실히 상쇄시키고 있었다. 그는 그들과 기꺼이 동행하는데, 생계에 도움이 되기 때문만이 아니다. 그들은 그의 삶에 생동감을 느끼도록 해주기 때문이다. 그는 낯선 사람에게 환대를 베풀면서 다양성의 긴장에 점점 친숙해지고, 그것을 두려워하기보다는 배움과 삶의 한 가지 통로로 받아들일 수 있게 되었다.

활력 있는 공적인 삶은 민주주의의 열쇠다. 공적 영역에서 우리는 많은 차이에도 불구하고 진정으로 함께 있다는 것을 배우게 된다. 거기에서 우리는 다양한 사람과 만나는 기회를 얻고, "타인들"이 머리에 뿔을

달고 있기는커녕 삶을 풍부하고 활력 있게 만들어준다는 것을 깨닫는
다. 그리고 어떤 종류의 긴장은 위협적이기보다는 교훈적이고 힘을 불어
넣어주며 심지어 흥미진진하다는 것도 깨닫는다. 그에 못지않게 중요한
것이 있다. 공적인 삶을 통해 우리는 세상에서 일어나는 일을 평가하고,
그에 대한 자신의 생각을 발언하며 다른 사람들의 생각을 듣는다. 그리
고 그들 중 어떤 사람들과 함께 우리가 원하는 세상을 향해 한 걸음 내
디딜 수도 있다.

　그러나 오늘 미국에서 공공의 삶은 쇠퇴하고 있다. 점점 더 많은 미국
인이 일찍이 토크빌이 경고했던 사적 영역에 갇힌 인간이 되어가고 있다.
가족과 친구들에게 너무 몰두하면서 동료 시민인 낯선 이들과는 거리를
두고, 때로는 지레 겁을 먹기도 한다. 토크빌이 지적했듯이, 세계가 몇
명의 친척으로 축소될 때, 우리는 조국을 잃어버리고 만다.[4]

낯선 사람은 사절

　공적인 삶에 다시 활력을 불어넣기 위해 할 수 있는 일들은 많다. 그러
나 자유로운 사회의 역동에서 공공의 삶이 얼마나 핵심적인 역할을 하
는지, 어떻게 그리고 왜 그것이 위축되고 있는지를 우선 이해해야 한다.
어떤 사회구조든 내포하고 있는 세 가지 핵심 층위를 보면 그 역할이 분
명해진다. 사적인 층위, 공적인 층위 그리고 정치적인 층위가 그것이다.
그 세 층위가 상호작용하는 방식을 보면 공적인 삶의 쇠퇴가 정치적 삶
과 사적인 삶의 안녕과 행복을 어떻게 위협하는지 알 수 있다.

　모든 사회의 1층은 사적인 삶이다. 여기서 우리는 개인적인 삶을 영위

하는데 자기만의 고독한 상황, 몇 안 되는 가까운 관계들, 친구와 지인들과의 수많은 네트워크에 이르기까지 폭넓게 그 조건이 주어진다. 여러 형태가 있지만 우리의 사적인 삶은 언제나 "초대받지 않은 낯선 사람은 사절"이라는 팻말이 붙은 재산이다. 낯선 사람들은 우리가 "들어오세요"라고 말할 때만—아마도 퓨즈 상자를 고치는 전기기사가 필요하기 때문이라든지 혹은 새로운 친구를 사귀고 싶기 때문에—우리의 사적인 삶에 정당하게 들어올 수 있다. 낯선 사람들이 제 맘대로 사적인 삶 안으로 걸어 들어올 때, 우리는 그것을 "범죄"라고 부른다. 사적인 삶은 우리가 잘 알고 신뢰하는 사람들을 위해 예비된 신성한 공간이지 낯선 사람을 낯선 사람으로 만나는 무대가 아니다.

우리는 모든 층위 가운데 사적인 층위를 가장 소중하게 여긴다. 여기에서 음식과 안식처와 사랑에 대한 욕구가 충족되고, 가장 가까운 사람들의 욕구를 충족시키려 힘쓴다. "생명, 자유 그리고 행복 추구"에 대한 권리를 모든 시민에게 약속하는 국가를 건설했던 미국의 건국자들은 사적인 삶에 엄청난 가치를 부여했음이 분명하다. 그들은 자신의 삶에서 많은 것을 개선할 권리를 누린 시민들이 그 이득을 공공선에 기여하는 데 돌려줄 것이라고 믿었다.

그런데 근대에 이르는 길에 뭔가가 발생했다. 많은 미국인은 국가의 존재 이유가 오로지 자족적인 사적 영역을 지켜주는 것에만 있다고 믿는 듯하다. 다른 사람들의 필요에 아랑곳하지 않고, 심지어 그들의 희생을 대가로 치르가면서까지 우리 자신의 행복을 추구할 수 있도록 말이다. 이에 대한 증거를 찾기는 어렵지 않다. 공교육 재정에 대한 책임 분담 등 공공선에 관한 쟁점을 중심으로 미국인을 모이게 하는 것은 어렵다. 그러나 안전벨트 의무착용 법률을 통과시킨다거나 공격용 무기의 소지를 금지한다거나 기본 의료보험의 가입을 의무화하는 등, 정부가 우리의 사생활을 "침해"하는 듯할 때는 재빠르게 모인다.

어느 사회든 가장 높은 층위에는 정치권력의 구조가 있다. 그것은 정부와 재정 제도가 긴밀하게 맞물려 있는 커다란 집합체로서 사적 영역에 견주면 거대해 보인다. 그와 대조적으로 사적 영역은 꺾이기 쉬운 갈대밭, 중앙 권력에 취약한 고립된 개인들의 집합이다. 그러나 권력의 구조에는 꺾일 것이 아무것도 없다. 기능적인 사회에서는 그렇다.

어떤 미국인은 강력한 중앙정부는 의심의 여지없이 사악하다고 믿는다. 아마도 그들은 정부가 너무 약해서 사적인 안녕과 행복이 위협받는 나라에 한 번도 가본 적이 없을 것이다. 무법자들이 활개를 치고 공공서비스가 전혀 없는 나라들 말이다. 그것이야 말로 사악함의 전형인데도 말이다. 그렇긴 해도 강력한 중앙정부는—특히 그것이 투명하지 않고 설명의 책임도 없을 때—사적인 삶의 형태를 왜곡할 수 있다. 그래서 고립된 개인들이 저항할 힘을 잃는다.

최근 그 사실을 많은 미국인에게 생생하고도 고통스럽게 상기시켜준 일이 있다. 다수를 희생시키면서 극소수의 부를 창출하는 상류층의 정치적·경제적 모략 때문에 수백만 명이 일자리와 집을 잃어버렸다. 그 희생자들 가운데 상당수가 사적인 삶을 너무 중시하여 정치에는 관심을 갖지 않았던 중산층이거나 최근까지 중산층이었다. 미국은 그들을 위해 언제나 잘 작동해왔고, 그들은 계속 그러하리라고 믿었다.

그 범주에 속하는 우리는 미국이 좀처럼 돌보지 않았던 사람들이 늘 겪어온 곤경을 어렴풋이 알아차리고 있다. 그들은 우리에게 많은 것을 가르쳐준다. 주변부에 있는 미국인은 나머지 우리만큼이나 사적인 삶을 중시하지만 그들에게 사적 세계는 안전하고 신성하며 힘을 주는 쉼터가 결코 아니었다. 바로 그 때문에 사회 변혁을 위한 운동은 대부분 박탈당한 자들로부터 일어났다. 가난한 사람들은—적어도 쇠약하게 만드는 가난 탓에 행동할 능력이 꺾이지는 않은 자들의 경우—자신의 사적인 이익을 추구하는 데 필요한 권력을 얻으려면, 서로가 낯선 자들로서 뭉쳐서 자신들의 목소리를 외치는 공적인 이익을 공유해야만 한다는 것을 오랫동안 이해하고 있었다.

　정치적인 것과 사적인 것은 여러 면에서 분명히 다르다. 그러나 그 사이에는 중대한 공통점이 있다. 마치 우리의 사적인 삶에 낯선 사람들이 전혀 없듯이 권력의 복도 안에도 낯선 사람들이 전혀 없다. 의회와 거대기업은 돈이 많아야 멤버십을 갖고 시설을 이용할 수 있는 개인 클럽을 닮았다. 회비를 낼 만큼 넉넉하지 않은 아웃사이더는 그 클럽의 회원들에게 자신의 요구를 알리는 데 심각한 제한을 받는다.

　물론 선출직 공무원은 다음 선거에서 유권자에게 심판을 받아야 하고, 그래서 대중의 의견에 민감하다. 또한 기업은 소비자의 결정 그리고 이론상으로는 정부의 감독과 규제에 따라 성패가 갈린다. 그러나 정치권력은 모든 위협으로부터 자신의 특별한 이익을 지키기 위해 정보를 조작하고 규제를 무력화시킬 능력을 지니고 있다.

　거대 자본은 정치권력을 비호할 수 있고, 정치권력은 거대 자본을 비호할 수 있다. 그 결과 탄생하는 폐쇄 시스템은 우리 국민이 충분히 일관성 있게 권력에 대한 견제를 행사할 때만 책임 있는 기능을 수행할 수 있다. 대신 그것은 우리가 건강한 공적인 삶에 접근하여 시간과 에너지를 기꺼이 투입할 때만 가능하다.

공적인 삶의 의미

　무정부로부터 민주제 그리고 독재에 이르기까지 모든 사회에는 어떤 종류의 사적인 삶과 정치적인 삶이 있다. 민주주의 사회의 뚜렷한 특징은 공적인 삶의 튼튼한 층위다. 이는 우리 국민의 자연스러운 서식지로서, 사적인 것과 정치적인 것 사이의 완충지대로 작용한다. 공적인 삶 자체가 민주주의를 보장하지는 않는다. 그러나 그것이 없으면 민주주의는 결코 지탱될 수 없다. 공적인 삶이 제대로 영위되지 않는 곳에서는 권위주의적인 지배 형태가 생겨나기 쉽다. 일단 권위주의적인 지배가 들어서면 사적인 삶이 제대로 영위되는 것은 불가능하다.

　공적인 삶을 정의하기는 쉽지 않다. 거기에는 사적이지 않고 정치적이지도 않은 모든 것이 다 들어올 수 있어서 실로 매우 거창하다. 그러나 본래의 의미는 거의 상실되었지만 '공적인public'이라는 말 자체를 추적하는 것부터 시작해볼 수 있다. 우리는 보통 그것을 '정치적인political'이라는 단어와 거의 동의어로 사용한다. 그 두 단어를 마치 하나인 듯 합쳐버린다. 선거에 나서는 후보자를 가리켜 "공직"을 위해서 출마했다고 하는데, 정치기구에서 일하는 것을 의미한다. "공립학교"는 정치적인 과정의 감독과 지시와 재정을 받는 교육제도를 가리킨다. "공공 정책"은 국가가 제정하는 법률을 의미한다.

　그러나 공적이라는 단어는 정치적이라는 단어와 동의어가 아니다. 그 말은 poplicus라는 라틴어에서 유래했는데, "사람들에 관련된"이라는 뜻이다. 그 단어의 변별적인 의미는 pubes(어른)라는 라틴어와 관련해서도 드러난다. pubes는 puberty(사춘기)의 어원이기도 하다. 원래 공적인 삶은 어린이에서 어른으로 이행하여 자신을 돌보고, 타인을 돌볼 준비가 된 사람들의 활동무대로 이해되었다. 나약하고 상처받기 쉬워서 사적 영역의 보호를 필요로 하는 어린이들은 뭔가를 책임질 수도 없고 공적인 삶의 특권을 누릴 준비도 되어 있지 않은 것으로 여겨졌다.[5]

'사적인private'이라는 단어가 privare라는 라틴어에서 왔다는 것, 거기에서 '박탈당한deprived'이라는 단어가 파생했다는 것도 주목할 만하다. 미국인이 그토록 높은 가치를 부여하는 사생활이 고대에서는 성인들이 뭔가를 박탈당한 형태로 여겼다는 것은 얼마나 아이러니한가. 맨해튼에서 만난 택시기사가 말한 대로, "늘 같은 종류의 사람들과 있기만 하면 항상 같은 옷을 걸치고 있는 것과 마찬가지다. 그래서 싫증이 난다." 만일 기능적으로 완전히 성숙한 어떤 어른이 오로지 사생활만을 영위하면서 똑같은 사람들만 계속 만나면서 동일한 경험과 태도와 생각을 주고받는다면, 그보다 더 사람을 멍청하게 만드는 일이 어디 있을까? 고대에 완전히 사적인 사람을 그리스어로 idiotes—바보idiot의 어원이다—라고 하면서 어리석은 말과 행동을 하는 사람으로 여겼던 건 그리 놀라운 일이 아니다.

현대사회에서 public의 본래 의미를 가장 충실하게 반영한 단어는 '펍pub'이다. 물론 그 단어는 영국의 'public house'를 줄인 말이다. 펍은 미국의 전형적인 살롱, 선술집, 바 등과 완전히 다른 곳이다. 영국의 펍은 언제든 완벽한 공동체의 단면을 보여준다. 그곳을 드나들다 보면 모든 사람을 만날 수 있다. 팔에 안긴 아기, 중년의 가장, 퇴근하여 집으로 향하는 남녀, 오래전에 은퇴한 노인, 평생 알고 지내는 이웃, 지나가는 길에 들른 이방인…… 이렇듯 다양한 사람이 뒤섞이는 가운데 여러 뉴스와 가십이 오가고 지역의 현안이 토론된다. 웃음 그리고 때로 음악이 그 공간을 채우기도 한다. 그 안에서 공동체는 아침부터 밤늦게까지 스스로를 짜나간다.

펍은 민주주의에 꼭 필요한 종류의 "멋지고 좋은 장소"다. 거기에 오는 모든 사람을 환대하기 때문이다. 그곳은 낯선 사람들이 어우러지는 소우주다.[6] 그런 장소에서 우리는 창조적인 형태의 인간 결사를 위협하고 훼손하는 뿌리 깊은 두려움을 넘어설 수 있다. 링컨은 1859년 위스콘신 주 농축산물 공진회에서 선거 연설을 하며 그 점을 언급한 바 있다.

이 지구상에 인간이 처음 출현한 이래 바로 최근에 이르기까지 낯선 사람과 적이라는 단어는 완전히 또는 거의 동의어였습니다. 문명화된 국가가 강도와 살인을 중범죄로 규정하고, 가혹한 형벌을 부과하게 된 뒤에도, 그것이 자기 국민 사이에서 각각 적용되는 가운데 낯선 사람을 강탈하고 죽이며 노예로 삼는 것은 오랫동안 전혀 범죄로 여겨지지 않았습니다. 지금까지도 그런 생각은 완전히 사라지지 않았습니다.[7]

낯선 사람을 적으로 여기는 한 시민사회는 존립할 수 없다. 타자를 두려워하거나 악마화하지 않고 차이가 빚어내는 긴장을 끌어안아야 하는 민주주의는 더 말할 것도 없다. 링컨이 농축산물 공진회에서 (미국의 노예제를 강하게 암시하는) 이 핵심적인 주제를 토론하기로 선택한 것은 우연이 아니었다. 그 장소는 펍과 마찬가지로 낯선 사람들의 모임을 환대하는 곳이기 때문이다. 링컨은 다음과 같이 계속 연설했다.

농축산물 공진회는 국가 제도가 되고 있습니다. 그것은 여러 가지로 유용하지요. 거기에서 우리는 모이고 서로 친숙해지면서 다른 장소에서보다 더 좋은 친구들을 만나게 됩니다. (…) 더할 수 없이 높은 도덕으로 무장한 사람도 추상적인 원리가 말하는 모든 것에도 불구하고 자기가 알지 못하는 사람보다 자기가 아는 사람을 훨씬 더 좋아합니다. 동정에 대한 갈망이나 적극적인 적개심에서 비롯되는 이 사악함, 국가 또는 개인의 차원에서 낯선 자들 사이에 만연하는 이 잘못을 바로잡는 것이 문명의 최고 기능 가운데 하나입니다. 농축산물 공진회는 그런 목적에 적지 않게 기여합니다. 우리 사이에 더욱 유쾌하고, 강인하고, 튼튼한 정치적·사회적 유대가 생겨나니까요.[8]

공적인 삶의 장소와 목적

낯선 사람들이 서로 얼굴을 마주보면서 자유롭게 섞일 수 있는 곳, 다른 사람들과의 관계가 "더욱 유쾌해지고 강인해지고 튼튼해질" 수 있고 그래서 "우리 사이에 사회적·정치적 연합의 유대"가 생겨나는 곳이면, 어디에서든 공적인 삶이 영위될 수 있다. 교육가이자 사회운동가 사라 에번스와 해리 보이트는 그런 곳을 "자유로운 공간"이라고 부른다. 그 의미에 대해 그들은 다음과 같이 설명한다.

자유로운 공간은 공동체 안에 있는 특별한 종류의 공적인 장소로서 사람들이 새로운 자존감, 더 깊고 자신 있는 집단 정체성, 공적인 기술, 협동의 가치 그리고 시민적 덕성을 배울 수 있는 환경이다. 간단하게 말하면 사생활과 거대한 기구 사이에 있는 장소로서 여기서 평범한 시민들은 위엄, 독립성 그리고 비전을 가지고 행동할 수 있다.[9]

낯선 사람들과 함께 다양성과 활력을 일상적으로 경험할 수 있는 장소들을 일부 나열해보자. 그 목록을 읽으면서 삶을 고양시켜주는 경험들이 언제 주어지는지 생각해보라. 동네를 산책할 때, 농부들의 시장에서 농산물을 구입할 때, 놀이터나 공원에 아이들을 데리고 나갈 때, 리틀 야구 리그를 구경할 때, 커피숍에서 잠깐의 휴식을 즐길 때 등이다. 만일 그렇게 낯선 사람들과 섞이는 경험이 없다면 얼마나 삶이 무미건조해질지에 대해서도 생각해보라.

　　지역의 이웃, 커뮤니티 정원, 도시의 가로街路와 골목, 공공 교통, 도시의 공원과 광장, 카페와 커피숍, 갤러리, 박물관, 도서관, 거리 파티, 카니발, 축제, 농부들의 시장, 예술 박람회, 프리마켓, 아마추어와 프로들이 벌이는 연극과 스포츠 이벤트, 집회, 포럼, 공청회, 토론회, 자발적 결사체(종교 조직, 클럽, 자조 및 상호 부조 모임, 개혁 그룹, 이웃, 시민 집단, 종족 집단 등을 포함)[10], 공립학교, 대학, 대학교, 여러 종류의 직장, 디지털 소셜 미디어♣

이렇게 나열해놓고 보면 매우 평범해서 그런 장소가 겉으로 드러난 목적 이상의 무엇인가에 기여할 수 있으리라고 좀처럼 생각되지 않는다. 길은 한 장소에서 다른 장소로 이동하는 데 필요한 장소이다. 카페는 뭔가를 사먹는 곳이고 카니발은 즐기는 장소다. 그러나 링컨이 농축산물 공진회에 대해 말했듯이 이런 공적인 삶의 장소들은 "여러 가지로 유용하

♣ 낯선 사람들이 모이는 장소로서의 가능성과 문제점이라는 관점에서 물리적 공간과 사이버 공간 사이에는 중대한 차이가 있기 때문에, 온라인 장소에 대해서는 제7장에서 따로 다룰 것이다.

다. 거기에서 우리는 모이고 서로 친숙해지면서 다른 장소에서보다 더 좋은 친구들을 만나게 된다."

　그런 장소들을 통해 달성되는 가장 핵심적인 목적은 평범한 눈으로 보아서는 드러나지 않는다. 거기에서 우리는 사생활과 정치적인 삶의 비좁은 범위를 넘어서 시민 공동체를 경험할 수 있다. 거기에서 주어지는 창조적인 상호작용의 기회가 없다면 민주주의라는 사회적 직물은 곧 닳아서 누더기가 되고 머지않아 풀어헤쳐지고 말 것이다. 거기에서 낯선 사람들은 운명이 서로 얽히면서 좋은 사회의 직물을 계속 복원할 기회를 얻게 된다.

　매일 그런 중요한 공공장소들에서 무엇이 일어나는지 보라.

　낯선 사람들이 공통의 기반 위에서 만난다.

　낯선 사람에 대한 두려움이 줄어든다.

　색깔, 결, 세련미, 드라마, 유머 등이 삶에 깃든다.

　사람들이 자기 자신 바깥으로 끌려나온다.

　차이들이 토론된다.

　갈등이 타협될 수 있다.

　필요가 분명하게 드러나고, 서로 돕는 것이 가능해진다.

생각과 자원들이 공유되고 생성될 수 있다.

사람들이 권력에 맞서 힘을 얻고 보호받는다.

낯선 사람과 함께하면서 우리는 많은 것을 배울 수 있다. 많은 차이에도 불구하고 이 안에서 하나라는 것, 어떤 차이들은 삶을 풍부하게 하고 골치 아픈 차이들은 타협될 수 있다는 것, 갈등하는 이해관계에 직면해서도 다른 사람들과 즐겁게 거래할 수 있다는 것 등이다. 우리는 낯선 사람들과 함께 자기 마음을 큰 목소리로 표출할 수 있고, 다른 사람들의 목소리를 들을 수 있다. 대화 속에서 우리는 다양성 안에 있는 공공선을 발견할 수도 있다. 그리고 혼자서 도달하지 못하는 수준의 음량으로 자신의 목소리를 높일 수 있다. 이런 종류의 기회를 제공하는 장소가 사회 속에 풍부할 때, 우리 국민은 철학적인 관념이 아니라 생동하는 실체가 될 수 있다.

공적인 삶이 그러한 결과를 창출하는 방식은 잠재의식적으로 무심코 하는 것부터 의식적으로 작정하고 하는 것에 이르기까지 그 범위가 넓다. 공공장소의 가장 기본적인 장소인 도시의 거리에서 벌어지는 일을 예로 들어보자. 사람들이 붐비는 도시의 가로를 걸어가는 단순한 행위가 내포하는 전前의식적인 메시지는 민주주의의 핵심을 이룬다. 저마다 다른 목적을 가진 수많은 사람이 부딪치거나 서로를 밀치면서 폭력을 유발하지 않고, 자기들이 원하는 곳에 도달할 수 있다. 우리는 단순하게 공적인 삶의 춤을 배우기만 하면 된다. 목적지에 안전하고 제 시간에 맞춰 도착하기까지 속도를 높이거나 낮추는 것, 좌우로 방향을 잡는 것이다.

우리는 붐비는 거리에서 사적인 이익과 공공선 모두에 기여하는 조심스러운 우아함을 발휘해 충돌을 피하는 신체 지식을 계발한다. 그것은 텅 빈 지하철이나 변두리의 골목을 걸어가면서 습득하는 신체 지식과 대조를 이룬다. 우리는 거기에서 어디든 마음대로 갈 수 있다. 어떤 경로를 선택하든 어떤 속도로 움직이든 다른 사람들의 필요를 고려할 필요가 없다.

선출된 지도자들이 정치를 오염시키는 언어폭력의 수위를 높이면서 서로 부딪치거나 밀쳐내는 것을 볼 때, 만일 그들이 매일 걸어서 출근하면 좀 더 나은 지도자가 되지 않을까 하는 생각이 든다. 그들과 비슷하게 행동하는 미국인—대중과 섞일 필요가 없는 특권층들이 주를 이룬다—을 볼 때도, 만일 그들이 도시를 오래 걷는다면 좀 더 나은 시민이 되지 않을까 하는 생각이 든다.

도시의 거리에서 무심코 배울 수 있는 것이 또 하나 있다. 오래전에 나는 교외의 커뮤니티가 점증하는 다양성을 끌어안도록 돕는 조직가로 활동하면서 중요한 사실 한 가지를 발견했다. 낯선 사람들을 적게 접하는 사람일수록 그들을 더욱 두려워한다는 것이다. 집 안에 틀어박혀서 텔레비전이나 인터넷으로 허구적이거나 선정적인 폭력에 흠뻑 젖어 지내면, 낯선 사람들이 자신의 신변에 위협을 가할 것이라는 확신에 사로잡히기 쉽다. 그러나 일상을 영위하는 과정에서 반복적으로 군중을 접하게 되면, 길거리를 다니는 것이 거의 항상 안전하고 생기 넘친다는 것을 알게 된다. 상해나 살인은 매우 드물 뿐 아니라 공적인 경험은 우리를 사생활의 지루함에서 구출해준다. 그것은 에너지를 불어넣어주고 때로 즐겁게도 해주는데 돈을 낼 필요가 없다. 일상생활에서 이런 단순한 현실을 경험한다면 우리는 참여적인 시민이 되는 것을 편안하게 느끼게 될 것이다.

길거리는 잠재적으로만이 아니라 전략적으로도 민주주의를 뒷받침한다. 1960년대의 민권운동이 그것을 증언한다. 아프리카계 미국인은 인종적 불의에 저항하기 위해 길거리를 택했고, 점점 더 많은 사람이 합류하여 결국 백인들도 동참했다. 거리를 메운 군중은 평화 시위로 민주적인 권리를 요구했는데, 이는 책이나 연설 또는 편집자에게 보내는 편지로는 아무리 유창한 언어를 구사해도 도달할 수 없었을 대중적인 관심을 끌어냈다. 그 비폭력 시위가 폭력적인 백인—그들 중에는 곤봉과 공격용 훈련견으로 무장한 경찰들도 있었다—의 공격을 받게 되었을 때 여론은 그들의 주장을 옹호하는 쪽으로 변하기 시작했다. 그 결과 의회는 1965년 투표권 법안을 (1964년 제정된 시민권 법안이 건드리지 않았던 짐 크로의 잔재를 제거하면서) 드디어 통과시킬 수 있었다. 부끄럽게도 우리가 "모든 사람은 평등하게 태어났다"고 선언한 지 189년이 지난 뒤에야 이뤄진 일이다.

공적인 삶을 가능하게 하는 장소들의 목록을 살펴보면 모두 낯선 사람과 함께하는 것을 여러 방식으로 지지한다는 것이 분명해진다. 우리는 카페나 커피숍에서 타인들과 함께 있으면서 잠시 멈춰 삶의 속도를 늦춘다. 들려오는 대화에 즐거움을 느끼기도 하고, 알지 못하는 사람들과 말을 주고받기도 한다. 우리는 서점이나 박물관에서 어떤 주제나 행동에 대한 관심을 공유하는 타인들과 함께하면서 조용한 우정을 느끼게 된다. 집회, 포럼, 토론회에서는 쟁점들이 탐구되고 그에 대한 자신의 견해가 발언되는 것을 들을 수 있다. 물리적이 아닌 언어적인 공간에서 공적인 삶의 춤추기가 실행되는 것이다. 자발적인 결사체에서는 서로를 더 잘 알고 지내게 될 수 있고, 공유하는 목적을 추구하기 위해 힘을 모을 수 있다.

이러한 일상적인 장소들에서, 우리는 자신이 거대하고 다양한 그리고 때로는 문제적이지만 종종 환상적인 무리에 속한다는 사실에 머무르게 된다. 이런 장소들에서 주어지는 기회를 현명하고 적절하게 활용한다면, 그로부터 자라나는 마음의 습관은 우리를 더 나은 시민으로 만들 뿐 아니라 지상의 삶을 더욱 편안하게 느끼도록 해줄 것이다.

민주주의에서의 공적인 권력

공적인 삶의 중요성을 이해하고 싶으면 사생활과 정치 사이에 비판적으로 개입하는 층위가 없는 사회를 생각해보라. 많은 상상력이 필요하지 않다. 그 세계는 권위주의, 전체주의, 귀족주의, 전제주의 그리고 파시즘 등으로 가득 찰 것이다. 중앙에 집중된 권력은 견제 없이 군림하고, 사생활에 자유롭게 침범하여 자기들의 이익을 증진시키고 보호하려 한다. 그런 사회에서 사람들이 권력의 남용에 저항하려면 개인적으로 엄청난 위험을 감수해야 한다. 그들 그리고 그 가족이나 친구들은 처벌받을 수 있다. 직장에서 쫓겨나거나 감옥에 갇혀 고문을 당하는 것 그리고 실종자의 반열에 들어가는 것 등 실로 광범위하다.

권위주의 사회가 주는 교훈은 단순하다. 권력이 책임질 수 있도록 견제하고, 그 남용으로부터 개인을 지키는 공공 영역이 없으면 민주적인 통치체제도, 안전한 사생활도 성립하지 못한다. 공적인 삶이 고립된 개인들에게 제공되는 토론장에서 사람들은 목소리를 모으고 높여서 권력자들에게 들리도록 할 수 있다. 또한 거기에서 형성되는 공동의 방패를 가지고, 권력의 조작과 보복으로부터 개인들을 방어함으로써 사생활의 고결함을 보존할 수 있다.

공적인 삶이 민주주의에서 얼마나 핵심적인 역할을 하는지를 보여주기는 쉽다. 한 사회가 권위주의적 통치체제로 흘러가기 시작할 때 가장 먼저 차단되는 장소는 공적인 삶이 영위되는 곳들이다. 사람들은 체포의 위험을 무릅쓰지 않고 길거리에 모일 수 없다. 공적인 시위는 불법으로 선언되고 강제로 종식된다. 종교 공동체를 포함한 자발적 결사는 금지된다. 또 모든 결사적인 삶은 권력의 승인을 받아야 한다. 엉터리 정치 집회가 무대 위에 오르고 정권에 의해 각본과 안무가 짜인다. 정치적인 통제의 1차 도구인 공포가 사회에 깊게 깔리면서 사람들은 더 이상 서로를 믿지 못하게 된다. 법과 힘 그리고 상호 불신에 의해 고립된 개인은 중앙권력의 인질이 되어 손쉽게 중성화되거나 제거될 수 있다.

독재자들이 사회통제의 수단으로 생성하고 조작하는 공포는 그들이 공적인 삶에 대해 갖고 있는 공포를 거울처럼 비춰준다. 정치와 사생활이 상대적인 질서의 영역인 데 비해, 공적 영역은 예측과 통제가 불가능한 무질서로 가득 차 있다. 낯선 사람들이 모여서 다양한 인구집단과 이해관계가 불안정하게 뒤섞일 때, 그래서 여러 영향력과 동맹이 뒤범벅되면서 끊임없이 변화하고 긴장이 생겨날 때, 상황은 점점 시끄럽고 엉망이 되어간다. 이러한 공공의 활력이 없다면 사회적인 발효작용은 음습한 지하에서만 일어날 뿐이다. 공적 영역은 새로운 사회적 삶을 배양하는 원초적인 수프, 우리의 삶을 부풀어 오르게 하는 효소다. 바로 그러한 상승의 잠재력을 독재자들은 두려워한다.

나는 음모론자가 아니다. 공적인 삶을 약화시켜서 권력을 잡는 은밀한 각본이 있다고 믿지 않는다.(미국의 부를 독점한 세력이 정치과정을 탈취하여 민주주의를 약화시키기는 하지만 말이다.) 그러나 거의 관심도 끌지 못하고 경고도 울리지 못할 만큼 서서히 민주주의의 인프라를 이루는 비판적인 공적 층위가 서서히 침식되고 있음이 분명하다. 우리는 사생활에 너무 집착한 나머지 공공성의 위축에 대해 거의 망각하고 있다. 공적인 삶의 쇠퇴—민주주의에 생기를 불어넣는 핵심 에너지의 쇠퇴—에 대해 계속 무관심하면 우리가 소중히 여기는 사생활도 결국 무너질 것이다.

이 쇠퇴의 주된 징후는 많은 공공 도로의 상업적인 기능이 사적으로 소유된 쇼핑몰로 대체되어왔다는 사실이다. 고대 그리스에서 20세기 중반까지 공공 도로에서의 상업은 낯선 사람들을 끌어 모아 공공성을 창출하는 1차적 자석이었다. 그렇다. 낯선 사람들은 여전히 쇼핑몰에 모여든다. 그러나 쇼핑몰은 누가 모일 수 있고 무엇을 할 수 있는지를 제한하는데, 이는 공적인 삶이 민주주의에 제공할 수 있는 몇 가지 핵심적인 기여를 허물어버린다. 걸인과 노숙인은 들어갈 수 없고, 이러한 주변화된 사람들은 시민적 공감의 망으로부터 훨씬 멀리 밀려난다. 공공연한 정치 행위도 역시 금지되는데, 그 뒤에는 법정의 지지가 있다.[11] 사람들이 상자 위에 올라가 연설하는 모습, 소비주의의 성당[쇼핑몰을 비유한 것], 심지어 주차장에서 정치 시위를 하는 모습을 마지막으로 본 것이 언제였던가? 만일 쇼핑몰에서 걸인이 등장하거나 집회가 열리면, 십중팔구 곧바로 사설 경비원들이 도착해 "사태를 정리"하는 것을 보았을 것이다.

물론 여기에는 이유가 있다. 쇼핑몰이라는 사유재산의 소유자들은 절대적인 관심사 한 가지를 갖고 있다. 바로 쇼핑을 유도하는 환경이다. 그 목적을 위해서 그들은 비논쟁적인 커뮤니티 활동만 지원한다. 구세군 모금, 지역 학교 어린이들의 스즈키 콘서트, 실내 예술과 수공예품 전시, 주차장에서의 농산물 판매 등이 그것이다. 하지만 정치적 쟁점에 관해 토론하거나 어떤 불편한 사회적 진실을 상기시키기 위해 그들의 재산이 사용되도록 허락하지는 않을 것이다. 그 스트레스와 긴장이 "쇼핑의 즐거움"을 감소시키기 때문이다.

공적인 삶의 쇠퇴

상업의 1차 장소인 도시의 거리를 쇼핑몰이 대체하고, 소비주의의 유혹이 시민의 책무를 우습게 만들면서, 우리는 역사 속의 낯선 사람들이 자유롭게 어울려온 1차 장소를 빼앗겼다. 우리는 과연 쇼핑에 너무 집착한 나머지 공적인 삶의 발효제와 시민의 몇 가지 핵심 권리를 포기했는가? 민주주의를 지켜주는 시민적 역동이 없는 사유화된 상업 공간을 왜 그토록 선호하는가?

쇼핑몰이 미국의 공공 도로를 대체하면서 우리가 무엇을 잃어버렸는지를 알아보기 위해 간단한 마음의 실험을 하나 해볼 수 있다. 1960년대의 민권운동이 오늘 일어난다고 상상해보는 것이다. 당시에 일어난 일은 —널리 알려진 2009년과 2010년의 "티파티" 집회와 달리— 우리 사회에서 아무런 입지를 갖지 못했던 "보이지 않는" 사람들의 운동이었다. 부자들이 비밀로 후원해주는 것도 아니고 케이블 네트워크를 갖추고 있지도 않았다. 그리고 그들의 메가폰 역할을 해줄 정치적 인포테인먼트 형태의 "인물"도 없었다.[12]

아무도 봐줄 사람이 없는 거리에서 시위를 한들 무슨 힘을 발휘하겠는가? 거리 시위는 쇼핑에 개입하여 우리를 소비의 황홀경에서 끌어내 시민으로서 응답하도록 하지 않는다. 미디어도 관심을 갖지 않는다. 세기의 이러한 상황에서 민권운동은 도시의 가로만큼 시선을 끄는 무대를 찾는 데 엄청난 힘을 기울여야 할 것이다.

온라인 소셜 미디어가 현대적 형태의 공적 공간으로 종종 추천된다. 분명히 그것은 나름의 잠재력을 지니고 있고, 이에 대해서는 제7장에서 살펴볼 것이다. 그러나 그것 역시 한계가 있다. 우리가 서로 얼굴을 보면서 어울릴 때 구현되는 시민 공동체에 대한 소속감은 디지털 디스플레이의 단어나 이미지로 복제될 수 없다. 우리가 상업적 목적으로부터 어떤 축하에 이르기까지 여러 이유로 몸으로 함께할 때, 우리는 "정치체body politic"가 무엇인지에 대한 형언할 수 없고 대체 불가능한 지식을 뼛속 깊이 흡수하게 된다.

사유화된 쇼핑몰이 시민 공동체의 형성에 법적인 제한을 가하면서 등장하는 것은 공적인 삶이 빈곤해지는 하나의 사례에 불과하다. 오랫동안 공적인 삶이 영위되어온 거의 모든 장소에서 낯선 사람들과 대면 접촉할 기회는 줄어들고 있다.

우리 중 몇 명이 모르는 사람들과 시간을 보내는 공공 교통으로 출퇴근하는가? 많은 이가 홀로 승용차로 출퇴근하고 주차장에 차를 대며, 엘리베이터를 타거나 잠깐 걸어서 사무실에 이른다. 그 과정에서 낯선 사람을 거의 만나지 못한다.

우리 중 몇 명이 정치 집회나 토론장에 참석해 다양한 의견을 가진 사람들과 부딪치면서 동의할 때 박수를 보내고, 동의하지 않을 때는 이견을 표명하는가? 우리는 대부분 거실에서 텔레비전을 켜고 모든 정치적인 내용이 지루해질 때 최근의 인기 있는 시트콤이나 리얼리티쇼로

채널을 돌린다.

우리 중 몇 명이 여가를 내서 공원을 즐기고, 박물관에 들르고, 지역 농산물 시장에서 장을 보고, 축제나 박람회에 참가하는가? 투잡 생활을 가지면서까지 장시간 노동을 강요하는 경제적 압박을 포함해 많은 것이 여가를 빼앗아갔다. 그리고 예전에는 많은 커뮤니티에 여가를 보냈던 장소들이 있었는데 이제는 그렇지 않다.

우리 중 몇 명이 최근에 좋은 읽을거리를 찾기 위해 공공 도서관이나 서점을 가보았는가? 많은 이가 읽을거리를 전자 미디어로 받아보고 있고, 온라인 주문을 해서 택배로 책을 받는다. 전국의 공공 도서관은 예산 부족을 이유로 직원, 서비스 그리고 이용 시간을 줄였다. 그리고 많은 독립 서점이 대형 서점 내 지점들에 밀려 문을 닫았다.

우리 중 몇 명이 최근에 영화관에 가서 낯선 사람들과 함께 최근 흥행하는 영화를 보았는가? 대다수 미국인은 지금 홈 엔터테인먼트 센터에서 영화를 본다. 그 결과 많은 소규모 지역사회에 한때 주요한 공공 장소였던 마을 영화관이 사라졌다.

우리 중 몇 명이 낯선 사람들에 둘러싸여 있을 때 그들과 온전히 함께 있는가? 길을 걷고, 버스를 타고, 커피숍에 있을 때 많은 이가 지금 머물고 있는 장소가 아닌 곳에 그리고 지금 곁에 있는 사람이 아닌 사람들과 온라인으로 연결되어 있다.

우리 중 몇 명이 인간의 폭넓은 다양성이 표출되는 자발적 결사체에 적극적으로 참여하는가? 그런 조직들은 많은 경우 비슷한 삶의 경험과 신념을 가진 사람들로 구성되어 있어서 공적인 삶의 소우주 대신에 사생활의 확장이 되고 있다.

우리 중 몇 명이 이웃에 사는 사람이나 일터에서 매일 보는 사람을 잘 알고 지내는가? 많은 이가 동료나 이웃들과 너무 드물게 어울리기 때문에 정치체를 강화할 관계를 구축하는 데 실패한다.

이런 질문들의 대답은 종말론적이지 않다. 그러나 우리가 점점 사적이고 따라서 박탈당한 사람들이 되어가고 있음을 암시한다. 민주적인 마음의 습관을 키울 의미 있는 기회를 박탈당한 것이다. 또한 우리가 민주주의 그리고 사생활을 대가로 치르면서 개인주의에 더 깊이 함몰되기 전에 공적인 삶을 다시 회복해야 함을 암시한다. 프라이버시가 보존되려면 공적인 감시가 필요하다.

유비쿼터스 쇼핑몰을 포함해 모든 생활 장소에서 우리가 그것을 바로 할 수 있다고 믿는다. 비록 쇼핑몰에 민주주의와 관련된 요소들이 희미해져가고 있기는 하지만, 그곳은 많은 사람이 정기적으로 낯선 사람들을 가장 많이 마주치는 장소다. 우리는 쇼핑몰이 민주주의에 기여하도록 되돌려놓기 위해 무엇을 할 수 있는가?

가능성은 그다지 많지 않을 것이다. 그러나 쇼핑몰을 단일한 사유물로 보는 것을 멈추고, 그 안에서 공간을 임대한 업체들에 초점을 맞추면 가능성이 조금 넓어진다. 그 업자들이 예전에 도시의 거리에서 공간을 임대해 장사를 했던 이들의 후예라고 생각해보자는 것이다. 물론 임대계

약 조건에는 임차인이 무엇을 할 수 있고, 할 수 없는지 여러 규정을 담고 있다. 그리고 많은 쇼핑몰 업체는 지역 내 가게가 아니라 자신의 고유한 규정을 갖고 있는 거대 기업의 프랜차이즈다. 쇼핑몰에 있는 맥도날드 가게는 대로변에 있는 햄버거 가게에 비해 할 수 있는 일에 제약을 많이 받을 것이다.

그러나 몇몇 지역의 상점 소유자들이 어떤 비당파적이고 전 정치적인 활동이 장사에 도움이 된다는 것을 확신하고 그런 활동을 자기 가게에서 벌이기 시작한다고 가정해보자. 그런 전례가 있다. 지역의 독립체에서 작은 체인점에 이르기까지 서점들이 종종 저자와의 대화 행사를 마련해 낯선 사람들을 불러 모은다. 때로 정치적인 주제도 다뤄지는데 그런 모임은 커뮤니티와 비즈니스를 동시에 구축하는 셈이다.

그런 대화가 서점에서만 이뤄질 이유는 전혀 없다. 2008년 8월 21일 저녁 미니애폴리스의 슈나이더 잡화점에서 열리는 집회의 안내문을 보자.

수백만의 미국인은 금년에 정치 유세를 통해 정치에 대한 관심이 활발해졌습니다. 그러나 선거 뒤에는 무엇이 올까요? 어떻게 하면 이 에너지를 살려서 시민적 변화를 일으킬 수 있을까요? 『시민적 해결: 당신이 변화를 일으키는 방법Citizen Solution: How You Can Make a Difference』의 저자 해리 보이트가 말문을 열어줄 것입니다. (…) 슈나이더 잡화점의 주인 톰 센굽타는 월례 집회를 개최해서 나이와 견해와 배경이 다른 사람들이 정치적이고 공적인 여러 주제를 놓고 생각을 나눌 수 있게 하려 합니다. 모든 토론은 두세 개의 짧막한 성찰로 시작하고, 사람들이 그 뒤에 뛰어들 것입니다. 톰의 잡화점은 사우스다코타의 돌랜드에 있는 험프리 잡화점의 전통을 계승하고 있습니다. 돌랜드의 휴버트 험프리의 아버지가 운영하던 잡화점은 동네의 시민 센터였습니다.[13]

점점 사적인 세계에 갇히는 삶 속에서 우리는 선택하기에 따라 여전히 "공적인 삶으로 나아갈" 수 있다. 앞에서 언급한 몇몇 문제들에 관련해 몇 가지 가능성이 있다.

우리는 출근할 때 여러 사람이 동승할 수 있다. 기름의 소비가 제한되거나 너무 값이 오르면 보통 그렇게 한다.

우리는 출근이나 쇼핑 이외의 다른 목적으로 더 자주 외출할 수 있다. 우리는 정치 집회에 참석할 수 있고, 지역 농산물 시장에서 장을 볼 수 있으며, 공공 도서관을 방문할 수 있고, 콘서트장에 갈 수 있다. 어떤 필요를 채우고, 어떤 이익을 추구하기 위해 일단 공적인 선택을 실험하기 시작하면 "불편함"을 상쇄시키고도 남을 만큼 생명을 주는 특징이 있음을 배우게 될 것이다.

쇼핑몰이나 커피숍 같은 공공장소에 있을 때 전기나 전자기기로부터 벗어날 수 있다. 때론 공공의 삶이 뮤지컬만큼이나 흥미진진하다는 것을 발견하게 될 것이다.

우리는 가족과 친구의 작은 모임을 넘어서 사람들을 만날 수 있다. 근처 병원에 일주일에 한두 시간씩 자원 방문한다거나, 자발적 결사체에 가입한다거나, 간단하게 시간을 내서 이웃이나 친구의 안부를 묻는 것이 그 방법이다. 그렇게 하면서 공적인 삶뿐 아니라 자신의 삶에도 활력을 다시 불어넣고 있음을 발견하게 될 것이다.

공적인 삶을 위한 공간의 회복

미국의 정치를 바로잡기 위해 무엇을 해야 하느냐고 미국인에게 물어보라. 대부분의 대답이 "그들"에 초점을 맞출 것이다. 선출직으로서 정부를 운영하는 사람들 말이다. 정치인만 탓하는 실수는 이해할 만하다. 우리의 헤드라인 뉴스는 정치권력의 중심부에 있는 사람들과 사건이 주를 이룬다. 그러나 그것은 실수다. 우리 국민이 민주주의의 회복을 위해 할 수 있는 가장 중요한 일은 일상적으로 참여할 공적인 삶의 장소와 활력을 회복하는 것이다. 여러 번에 걸쳐 증식된 지역의 연결을 통해서만 정치적 변화를 일으키는 데 필요한 시민 권력의 창출을 기대할 수 있다.

공적인 삶을 갱신하는 한 가지 열쇠는 그것이 요구하는 환대의 공간을 물리적으로 회복하는 것이다. 도시 디자인 분야의 위대한 인물들—제인 제이콥스, 윌리엄 화이트, 제임스 루스 그리고 풍경 건축가 프레더릭 로 옴스테드 등—은 낯선 사람들이 어울릴 수 있는 장소의 창조를 한결같이 강조했다. 예를 들어 옛 도시를 손질하거나 새로운 도시를 계획할 때 그들은 다용도 공간을 선호했다. 그런 공간이 단일한 공간보다 더 흥미롭고 안전하다는 점, 그래서 공적인 삶의 더 많은 다양성과 부피를 창출한다는 점을 알고 있었던 것이다.

이론은 간단하다. 도시의 근린 지역 내에 집, 상가, 공원, 공립학교, 직장, 예배 장소, 영화관, 커피숍, 바 같은 것이 있다면 공적인 삶이 생동할 것이다. 이 근린 지역에는 밤낮으로 수많은 사람이 붐빌 것이다. 출퇴근하는 직장인들, 등하교하는 아이들, 공원에서 노는 부모와 자녀들, 쇼핑하는 사람들과 가게 주인들, 오락이나 사교의 기회를 좇는 사람들 말이다. 이렇듯 사람들이 뒤섞이다 보면 도시의 근린 지역은 더욱 흥미롭고, 매력적이 될 뿐 아니라 공공의 안전도 증진된다. 사무실밖에 없어서 늦은 오후에 텅텅 비고 밤 시간에 거리가 황량해지는 공간은 운이 나쁜 야간 통행자들에게 위험하다.

　도시 디자인에 관련된 결정에 직접 영향을 끼칠 수 있는 위치에 있는 사람은 지극히 일부에 불과하다. 그러나 우리 모두 그러한 결정에 책임을 지는 계획과 구획 설정 위원회에 의견을 표명할 권리를 갖고 있다. 그 위원회는 공공적 삶의 질에 관심을 갖는 사람들보다 이익에 관심을 갖는 사람들의 의견을 더 많이 듣는 것이 보통이다. 우리는 이익과 공공성이 서로 충돌하는 것이 아니라 공생할 수 있도록 만들어야 한다. 건강한 공적인 삶은 민주주의의 정치적 가치를 증진시키는 것만큼이나 사적인 경제적 가치도 증진시킨다.

　어떤 지역에서 시민들은 위원회 앞에서 증언하는 것보다 더 직접적으로 공공 공간을 회복하는 방법을 발견했다. 도시 디자이너 마크 레이크먼은 오리건 주 포틀랜드에서 마을에 광장이 없는 것에 충격을 받았다. 전통적인 공공 공간이 자동차의 필요에 희생당한 것이다. 한때 낯선 사람들이 서로 마주치고, 뉴스와 생각을 교환하던 길들의 연결이었던 우리의 "사거리"는 자동차가 방향을 틀고, 보행자가 길을 건너는 단순한 교차로가 되어버렸다. 그 침식속도가 너무 느려서 우리가 그것을 당연하게 받아들이는 가운데, 오랫동안 사람들이 만나고 섞이면서 공동체의 유대를 다져온 그 공간은 이제 교통의 효율적인 흐름의 지배를 받게 되었다.

그래서 레이크먼과 그 이웃들은 두 가지 일을 했다.[14] 첫째, 그들은 "사람들이 모이는 장소에 대한 포틀랜드 시민들의 생각을 바꾸기 위해 비영리 자원 조직으로 도시 수리 프로젝트를 결성했다."[15] 둘째, 당국의 허가 없이 근린의 핵심적 교차로들을 다시 디자인했다. 그들의 목적은 단순했다. 아무도 머물지 않던 곳을 사람들이 돌아다니고 싶은 장소로 만드는 것이다. 그들의 접근 방식도 역시 단순했다. 레이크먼의 설명을 들어보자.

> 첫 프로젝트에서 교차로 주변에 사는 이웃들이 주말에 나와 거리에 색칠을 하고 모퉁이마다 구조물을 설치했다. 벤치, 대출 도서관, 24시간 찻집, 아이들의 놀이방, 지역의 정보를 제공하는 키오스크[공공장소에 설치된 매점 등의 간이 건조물] 등이 그것이다. 그렇게 해서 교차로를 상호작용이 이뤄지는 사회적 공간으로 바꾸었다. (…) 그것이 몇 년 전의 일이다. (…) 그때부터 사람들은 (…) 정원을 들여놓고 서로의 집에 색칠을 하는 것을 도왔다. 미국인은 4년에서 7년에 한 번 이사를 하는데, 그 교차로 주변에 사는 사람들의 거주 기간은 눈에 띄게 늘어나고 있다. 사람들이 거기서 계속 살고 싶어하는 것이다. 가족들이 그 주변으로 모여들고 (…) 그래서 아이들도 늘어난다. 그리고 아이들을 돌보는 손길도 늘어나고, 더 많은 어른이 길에서 아이들과 말을 주고받는다.[16]

시민 활동가들이 당국의 허가 없이 공공 공간을 회복했다는 사실은 어떤 반향을 불러일으켰을까? "중지하고 그만두라"는 명령이 내려졌으리라 짐작하겠지만 그렇지 않다. 그들이 한 일의 가치는 곧 분명해져서 "주민들이 교차로에 모이는 장소를 만들 수 있는 조례를 시의회는 통과시켰다."[17] 그리고 그것이 지역의 재생에 필요한 모든 에너지를 분출시켰다고 레이크먼은 말한다.

　텔레비전이나 정치에서 보는 세상을 염두에 두면 어떤 미국인 집단에 이와 비슷한 일들을 하라고 요청하는 것은 어려우리라 생각될 것이다. 그러나 그렇지 않다. 사람들은 각자 음식을 가져와 파티를 벌이기 위해 둘러앉고, 아마도 그날 저녁에 자기들이 하고 싶은 일에 대해 말하기 시작할 것이다. 금년에 우리는 200개 이상의 주요 현장과 거기에 구축된 약 300개의 작은 프로젝트에 손을 뻗칠 것이다.[18]

　"그것을 세우면 그들이 올 것이다!"라는 말은 진부한 말로 들린다. 그러나 실제로 그렇게 된다. 특히 그들이 그것을 세우는 것을 돕는다면 말이다. 레이크먼 집단은 쉽게 접근할 수 있는 장소들에 "색다른 것"을 창조해서 사람들이 집에서 나와 서로의 삶에 섞일 수 있도록 했다. 서로에게 관여하는 정도는 부담이 될 정도로 깊지는 않았지만 서로를 의식하고, 돌보아주는 사람들 사이에 살고 있다는 사실을 확인할 수 있을 만큼은 깊었다.

　색다른 것이라는 아이디어는 보통 시민들이 참여할 수 있는 인간적 규모의 기획으로서 공공적 삶의 재생을 이해하는 데 도움이 된다. 내가 사는 동네에는 많은 사람이 조깅을 한다. 그 사람들이 좋아하는 어느 길에 한 집주인이 정원 호스에 파이프와 마개를 꽂아놓고, 옆에 종이컵을 마련해 목이 마른 주자들이 공짜로 물을 마실 수 있도록 해놓았다. 그 집주인은 은퇴한 사람으로서 앞마당 잔디 위에 앉아 물을 마시는 주자들에게 말을 건넬 시간이 있다. 이 얼마나 멋진 공적인 삶인가!

　제임스 루스가 콜롬비아 주 메릴랜드에 "뉴타운"을 지을 때 집마다 우편함을 설치하는 대신 마을 한가운데 있는 가판대에 공동의 우편함을 마련했다. 사람들은 자기의 우편물을 찾으러 가서 다른 사람들과 자연스럽게 만나게 되는 것이다. 이 얼마나 멋진 공적인 삶인가!

색다른 것은 간단하다. 또 효과가 있다. 이유는 분명하다. 누구나 마음 깊은 곳에서는 서로 연결되는 것이 고립되어 사는 것보다 더욱 즐겁고 건강하며 안전하다는 것을 본능적으로 알기 때문이다.

이웃의 약속

우리에게 가장 가까이 있는 낯선 이들은 대개 이웃이다. 그것이 말도 안 되는 때가 있었다. 옆집에 사는 사람들끼리 최소한으로나마 서로 알고 지내던 시절이었다. 그런데 그런 이웃 관계가 서서히 쇠퇴해갔다. 거기에는 여러 이유가 있다. 앞 베란다의 소멸, 맞벌이 부부의 증가, 면대면 대화를 대신하는 온라인 네트워크와 이메일 등이 그것이다. 그러나 사람들은 여전히 물리적으로 따닥따닥 붙어 산다. 이웃 관계의 방해물에도 불구하고 어떤 사람들은 이웃의 유대를 강화하고자 창조적으로 행동해왔고, 그 과정에서 민주주의를 돕고 북돋았다.[19]

그런 창조성은 긴급하게 해결해야 할 문제가 있을 때 종종 발동한다. 도시와 농촌의 커뮤니티에서 범죄를 예방하기 위한 동네의 감시 프로그램을 예로 들어보자. 그것은 주민들의 집에 앞 베란다를 설치하는 것과 마찬가지다.[20] 이제 문을 걸어 잠그고, 집 안에 빛 가리개를 들여놓는 대신 이웃들은 시간에 맞춰 교대로 감시하면서 자기 동네에서 일어나는 일들에 시선을 집중한다.[21] 뭔가 수상한 행동이 눈에 띄면, 경찰에 신고하고 불을 켜 소리를 낸다. 이 동네가 범죄자들에게 호락호락하지 않다는 메시지를 분명하게 보내는 것이다.

　이러한 프로그램은 개개인이 총기를 소지하는 것보다 더 안전하고 효과적임이 밝혀졌다. 총기는 자칫하면 가족들이나 친구들 사이에 분쟁을 유발하고 "경찰에 맞서 강도놀이"를 하는 아이들의 비극적인 사고로 이어지기도 한다.[22] 개인 무기를 소지하게 되면 커뮤니티와 사생활은 더 위험해진다. 시민들이 자기 자신만이 아니라 서로를 돌보는 공적인 삶이 있을 때 커뮤니티는 가장 안전하다.[23]

　그러나 범죄가 이웃 간 유대를 강화하도록 동기를 부여할 때까지 기다릴 이유가 있는가? 일부 주민들이 동네 모임을 만들어 사람들이 고립된 생활에서 잠시 벗어나 다른 사람들과 어울리고, 시민 공동체에 대한 소속감을 키우도록 간단하게 할 수 있는 일이 많다.[24] 내가 살았던 어떤 동네에서는 여름이면 몇몇 가족들이 각자 음식을 준비해 야외 파티를 벌이곤 했다. 도로의 한 블록은 차단되어 그 위에 테이블이 놓였고, 사람들은 음식과 접이식 의자를 가져왔고 악기를 들고 오는 이들도 있었다. 많은 사람이 해가 질 무렵 또는 아이들이 잠들 시간까지 머물렀다. 투자된 시간과 에너지는 적었지만 동네에 돌아온 보상은 대단한 것이었다.

　바로 그 동네에서 지역의 학교 교사들은 이웃들의 도움을 얻어 커뮤니티 정원을 만들었다. 거기에서 주민들은 식물을 가꾸면서 친교를 나누었고, 초등학교 교사들은 야외 수업을 했다.[25] 그리고 어떤 주민 단체는 연중 휴일에 열리는 몇몇 모임을 후원했는데 이를 통해 근처의 이웃들이 만나 사귈 수 있었다. 그 모임이 없었다면 동네는 얼굴 없는 출퇴근족의 집단 거주지가 되었을 것이다.

　다른 동네에서는 커뮤니티 재단의 찬조를 얻어 주민들이 "동네의 자원資源 목록"을 통해 사회적 유대를 다졌다. 주민들은 자발적으로 내놓을 수 있는 서비스 목록을 제출하도록 초대되었다. 그 목록은 (요즘 같으면 웹사이트에 올리겠지만) 인쇄물로 배포되었다. 목록에는 많은 내용이 담겨 있었다. 어떤 사람은 다른 가족이 휴가를 다녀오는 동안 애완동물을 돌보아주겠다고 했다. 어떤 이는 누워지내는 환자들을 방문하겠다고 했고, 어떤 이는 자신의 손재주로 자잘한 집 안 수리를 해주겠다고 했다.

혹시 어떤 사람이 결국 지키지도 못할 약속에 계속 묶여 있지 않도록 하기 위해 서비스 시간이 제한되었다(예를 들어 집수리는 일주일에 3시간으로 제한한다는 식이다). 그리고 목록의 수명은 3개월이고, 그때마다 서비스가 갱신되거나 만료될 수 있었다. 주민들에게는 어떤 형식으로든 이웃을 착취하지 않는 상식이 요구되었고, 지역 모임들의 연합체가 그 기재사항들을 점검하고, 출판하고, 모니터함으로써 안전망이 더욱 든든해졌다. 이런 프로젝트는 각자 음식을 가져오는 저녁 파티보다는 더 많은 시간과 품 그리고 조직의 뒷받침이 필요하다. 그러나 거기에서 오는 사회적이익도 그만큼 크다.

그 커뮤니티 재단은 "커뮤니티의 변화에 대응하기 위한 거실 세미나"라고 불리는 또 다른 프로젝트를 후원했다. 그 프로젝트가 겨냥한 지역은 주민들의 전출입이 너무 잦아서 불안을 유발하고, 파렴치한 부동산 관행과 커뮤니티의 악화로 이어질 수 있었다. 그 세미나는 6개 세션의 커리큘럼으로 구성되었고, 훈련된 토론 진행자들에 의해 진행되었다. 그들은 어떤 사람의 거실에 주민들이 6개의 소그룹으로 모여 커뮤니티의 미래에 대한 두려움과 희망을 탐구하도록 했다. 다른 근사한 세미나처럼 훌륭한 아이디어뿐만 아니라 커피와 쿠키에 의해서도 기운이 충전되었다.

이 프로젝트가 확산되면서 커뮤니티를 몇 가지 방식으로 안정화시켰다. 그를 통해 주민들은 덜 불길해 보이는 대낮의 빛 속에서 자신의 두려움을 들여다볼 수 있었다. 거기에서 주민들은 자신의 생애에서 처음 겪은 변화의 경험을 회상하도록 초대되었다. 그래서 그 변화의 대부분이 긍정적인 결과를 가져다주었음을 깨닫고, 그 결과를 꿰뚫어볼 수 있도록 해준 것들을 기억할 수 있었다. 오래된 주민들은 그 프로젝트를 통해 새로운 주민들을 만날 수 있었다. 이는 사회 변화에 인간적인 얼굴을 씌워주었고, 도전에 직면하고 거기에 잠재되어 있는 기회를 함께 상상하는 과정에서 주민들은 어떤 확신을 얻을 수 있었다.

여기에 언급된 프로젝트 가운데 몇몇은 지역단체나 커뮤니티 재단에 의해 발의되고 조직되거나 후원되었다. 공공의 삶을 새롭게 하는 데 개인들이 할 수 있는 일이 많지만 기존의 시민 조직은 개인의 참여를 유발하고, 지속시키는 데 확실히 유용하다. 시애틀에는 "이웃부department of neighbor"의 창설이라는 탁월한 사례가 있다. 그 임무는 다음과 같다.

시애틀 주민에게 시민 참여를 북돋아 정부가 더욱 가까이 다가오도록 한다. 지역사회에 적극적으로 기여할 수 있도록 힘을 실어주는 것이 한 가지 방법이다. 그리고 유색인종과 이민자 집단 등 정책에 자신의 의견을 충분하게 표명하지 못하는 시애틀 주민을 시민 토론, 행정과정 그리고 여러 기회에 더욱 관여시킬 수 있다.[26]

지난 20년 동안 시애틀에서는 반자율적인 마을 의회가 여기저기 생겨났는데 그것을 이끄는 선출된 지도자들은 정책을 제정하고, 공공 예산을 분배하는 역할을 수행한다.[27]

애당초 (…) 범죄, 마약, 성장관리에 대한 시민들의 관심에 부응하여 시작된 그 프로그램은 주민들에게 예산 배정에서 더 목소리를 높일 수 있도록 설계되었다. (처음부터) 주민들은 시 당국이 주는 매칭 펀드에 자신들의 자원과 노동을 결합시켜 3000개의 커뮤니티 프로젝트를 만들었다. 그 가운데 새로운 놀이터와 예술 시설도 포함된다. 마을 의회가 빚어낸 의도하지 않은 결과로서, 정보를 제공받아 참여하는 대중이 다른 비슷한 도시들보다 시민적 건강의 척도에서 높은 점수를 차지한다는 점을 들 수 있다.

이웃부의 창시자 짐 디에르Jim Diers는 다음과 같이 말한다. "우리는 여기에서 더욱 강한 공동체 의식을 다질 수 있었습니다. 그리고 그 과정에서 시청에 대한 우리의 태도, 정부에 대한 생각이 달라졌어요. 그것은 단지 우리의 세금을 어떻게 쓰느냐의 문제가 아니죠. 그것은 시민으로서 우리가 어떻게 확장되는가의 문제입니다."[28]

이 이야기는 공적인 삶의 회복에 정부가 얼마나 결정적인 역할을 할 수 있는지 잘 보여준다. 정부는 시민들이 나서서 공공 정책을 도모할 때까지 기다리는 대신 시민들의 참여를 도모하는 공공 정책을 수립할 수 있다.[29] 사회학자 카르멘 시리아니Carmen Sirianni가 말했듯이, "정부는 많은 것에 투자한다. 시민 참여에는 왜 투자하지 않는가?"[30] 정말로 민주주의가 우리 국민의 것이라면 왜 투자하지 않는가?

공공의 삶을 상상하기

나는 민주적인 마음의 습관을 형성하고 배양할 때 낯선 이들의 대면적 경험이 얼마나 중요한지를 강조해왔다. 경험이 세상을 보는 눈을 바꿀 수 있지만 그 반대도 마찬가지다. 세상을 보는 눈이 경험의 의미를 바꿀 수 있는 것이다.

예를 들어 내가 길을 걸어가고 있는데 노숙인이 다가와 돈을 달라고 한다. 그가 요구한 것을 내가 주어야 하는지의 문제는 제쳐놓고, "타자성"과의 이러한 대면의 질은 내가 어떤 상상력을 결부시키는가에 좌우된다. 그 상상력은 내가 타자성에 어떻게 접근하여 관계를 맺는지 그리고 거기서 무엇을 얻는지를 결정짓는다.

두려운 상상력의 렌즈를 낀다면 나는 이 사람을 위협으로 바라본다. 그는 수염이 덥수룩하고 몸에서 지독한 냄새가 난다. 나는 그가 신체적으로 또는 정신적으로 질환이 있다고 가정한다. 돈을 요구하는 그는 정중한 사회에서는 하지 않는 행동을 하고 있다. 그리고 나의 풍족함과 그의 빈곤 사이의 엄청난 대비에 대한 양심을 찌른다. 그보다 훨씬 도전적인 것은 그는 나로 하여금 빈곤과 노숙을 똑바로 쳐다보도록 강요했다. 내가 애써 외면하고 싶은 현실 말이다. 이제 나는 벼랑 끝에 매달린 인간을 봤다는 사실을 억눌러야 한다. 그래서 이 낯선 사람이 나의 학습된 무관심의 지대를 침입하여 마음을 심란하게 한 것에 대해 짜증이나 분노를 느낀다.

이 경험을 해석하는 다른 렌즈가 있다. 사회학자 밀스Charles Wright Mills가 말한 "사회학적 상상력"[31]이 그것이다. 이제 노숙인은 미국 사회의 흠을 볼 수 있는 자료가 될 수 있다. 그는 세계에서 가장 부유한 국가에서 바닥으로 떨어지는 사람들을 붙잡을 안전망이 없다는 것, 성인 노숙인의 4분의 1 정도가 참전 용사라는 것을 상기시켜준다.[32] 나는 그를 뒤로한 채 걸어가면서 소셜 엔지니어가 되어 구제 프로그램에서 수입 재분배 전략 등의 가능성에 대해 생각한다.

또 다른 렌즈는 연민의compassionate 상상력이다. compassion을 글자 대로 해석하면 "누군가와 함께 느낀다는 것"이다. 함께라는 작은 단어 뒤에 커다란 이야기가 숨어 있다. 사전에 따르면 그 단어는 "누군가가……다른 사람과 함께 있는 것을 가리키는 데 사용된다." 그리고 company의 의미는 "빵을 함께 나누어 먹는 사람"에 뿌리를 두고 있다. 연민의 시선으로 노숙인을 바라볼 때, 나는 이렇게 말할 수 있다. "이 사람과 나는 같은 테이블에 앉아 같은 데서 나오는 음식을 먹는다. 우리의 삶과 운명은 서로 얽혀 있다. 따라서 나는 행동해야 한다." 당신이 정확하게 어떻게 행동해야 마땅한지를 내가 지시할 수 없다. 그것은 당신이 내려야 할 윤리적 결정이다. 나의 요점은 간단히 말해 이렇다. 낯선 사람들과 함께하는 경험이 시민 공동체 의식을 심화하고, 민주적인 마음의 습관을 배양하도록 하려 한다면 연민적인 상상력의 렌즈가 필수적이다.

웬델 베리Wendell Berry라는 작가의 연민적 상상력은 그 누구도 넘어설 수 없다. 그는 켄터키 주의 포트윌리엄이라는 마을에 관한 시리즈 소설의 작가인데, 그 작품의 등장인물은 3대에 걸쳐 있다. 포트윌리엄은 작은 농촌 공동체로서 주민들은 도시 사람들처럼 서로에게 낯선 존재가 아니다. 그러나 마치 우리 모두가 아무리 서로를 잘 알고 있다고 생각할지라도 서로에게 낯선 존재로 남아 있듯이 그들 역시 마찬가지다. 우리 각자 안에는 그림자와 빛이 끝없고 불분명하게 작용하는데 그것이 우리 스스로에게 수수께끼이기 때문에 서로에게도 수수께끼가 되도록 만든다.

그러나 이 허구적 세계에 등장하는 모든 인물은 베리가 "포트윌리엄 멤버십"이라고 부른 것을 소중하게 간직하며 공유하고 있다. 이 표현은 포트윌리엄 시민의 강점과 약점이 무엇이든 그 다양하고 잡다한 삶을

지탱하는 데 핵심적인 소속의 바탕을 가리킨다. 예를 들어 베리의 소설
『한나 콜터Hannah Coulter』에 나오는 여성을 보자.

　그 이야기는 한나의 인생을 담고 있다. 대공황, 제2차 세계대전, 전
　후 농업의 산업화, 도시로 나간 젊은이들의 실업, 그로 인해 동떨어져
　살아야 했던 손자 손녀들이 묘사된다. 이 이야기를 풀어가는 목소리
　의 주인공은 두 번 이혼했고, 많은 것을 상실했지만 결코 패배하지 않
　았던 어느 노인 여성이다. 그녀에게 힘을 불어넣어주는 바탕은 어쩌면
　"멤버십"이리라. 사람들이 서로를 돌본다는 심지어 함께 있지 않아도
　함께 있는 것처럼 서로를 부둥켜안는다는 사실 말이다.[33]

　이러한 멤버십의 느낌이야말로 공공적 삶이 주는 궁극적인 선물이다.
베리가 자신의 소설을 관통하는 몇몇 주제에 관해 쓴 에세이에서 지적
하듯이 우리가 서로에게 소속되어 있어서 "제 마음대로 자기중심적이"
될 수 없다는 감각은 "평등주의와 관용"이 아니라, "차이와 존중의 필요
를 이해하는 지식"에서 온다. "나는 존중이 언제나 상상력을 내포한다
고 생각한다. 불가피한 차이를 넘어서 서로를 살아 있는 영혼으로서 바
라보는 능력 말이다."[34] 우리가 "하나의 분리될 수 없는 국가"를 지향한
다면, 우리를 갈라놓는 모든 것에도 불구하고 자신을 서로의 구성원으
로 상상하는 능력이 필요하다. 베리가 말하듯이, "우리가 보고 경험하는
것이…… 상상 속에서 실제가 되지 않는다면 그것은 우리에게 실제가 될
수 없다. 그리고 우리는 영원히 그로부터 분리된다."[35] 바로 이 때문에 나
는 이제 교실과 집회로 주제를 바꾸려고 한다. 거기에서 많은 사람이 세
상을 받아들이고 해석하는 상상력의 렌즈를 만들기 때문이다.

6

교실과
종교 공동체

Classrooms and
Congregations

인문학은 불가피하게 정치적이다. 왜? 우리의 비전을 복잡하게 만들고,
소중하게 간직해온 생각들을 뿌리째 뽑아버리며, 독실한 믿음을 깎아내리기
때문이다. 즉 불확실성이 자라나게 하기 때문이다. 관용의 경계를 긋고
다시 긋도록 강요하면서까지 우리의 이해와 연민의 범위를 확장시키기 때문이다.

오 친구여, 그대 역시 민주주의란 것이 오로지 선거와 정치와 정당 명칭을 위해서만 존재한다고 생각하는가? 나는 말하겠네. 민주주의가 쓸모 있는 것은 그것이 태도에서, 사람들 간의 최상의 주고받음에서 그리고 종교, 문학, 대학, 학교에 대한 믿음에서, 모든 공적·사적인 삶에서의 민주주의에서 꽃과 열매로 피어나기 때문이지.

　　　　　　　　　　　　　　　　—월트 휘트먼, 「민주주의의 전망」[1]

　1974년에 안식년 구상을 하면서 다음 해에 가족과 머물 동네 몇 군데를 방문한 적이 있다. 3명의 어린 자녀가 있었기 때문에 지역 내 초등학교를 알아보는 것은 언제나 중요한 일이었다. 그 가운데 한 학교를 방문했는데 교실로 걸어 들어갈 때 굉장히 커다란 게양대에 성조기가 걸린 것이 눈에 들어왔다. 그런데 바로 그 국기 옆에 걸려 있는 또 다른 물체가 보였다. 커다란 나무 몽둥이paddle✦였는데, 자칫 떨어지면 아이의 몸을 크게 다치게 할 만큼 커다란 것이었다.

　나는 그 몽둥이를 왜 걸어놓았는지 교장에게 물어봤다. 물론 나는 답을 알고 있었지만, 학교에서 옛날 공립학교의 공포에 관한 박물관 전시물을 수집하고 있다고 대답해주길 바랐다. 그런데 교장은 태연하게 대답했다. "오, 우리는 말썽피우는 아이들을 그렇게 다루지요. 때로 그냥 그 몽둥이를 보는 것만으로도 효과가 있거든요. 예나 지금이나 우리는 그걸 사용할 필요가 있답니다."

물론 이 이야기는 마음의 습관을 형성하거나 기형으로 만드는 학교의 권력에 관한 것이다. "생명, 자유 그리고 행복의 추구"의 상징으로서, 민주주의를 유지하는 데 필요한 모든 것의 암시로서 성조기가 걸려 있었다. 그리고 전체주의 사회가 경찰과 군대를 다루는 것과 똑같은 방식으로 사회적 통제를 행사하는 데 사용되는 나무 몽둥이가 걸려 있었다. 그렇게 전시하는 것만으로도 효과가 있기를 바라면서도 언제든 필요하면 사용될 수 있는 도구였다.

우리 모두 젊은 날의 많은 시간을 보내는 초·중·고등학교 교실—그리고 우리 가운데 4분의 1이 학위를 따는 대학 강의실—은 우리가 시민으로 형성되거나 기형이 되는 결정적인 장소다. 지금 대부분의 학교는 내가 1974년 방문했던 학교만큼 엉터리로 그 임무를 행하지는 않는다. 그러나 오늘날 고부담 시험high stake testing✦은 많은 공립학교를 좋은 시민을 길러내는 역사적인 기능으로부터 빗나가게 했다. 그래서 고등교육이 민주

✦ 'paddle'은 배를 젓는 노를 가리키는 단어인데, 이 몽둥이는 실제로 노의 모양으로 되어 있고 구멍이 뚫려 있는 경우도 있다. 미국 공교육에서는 엄격한 규율과 체벌의 상징으로 여겨왔다. 구글에서 'discipline'이라는 단어와 함께 검색하면 그 모양과 함께 자세한 정보를 얻을 수 있다.—옮긴이

✦ 졸업장, 학위, 자격증 등 중요한 결과가 수험생에게 주어지는 시험을 말한다. 미국에서는 공교육에서 이 시험이 잘못 활용되고 있다는 비판이 제기되어왔다. 단 한 번의 시험으로 신상의 중요한 일이 좌우되다 보니 학생들이 스트레스를 많이 받게 되고, 시험의 결과에만 집착해 핵심 내용은 놓치고 오로지 점수 따기 위주로 공부를 하도록 만든다는 등의 논리가 그것이다.—옮긴이

적인 마음의 습관을 걸러내기보다는 직업 훈련에 더 집중하고 있다.

교실 다음으로 대부분 신앙 전통의 추종자들이 정기적으로 모이는 종교 공동체가 마음의 습관이 형성되거나 기형으로 변질되는 장소다. 미국인이 얼마나 자주 예배에 참석하는지 알기는 어렵다. 자신이 어떤 종교에 속해 있다고 내세우는 것이 실제로 어떤 종교를 갖고 있는 것보다 더 많기 때문이다. 그러나 가장 믿을 만한 평가에 따르면, 대체로 3명 중 1명이 한 달에 적어도 한두 번 정도 어떤 형태로든 예배에 참석하는 것으로 추정된다.[2] 따라서 교실과 일터를 제외하면 미국인이 집단적 지향과 공식적인 리더십을 경험하는 장소로서 종교 공동체가 가장 큰 비중을 차지할 것이다.

토크빌은 교실과 종교 공동체에서 일어나는 일들이 미국 민주주의의 미래에 결정적일 것이라고 내다봤다. 그는 이미 1830년대부터 미국인이 민주적 마음의 습관을 키우고 있었던 공교육에 특히 높은 희망을 걸었다. 전기작가 레오 담로슈가 썼듯이 토크빌은 "초등교육의 혜택이 점점 더 많은 인구 집단에 주어지고 있고, 프랑스에서는 상상도 하지 못할 정치적 의식화를 도모하고 있었다는"[3] 사실에 충격을 받았다.

종교 공동체의 역할에 대해 토크빌은 더욱 양가적 감정을 나타냈다. 그는 자신이 자라난 로마 가톨릭 신앙의 상당 부분을 일찍이 포기했지만, 전례典禮 형식에 대한 이해는 깊었다. 그는 가톨릭의 형식성이 기독교 예배의 규범이라고 확신하면서 당시 미국에 널리 퍼져 있던 복음주의 기독교의 즉흥적이고 감정적이며 예측 불가능한 표현을 삐딱하게 바라봤다.[4] 담로슈는 다음과 같이 말한다.

이 시기에 (…) 토크빌은 객관성을 잃었다. 복음주의 종교의 비합리성을 과장했을 뿐 아니라, 그의 분석에서 중심이 될 미국인의 불안을 해소하는 데 그 종교가 지닌 사회적 역할을 놓쳤다.[5]

다행히 토크빌은 복음주의나 가톨릭과 그 예배 양식이 아주 다른 종교 집단에 대해 긍정적인 경험을 갖고 있었다. 바로 필라델피아의 퀘이커교 집단이었다. 퀘이커교도는 공식적으로 '프렌드 교파The Religious Society of Friends라고 알려져 있었는데, "종교적인 관용뿐 아니라 공적인 일에서의 협력도 오랫동안 장려해왔고", 다양한 구제 활동과 결사체 생활에 적극적으로 관여하고 있었다.[6] 토크빌은 퀘이커교에 대해 높이 평가했기에—아마도 예배 모임의 육중한 침묵이 종교 형식에 대한 그의 기준에 부합했으리라—민주적인 마음의 습관 형성에서 자발적 결사체의 중요성이라는, 장차 자기 작업의 중심 주제에 대해 처음으로 통찰할 수 있었을 것이다.

토크빌은 종교 공동체가 미국의 민주주의에 기여할 수 있을지 의문을 품었던 많은 사람 가운데 한 명이다. 종교적 확신이 우리를 이따금 갈라놓는 것은 분명하다. 그러나 그러한 분열이 인간 역사에서 종교가 담당했던 역할의 전부는 결코 아니다.[7] 플리머스 식민지Plymouth Colony[1620년 영국 청교도단인 필그림 파더스Pilgrim Fathers가 뉴잉글랜드에 처음 세운 도시]에서 오늘에 이르기까지 종교 공동체가 자발적 결사체의 가장 두드러진 형태였다는 사실에 비춰볼 때, 집회는 미국인이 마음의 습관을 기르는 장소의 목록에서 높은 등급을 차지해야 한다.

교실과 종교 공동체는 민주주의의 이상을 실현하는 데 중요하게 기여할 잠재력을 지니고 있다. 그러나 그 실현에 한몫을 해야겠다고 느끼는 교사, 성직자 그리고 평신도 지도자들이 민주주의의 이상을 내세우기 전에 생각해봐야 할 몇 가지 장애물이 있다. 나는 이 장애물 중에서 몇 가지를 검토하면서 우리가 그렇게 많은 시간을 보내는 장소들에서 민주주의의 의제를 추진하려는 희망으로 이 장애물들을 어떻게 극복할 것인가를 탐구하고자 한다.

교실과 종교 공동체의 공통점

공교육 같은 국가 기능이 종교적 신앙에 대한 개인적 결정을 부추겨서도 꺾어서도 안 된다는 미국의 원칙에 자부심을 느낀다. 그래서 나는 이 장의 많은 부분에서 교실과 종교 공동체를 따로 다루려고 한다. 그러나 교육과 종교를 상이한 두 궤도에 올려놓기 전에 그것들 사이의 중요한 한 가지 방식에 대해 검토하고 싶다. 두 영역 모두 우리를 내적으로 형성하는 힘을 지니고 있어서 민주주의 사회에서 창조적인 역할을 하는 능력을 훼손할 수도 있고 신장시킬 수도 있다.

철학자 제이콥 니들먼Jacob Needleman의 말을 빌리자면 "미국이라는 국가의 가장 위대한 목적 가운데 하나는 모든 남녀가 내면의 탐구에 필요한 조건과 동료를 찾을 권리를 보호하고 지키는 것이다."[8] 물론 그는 국교를 금하는 수정헌법 제1조 그리고 목적과 의미의 탐구에서 주어진 선택의 자유를 언급한다. 그러나 오로지 종교 제도만이 "내면 탐구"에 영향을 끼친다고 생각하면 잘못이다. 교육제도 역시 무엇이 실재하고 가능하며 의미 있는지에 대한 기본 가정에서 적어도 종교만큼 또는 그 이상으로 영향을 미친다.

그 주제가 사람이든 세계이든 우리는 교실에서 훨씬 더 많은 사실을 얻게 된다. 의식적으로 그리고 무의식적으로 우리는 자신에 대한 이미지(예를 들어 승패가 갈리는 경쟁의 참가자로 또는 무조건적인 가치를 지닌 사람으로서), 세계에 대한 이미지(그 예로 "만인의 만인에 대한 싸움" 또는 상호 의존적인 공동체)를 체득하면서 내면의 삶을 빚어간다. 바로 그 때문에, 인간됨의 핵심에 있는 내면 탐구에 긍정적인 역할을 공교육이 떠맡을 수 있었는데도, 국교를 금하는 수정헌법 제1조의 지나친 확대 해석 때문에 제대로 수행하지 못한다는 것이 개탄스럽고 비극적이기까지 하다.

정교분리의 위반에 대한 두려움 때문에, "좋은 삶"이 무엇이고 그것이 우리에게 무엇을 요구하는지 등 비교리적인 내면의 쟁점을 학생들이 다룰 수 있도록 돕는 학교의 역할에 우리는 불필요한 제한을 가해왔다. 그런 내면의 쟁점을 어떻게 다루느냐에 따라 민주주의가 자라날 수도 있고, 파괴될 수도 있다. 교사가 내면에 관련된 여러 질문과 씨름하도록 학생들을 초대할 때 마치 살얼음판을 걷는 듯 느낀다면 민주주의는 위축된다. 일찍이 랍비 힐렐이 던진 다음의 질문을 생각해보자. "만일 내가 나 자신을 위해 존재하지 않는다면, 누가 나를 위해 존재할까? 만일 내가 오로지 나만을 위해 존재한다면 나는 무엇인가? 지금이 아니라면 언제인가?"9 민주주의가 요구하는 마음의 습관에 대해 이보다 더 밀접한 질문이 있을까? 그리고 이런 질문들이 어떤 기준에서 수정헌법 제1조를 위반하는가?

나는 지금 살얼음판을 걷고 있는 듯하다. 그래서 정교분리에 대한 내 확신을 투명하게 밝혀두고 싶다. 나는 퀘이커교도다. 우리의 조상들은 그 신앙 때문에 영국의 기성종교 재판관들에 의해 박해받고, 투옥되고 때로는 처형되었다. 그들이 종교의 자유를 찾아 미국에 도착했을 때, 독선적인 청교도들에 의해 비슷한 취급을 받았다. 보스턴 공원에 가면 매리 다이어Mary Barrett Dyer라는 한 중년 여성 퀘이커교도의 동상을 볼 수 있다. 그녀는 7명의 자녀를 둔 엄마였는데, 1660년 "내면의 빛"에 대한 반동적인 신앙으로부터 자기들의 "신성한" 질서를 지키는 데 혈안이 된 교회 신자와 시민 지도자들 앞에서 교수형에 처해졌다.

따라서 나는 국가가 특정 종교를 후원하는 좋았던 시절을 결코 그리워하지 않는다. "우리의 진리가 유일한 진리다"라는 종교적 오만에 대해서도 고개를 내젓는다. 의미에 관해 질문하도록 학생들을 이끄는 공교육의 권리—그리고 의무—를 주장할 때, 나는 정교분리를 위반하고 싶지도 않고, 자신의 종교적 신앙을 타인에게 강요하는 사람을 지지하고 싶지도 않다.

나는 그만큼의 열정으로 인간 영혼의 가장 심층적인 요구를 어기고 싶지 않다. 사실 우리의 교육 시스템은 일정하게 그 요구를 다루고 있다. 외부 세계만을 다루는 척하는 교육은 정직하지 않고 불완전하다. 좋은 교육은 학생들이 자신과 세계에 생명을 불어넣어줄 "저기 바깥의" 무엇을 향해 내적인 소망을 갖도록 세심하게 이끌어간다. 종교뿐만 아니라 교육에서도 우리는 미리 정해진 결과에 구애받지 않고, 내면 탐구를 수행하도록 여러 방법으로 도와야 한다. 그것을 잘 수행할 수 있도록 지침과 자원들을 제공해야 한다. 우리는 그런 과정에서 민주주의를 가능케 하는 어떤 마음의 습관을 형성해가고 있을 것이다.

교사들로 하여금 학생들의 내면 탐구를 자유롭게 돕도록 하는 데 큰 걸음을 떼려면 그것이 신을 탐구하는 비밀 언어라는 잘못된 관념을 떨쳐내야 한다. 학생들은 (그리고 교사와 부모들도) 내면의 삶에 대한 질문을 종종 제기한다. 신을 언급할 수도 있고 하지 않을 수도 있다. 바로 다음과 같은 질문들이다. "나는 세상이 원하고 필요로 하는 재능을 타고났

는가?" "내 인생은 의미와 목적을 지니고 있는가?" "나는 누구를 그리고
무엇을 신뢰할 수 있는가?" "나의 두려움을 어떻게 떨쳐낼 수 있을까?"
"나 자신과 가족과 친구들의 고통을 어떻게 다루어야 하는가?" "어떻게
희망을 지탱할 수 있을까?" "내가 죽을 것이라는 사실 앞에서 내 인생은
어떤 의미를 갖는가?"

시인 라이너 마리아 릴케는 프란츠 카푸스라는 학생과 오랫동안 편지
를 주고받은 적이 있다. 19세의 그 소년은 자신의 문학적 우상에게 끊임
없이 질문을 던졌고, 그에 대한 사려 깊은 대답을 받았다. 그 결과가 릴
케의 유명한 책 『젊은 시인에게 보내는 편지Letters to a Young Poet』로 묶였
다. 릴케는 카푸스의 절박한 질문을 자기 나름대로 답한 다음에 나이에
관계없이 뭔가를 추구하는 사람과 교사들에게 지혜로운 조언을 남겼다.

> 마음속에 풀리지 않는 의문에 대해 인내하라. (…) 질문 그 자체를 사
> 랑하라. (…) 답을 구하지 말라. 그것을 살지 못하기 때문에 답이 주어
> 지지 않는 것이다. 핵심은 모든 것을 살아가는 것이다. 지금 질문들을
> 살아라. 그러면 서서히 자신도 알지 못하는 사이에 먼 훗날 그 답을 살
> 고 있을 것이다.[10]

학생들이 내면 탐구를 할 수 있는 조건을 창출한다고 해서 그 질문에
대한 답을 제시하는 것은 아니다. 내적인 삶에 대한 질문은 통상적 의
미에서의 답을 갖고 있지 않기 때문이다. 그 조건을 창출한다는 것은 살
만한 가치가 있기 때문에 물을 만한 가치가 있는 질문, 자신의 삶 한가
운데 충실하게 붙들 수 있는 질문을 던지는 방법을 배우도록 돕는 것을
의미한다.

공교육과 내면 탐구

그렇다고 해서 기존 커리큘럼에 내면 탐구라는 과목을 추가해야 한다는 것은 결코 아니다. 종교에 대해서도 마찬가지다. 내면의 삶에 관련된 질문은 우리가 가르치는 모든 과목에 연관되어 있다. 단 우리가 그것을 단지 사실과 개념들의 집적이 아니라 의미의 장으로도 가르친다면 말이다. 가장 두드러진 예는 의미에 대한 질문이 표면에 드러난 문학과 예술이다. 로버트 워런Robert Penn Warren의 『모두가 왕의 부하들All the King's Men』이나 『안네 프랑크의 일기The Diary of Anne Frank』 같은 고전을 공부하면서 교사들은 민주적인 마음의 습관에 관련된 중요한 쟁점을 탐구할 수 있다. 그러나 제대로만 이해된다면 모든 과목에서 의미와 목적에 대한 종교적·세속적인 탐구의 핵심에 놓인 질문들을 다룰 수 있다. 어떻게 하면 나는 내 자아보다 더 커다란 무엇과 연결될 수 있을까?

훌륭한 역사학자는 왜 "죽은" 과거에 관심을 갖는가? 그것은 우리가 종종 이해하지 못하는 방식으로 연결되어 있기 때문에 그것이 여전히 살아 있다는 것을 보여주기 위해서다. 훌륭한 생물학자는 왜 "말 없는" 자연에 관심을 갖는가? 우리의 행동이 자연에 끼치는 영향에 대해 "말하면서" 자연 세계와의 연결을 칭송하도록 일깨운다는 것을 보여주기 위해서다. 훌륭한 문학가는 왜 "허구적" 세계에 관심을 갖는가? 실재와의 가장 깊은 연결은 사실들의 정복만이 아니라 사실을 상상력으로 끌어들이는 데서도 온다는 것을 보여주기 위해서다.

자기의 자아보다 커다란 실재에 대해 성찰하도록 그리고 죽음이 아닌 생명을 가져다주는 실재들과의 연결을 통해 의미와 목적을 찾는 법을 배우도록 학생들을 이끄는 것보다 중요한 교육 과제는 없다. 인류는 연결의 열망에 부응하는 수많은 응답을 내놓았는데, 그 결과는 천국에서 지옥까지 두루 걸쳐 있다. 마틴 루서 킹에게 삶의 의미를 주었던 인간 평등의 꿈은 억압당하는 자와 억압하는 자를 모두 해방시키는 쪽으로 우리를 이끌었다. "피, 땅, 인종"이란 차원에서 아리안족의 우월성에 대한 악몽 같은 신화는 바이마르 공화국의 폐허 속에 있던 수많은 독일인의 공허함을 채워주었지만, 수백만의 무고한 목숨을 지옥의 심연에 빠뜨렸다.

어떻게 하면 전통적인 과목을 가르치면서 학생들이 결정적인 선택을 성찰하도록 이끌 수 있을까? 교사들이 할 수 있는 가장 중요한 일 하나는 그 과목에 담겨 있는 "큰 이야기"를 학생의 삶에 있는 "작은 이야기"와 분명하게 연결시키는 것이다.[11] 그렇게 하면서 두 가지 핵심적인 교육 목표를 향해 나아가게 된다. 우리는 학생들이 그 과목들에 도전하는 것을 배우도록 북돋아준다. 그들은 자신의 삶과 연결해서 쟁점들을 추구하는 데 더 많은 에너지를 쏟을 것이기 때문이다. 우리는 그들이 관심 갖는 질문을 둘러싼 정보, 개념, 비판적 도구들을 제공함으로써 의미와 목적에 대한 그들의 탐구를 지지한다.

나 자신의 교육 경험 중 한 가지 이야기를 예로 들어 핵심을 보여주고자 한다. 나는 미국에서 가장 좋은 어떤 학교에서 홀로코스트의 역사에 대해 배웠다. 그러나 나는 작은 이야기에는 전혀 주의를 기울이지 않은 채 큰 이야기만 배웠기 때문에—그리고 홀로코스트의 공포를 내 삶의 즐거운 현실과 연결하는 방법에 대해 아무런 안내를 받지 못했기 때문에—나는 이 모든 사악함이 다른 어떤 행성에서 다른 종에게 일어난 것으로만 여기게 되었다. 나를 가르친 교사들은 자기가 배운 대로 가르쳤다. 학생들의 주관적인 자아에는 관심을 두지 않은 채 객관적인 사실만 전달한 것이다. 그 결과 나는 나치즘의 살육이 갖는 리얼리티로부터 멀어졌고, 역사와 나 자신에 대해서 충분히 이해하지 못한 채 살아갔다.

　홀로코스트라는 큰 이야기와 내 삶의 작은 이야기 간의 중요한 연관성 두 가지를 깨닫게 된 것은 학교를 졸업한 다음이었다. 첫째, 내가 자라난 커뮤니티는 유대인에 대해 체계적인 차별을 행했다. 1950년대에 시카고의 노스쇼어에 살았던 유대인이 있었다면, 윌메트나 케닐워스나 위네트카에서 살지 않았을 것이다. 그는 글렌코라고 불리는 그럴싸한 게토에 살았을 텐데 그곳은 히틀러의 지배 아래 독일의 끔찍한 악을 불러일으킨 것과 똑같은 반유대주의에 의해 생겨났다. 그 악은 다른 행성에 사는 다른 종에게 일어난 것이 아니다. 내가 잘 아는 장소에서 내가 관심을 갖는 사람들 사이에서 일어났다. 그것을 알았다면 내가—가장 친한 친구가 우연히도 유대인이었던 어린 사람으로서—왜 나의 커뮤니티에 대해 어렴풋하게 불편함을 느꼈는지를 이해할 수 있었으리라. 내가 배우지 못했던 두 번째 것은 보다 핵심에 가깝고 윤리적으로 더욱 긴박한 것이다. 내 안에는 어둠의 힘이 있어서 내가 소중히 여기는 현실이나 도덕성에 대한 어떤 개념을 누군가가 위협할 때 그를 "죽여서 없애고" 싶어진다. 무기가 아니라 정신적인 퇴짜 놓기를 통해서 행하는 것이다. 즉 그 의견을 전혀 귀담아들을 필요가 없는 사람들의 범주에 그 사람을 집어넣는 방법이다. 이제 그 사람의 타자성이나 그것이 내 안에 불러일으키는 긴장에 더 이상 부대낄 필요가 없다. 이는 내가 보기에 영혼의 살인이라고 할 수 있다. 그 사람이 내 삶에 전혀 의미가 없도록 만들었기 때문이다.

　나의 역사 선생님들은 큰 이야기를 작은 이야기와 교차시키지 못한 결과, 내 삶에 결코 일어날 수 없는 홀로코스트의 공포에 대한 사실만 남겨주었다. 그들은 또한 그 뒤로 몇 년 동안 그러한 공포로부터 도전받지 않는 삶을 내게 남겨주었다.[12] 나를 과목 바깥에 둠으로써 그리고 과목을 내 바깥에 둠으로써, 그 교사들은 심각한 결함이 있는 교육을 행한 것이다. 나는 홀로코스트가 실제로 어떠했는지에 대해서도, 나 자신이 실제로 누구인지에 대해서도 배우지 않았다.

물론 심층적이고 통찰력 있는 자기 이해는 나이가 들어서도 찾아오지 않는 경우가 많다. 그렇다고 해도 자기 이해를 위한 정지 작업은 일찍 이뤄질 수 있고 이뤄져야 한다. 거기에는 그다지 많은 품이 들지 않는다. 예를 들어 누군가가 노스쇼어의 인구 자료를 보여주면서 왜 그 분포가 종교나 에스니시티에 따라서 치우치는지 이론적으로 고민하도록 이끌어줄 수 있었다. 또 누군가가 홀로코스트를 겪었던 사람들을 인터뷰하면서, 그 공포가 정신적으로 또는 외면적으로 우리 이야기의 일부임을 깨닫도록 할 수도 있었다. 나의 교사들은 홀로코스트와 시카고의 교외 그리고 나 자신을 연결하는 데 필요한 비판적인 도구들을 제시해줄 수도 있었다.

교사들이 큰 이야기와 작은 이야기를 교차시킬 때, 교사와 학생 모두에게 개인적인 쟁점들이 떠오를 것이다. 그러나 나는 우리가 면허도, 자격도 없는 치료사가 되어야 한다고 주장하는 것이 아니다. 그 대신 우리가 더 훌륭한 교사가 되어야 한다고 주장한다. 가르침과 배움은 영혼이 없는 지식인에 의해서는 잘 이뤄질 수 없다. 그것은 마음에 연결된 복합적인 능력에서 지성이 분리될 수 없는 온전한 지식인에 의해서 이뤄질 수 있다. 신경학자 켄더스 퍼트Candace Beebe Pert가 지적하듯이, 뇌는 두개골 밑에 위치해 있는 반면에, 생각은 온몸을 통해 분포되어 있다.[13] 온전한 인간으로서 온전한 인간을 가르친다는 것이 전문성을 잃는 것은 아니다. 오히려 전문성을 더 깊은 수준으로 끌고 내려가는 것이다.[14]

예를 들어 그 과정에서 우리는 홀로코스트를 유발할 수도 있는 개인적·사회적 병리를 방지하도록 마음의 습관을 가르침으로써 민주주의의 이상에 기여할 수 있을 것이다. 잔인함과 창의성의 역사, 환경 파괴와 복원, 절망과 희망의 문학 등 모든 분야의 사실이 긴장을 유발하는 질문들을 제기한다는 것을 학생들은 배운다. 그 긴장을 끌어안음으로써 그들은 더 훌륭한 시민과 사람이 될 수 있다.[15]

학교에서 민주주의를 실천하기

교실에서 민주적인 마음의 습관을 가르치고 싶다면 학생들이 자신의 내적인 잠재력을 탐구하도록 도와야 한다. 동시에 학교 공동체에서, 더 커다란 시민 공동체에서 그들의 외적인 잠재력을 탐구하도록 돕고, 행동 속에서 민주주의를 대면할 수 있도록 이끌어야 한다.

홀로코스트를 지원하고 부추겼던 독일의 고등교육 시스템은 "순수한" 학문의 규범을 떠받들고, 세상의 삶에서 스스로를 봉쇄하여 은둔하는 마음의 삶을 견지했다. 그 결과 독일은 악을 조금이라도 줄일 수 있었을 정보의 원천과 사회적 비판을 받지 못했다. 그보다 더 나쁜 것은 자신의 뒷마당에서 일어난 고통을 무시하도록 훈련된 식자층을 창출했다는 점이다. 그들은 선택적 무지의 사치를 누릴 자격이 있다고 생각했다.

미국의 공교육은 순수한 학문보다는 실용적인 기술에 초점을 맞춘다는 점에서 이론적으로는 독일의 접근과 차이가 있다. 그러나 미국 교육은 학생들을 교과 지식의 수동적인 수용자로 만들면서 독일의 모델을 연상케 하는 결과를 낳았다. 그렇게 배운 학생들은 홀로코스트에 대해 내가 그러했듯이 자신이 배운 세상과 자신이 살고 있는 세상을 연결시키는 데 어려움을 겪는다. 그들은 호기심과 책임감 그리고 시민 정신이 요구하는 주체성을 키우지 못한다.

　많은 필수 윤리 과목이 민주적인 마음의 습관을 가르치는 데 실패한다는 것은 특히 아이러니한 일이다. 우리 주가 내세운 공교육의 기준은 시민교육의 필요성에 대해 언제나 강한 수사를 담고 있다. 많은 경우 그 목표를 달성하는 방법은 미국사의 중요한 날짜, 인명, 문서, 사건들보다 조금 더 많은 것을 학생들이 배우도록 요구하고, 이와 함께 제도적 민주주의의 기본 구조와 과정을 가르치는 것이다.

　그러나 그렇게 접근해서는 거창하게 내세운 수사학적 목표를 도저히 달성할 수 없다. 그 점에 대해 교육자 프라이탁Kimberly E. Koehler Freitag은 일리노이 주에 초점을 맞춘 논문에서 다음과 같이 쓰고 있다.

『일리노이 주 사회과학 학습 기준』(1997)의 도입부는 이런 문단으로 시작한다. "사회과학 공부는 독립적인 세계 속에 있는 문화적으로 다양하고 민주적인 사회에서 사람들이 시민으로서 공공선을 위해 정보에 입각한 합리적인 결정을 내릴 수 있도록 능력을 키워준다." (…) 그러나 그 문서를 자세히 검토해보면 실제 목표와 학습 기준과 벤치마킹이 학생들의 의사결정 기술의 향상으로 이어지지 않으리라는 점이 드러난다. 그것들은 학생들이 "공공선"이나 "독립적인 세계"를 정의하는 것을 배우도록 이끌지 않을 것이다. "민주적인 사회"라는 개념은 관련 서류들과 정부 구조의 기능으로 다뤄지면서, 존 듀이가 (…) "1차적으로 결사체적인 생활양식, 공동의 소통 경험의 양식"이라고 (…) 묘사한 것은 크게 간과되고 있는 편이다. 문화적 다양성은 문화의 인공물이라는 관점에서 다뤄진다. 목적에 대한 고상한 진술과 실행을 위한 지침서 사이의 불일치를 보건대, 일리노이 주는 문서의 도입부에서 천명한 민주

적 이상에 진실로 힘을 싣고 있지 않다고 결론지을 수 있다.[16]

물론 학생들은 미국 민주주의의 역사와 구조에 대한 기본 자료를 배워
야 한다. 그러나 학생들이 민주주의적으로 대접받고 민주주의에 기여
할 수 있으려면, 우리는 민주주의의 핵심 개념과 가치에 그들이 생생하
게 관여할 수 있도록 그들을 초대해야 한다. 그렇게 하는 방법은 최소
한 두 가지가 있다. 교실과 학교 안에서 민주적인 과정에 학생들을 참
여시키는 것과 더 커다란 커뮤니티의 정치적 역동 속에 관여하도록 하
는 것이다.

미국 민주 교육 연구소의 실행 이사인 스콧 나인은 학교 안에서 민주
주의를 실행할 필요성을 몇 가지 실행 지침과 함께 설득력 있게 제시한
바 있다.[17]

젊은이들이 성찰적인 판단을 하고, 자신과 커뮤니티에 책임감을 갖고,
국가와 그 정체의 형성에 일익을 담당하는 어른으로 자라나길 기대한
다면, 그렇게 하는 방법을 그들이 훈육되는 환경에서 가르쳐야 한다.
이를 위해서 실제의 책임감을 느끼고, 실제의 대화 속에서 그리고 실
제의 권위를 갖고 연습해볼 수 있어야 한다.

학교에서 대부분의 학생들은 어른들이 구성한 사소한 문제 이외의 사
안들에 대해서는 아무런 판단 능력이 없는 듯 대우받고, "성취"의 책
임 이외에는 아무것도 요구받지 않는다. 그렇게 해놓고 우리는 그들이
18세가 되는 순간 참여 민주주의에서 충실한 역할을 하는 구성원으로

변신하기를 기대한다. 그것은 하나의 내재적 갈등, 우리가 지적할 수
있는 한 가지 문제다. 다른 한편 경제, 기후, 기술 그리고 사회 변화가
가속화되면서 학생들의 성공 개념이 움직이는 목표들에 맞춰 미묘하게
바뀌는데, 이는 교육에 관한 지배적인 공공 패러다임의 중대한 리모델
링을 요구한다.

젊은이들은 자신의 배움에서 목소리를 부여받고, 사회적·인격적·지
적 성장을 포함하는 광범위한 발달에 지지를 받아야 한다. 그리고 지
역사회와 주변 환경에 자신을 연결할 수 있어야 한다. 그것을 도모하기
위해서는 교실 안에서 그리고 그것을 넘어선 차원에서 새로운 실행 방
법을 찾아야 한다. 학생 상담원, 멘터링, 견습, 회복적 정의Restorative
Justice,✦ 자기주도 학습, 그리고 공유된 거버넌스['협치協治'라고도 번
역되는데, 본래 행정 소관의 일을 시민들이 함께 책임지고 풀어가는 것
을 의미한다]의 실행은 학생들의 소속감, 자율성 그리고 문제설정 능력
등에서 눈에 띄는 변화를 가져다준다.

오픈 소스 기술을 활용하고, 수업과 텍스트를 함께 만들도록 학생들
을 초대하며, 학생들을 수험생이 아니라 디자이너로 바라보는 혁신적
인 교수법은 역량에 대한 학생들의 욕구에 부응하는 데 결정적이다.
존경받는 교사 앤서니 암스트롱은 말한다. "인터넷에서 쉽게 답을 찾
을 수 있는 질문을 학생들에게 던져서는 안 된다."

✦ 회복적 정의란 주로 보복성을 위주로 했던 기존의 전통적인 '사법 정의Criminal Justice'라는 용어를 대체
하여 범죄의 피해자나 범죄자가 함께 입은 상처를 회복시킨다는 차원에서 사용되는 개념이다. ─옮긴이

학교는 커뮤니티의 중심이 되어야 한다. 보다 평등하고 정직하며, 보다
유의미하며, 사람들을 환대하고, 실제 생각이 일어나는 장소가 되어
야 한다. 최고의 교육자들은 그러한 환경을 어떻게 창조할 수 있는지
를 알고 있고, 우리는 그들을 지지하고 격려해야 한다. 최고의 교육자
들은 교실의 교사들이지만, 단순히 교사들만이 아니다. 배관공, 전기
기술자, 행정 보조자, 공사장의 십장 등도 최고의 교사들이다. 민주주
의를 회복시키는 능력은 사회 변화의 핵심 장소인 학교에 뿌리를 두고
있고, 학교의 모습과 교실벽 안팎에서 이뤄지는 배움에 대한 새로운
상상력을 근본으로 한다.[18]

이러한 주제를 다룬다고 해서 민주적 교육에서 교사들이 학습 의제의
얼개를 잡고 이끌어가는 책임을 포기하고, 그 모든 결정을 대중의 투표
에 의지해야 한다는 것은 결코 아니다. 교사에게 요구되는 도전은 시민
교육적 가르침의 실천 모델을 창조하는 것이다. 그리고 학교를 그런 교육
을 지지하는 장소로 바꾸는 투쟁에 앞장서는 것이다.[19]

학교 바깥의 지역사회에 학생들이 참여하는 데서 오는 이익은 지난 몇
십 년 동안 활성화되어온 서비스 학습 덕분에 이제 잘 알려져 있다.[20] 그
가운데 핵심을 잘 담은 한 가지 사례가 버지니아 주 햄프턴의 '청소년 시
민 참여' 프로그램이다.[21] 1990년 공립학교와 연계하여 수립된 이 프로
그램의 목적은 다음과 같았다.

청소년에게 지역사회에 대한 자부심과 리더십 기술을 불어넣고 거버넌
스에 참여시킨다. 그 프로그램은 체계적이었다. 우선 지역 서비스 프
로젝트를 통해 시민의식을 일깨웠고, 점점 복잡해지는 쟁점들을 다루

는 시위원회에 참여함으로써 협력과 리더십 기술을 키웠다. 젊은이들은 더 나은 치안, 학교 개혁, 직업 훈련에 관한 아이디어를 짜는 데 기여했고, 정책 실행에 힘을 모았다.[22]

20년 된 햄프턴 프로그램은 지금도 튼튼하게 진행되고 있으며 여러 수준에서 장기적인 결실을 내고 있다. 그 도시의 대학생들은 "시민적 자질의 세 가지 척도에서 또래 집단을 능가했다. 시민 담론에 참여하는 능력, 지역사회에 대한 열정, 리더십 기술이 그것이다." "도시를 떠나는 가족들이 적어졌고, 범죄가 줄어들었으며, 지자체 선거의 투표율이 다른 비슷한 도시에 비해 20퍼센트 정도 높다." 2007년, 『머니』라는 잡지는 그 도시를 "미국에서 가장 살기 좋은 곳" 가운데 하나로 꼽았다.[23] 서비스 학습과 그에 관련된 행동─성찰 프로그램은 학생들이 시민으로 성장하는 것뿐만 아니라 지역사회의 성장에도 기여한 셈이다.

이에 못지않게 중요하지만 종종 간과되는 사실이 있다. 지역사회 참여 프로그램이 학생들의 학업 성취도 향상시킨다는 것이다. 어느 주립 대학의 정치학 관련 대형 강의실에서 무작위로 추출된 75퍼센트의 수강생에게 표준적인 강의계획서가 부여되었다. 그리고 나머지 25퍼센트 수강생에게는 서비스 학습이 추가적으로 부과되어 일주일에 몇 시간을 지역사회에서 보내도록 했다.

후자의 그룹이 학점이 낮았으리라 생각할 것이다. 그들은 현장 과제를 위해 더 많은 시간과 에너지를 써야 했고, 그 사실에 화가 났을지도 모른다. 그런데 사실은 지역사회 과제를 수행했던 학생들의 학점이 더 높았다. 학교 바깥에서의 참여는 책으로 하는 공부에 현실감을 부여하고, 수업 자료를 보다 깊이 이해할 수 있도록 해주는 것이다.[24]

감춰진 커리큘럼

감춰진 커리큘럼이라는 개념은 단순하고 자명하다. 그리고 흔히 무시된다. 학생들은 배우는 무엇에서만이 아니라 그것을 어떻게 배우는가에 대해서도 학습한다. 학생들은 충실한 정보로 가득 찬 민주적 가치에 관한 과목을 수강할 수 있다. 그러나 만일 교사가 그 정보를 받아쓰게 하고 학생들이 그것을 달달 외워 시험에 적도록 한다면, 그들은 민주적인 가치를 배우고 있는 것이 아니다. 그 대신 그들은 독재의 추종자로 살아남는 것을 배우고 있다. 머리를 숙이고, 입을 다물고, 그것을 이해하거나 믿는 것에 상관없이 정당의 강령을 읊조리는 것 말이다.

교실 안에 있는 관계의 역동이 주는 영향은 학생들이 시험공부를 위해 암기한 정보보다 오랫동안 지속된다. 너무 많은 학생이 교실에서 교사의 퍼포먼스에 대한 단순한 관객으로 많은 시간을 보낸다. 그들은 탐구와 발견과 상호 창조의 과정에 능동적으로 참가하기보다는 전문 지식을 수동적으로 받아들인다. 분명히 말하건대 이렇게 해서는 제대로 된 시민을 키워낼 수 없다. 민주주의는 시민이 뒤로 물러앉아 프로가 뛰는 모습을 지켜보는 관람 스포츠가 아니기 때문이다.

이러한 교육학을 개혁하려면 그 뿌리가 되는 시스템을 이해해야 한다. 교육은 전문 지식에 대한 숭배에서 발생한다. 전문 지식 그 자체는 문제가 되지 않는다. 어떤 사람은 어느 것에 대해 다른 사람들보다 더 잘 알고 있고, 그 지식은 존중받아야 한다. 문제는 숭배라는 작은 단어에 있다. 전문가에게 구루의 목소리를 부여하면 그 목소리만 중요해진다. 그 목소리는 다른 사람들이 말할 수 있는 권리와 자신감 심지어 발언의 충동마저 빼앗아버린다. 그 결과 파고드는 질문은 질식되고, 반대의 목소리는 들리지 않으면서 전문가는 도전받지 않게 된다. 전문가 자격의 이득을 누리지 못하지만 깊은 경험적 지식을 지닌 사람들의 목소리는 들리지 않는다. 애매함이 존재하지 않기 때문에 우리는 긴장을 창조적으로 끌어안는 방법을 결코 배우지 못한다. 전문 지식의 숭배 속에서 확실성에 대한 주장만이 있을 뿐이다.

전문가 숭배는 교육의 임무를 왜곡하고 민주주의를 쇠퇴시킨다. 그러나 이 숭배의 뿌리는 깊다. 과학 그 자체만큼이나 깊은데 이는 아이러니로 가득 찬 사실이다. 여기서 한 가지를 분명히 해두어야겠다. 나는 과학의 방법과 목적이 일상생활에 가져다준 많은 선물에 대해 깊은 경외심을 갖고 있다. 나는 일부 강력한 사제나 권력자의 주관적인 진리가 마녀의 화형 같은 추태를 불러일으켰던 옛날로 결코 돌아가고 싶지 않다.

아이러니한 점은 과학의 발생이 새로운 사제 계급과 권력자들을 출현시켰다는 것이다. 자신의 권위를 주장하는 과학자는 아주 드물다. 그러나 보통 사람들이 그들에게 권위를 투사한다. 그 결과 우리로 하여금 주관적인 진리의 미개한 문화를 초월하도록 하면서 민주주의에 기여했던 바로 그 과학이 독재의 발생을 지지하는 대중적인 심성을 창출하기도 했다. "나는 이 문제에 관해 문외한이다. 그 방면에 전문가가 있다고 들었다. 그러니 그 권위에 의사결정을 맡긴다."

바로 이 때문에 우리는 가끔 사제와 권력자와 수동적인 대중의 시대로 돌아간 듯 느낀다. 특히 정치와 경제에 관한 대중 담론에서 그러한데, 자칭 "전문가들"이 자주 큰 목소리로 되풀이하는 거짓된 확실성을 많은 사람이 액면 그대로 받아들인다. 그런 관점에서 볼 때, 〈폭스 뉴스Fox News〉(그것을 즐겨 보는 시청자들은 기본적인 사실에 대해 가장 잘못된 정보를 갖고 있음이 밝혀졌다)에 전혀 토를 달지 않는 수동성은 학문적 엘

리트들이 주장하는 진리에 전혀 토를 달지 않는 수동성과 조금도 다르지 않다.25

　이렇듯 과학의 축복이 이면에 어둠을 지니고 있음을 감안할 때 학교가 과학교육으로 치닫도록 압박을 받으면서 비관습적인 각도에서 세상을 바라보고, 질문을 파고들도록 요구하는 인문학을 희생시킨다면 민주주의는 위험에 빠진다. 그 압박은 수학과 과학만이 중시되는 기술 사회에 학생들을 대비시키는 것이 교육의 주요한 목적이라는 생각에서 비롯된다. 그중 일부는 교육적인 설명 책임에 대한 요구에서 비롯되는데, 교육의 결과가 측정 가능해야 함을 의미한다. 취직이 잘되는 졸업생들을 배출하는 것은 가치 있는 목표다. 하지만 그렇다고 해서 과학과 수학교육만 해야 한다는 것은 아니다. 교육자들이 결과에 대해 책임을 지는 것 역시 또 하나의 가치 있는 목표다. 하지만 그렇다고 해서 학생들이 암기할 수 있는 사실의 숫자를 따져야 하는 것은 아니다.

　그러한 방향으로 밀어붙이다 보면 인문학에 대한 교육적 편견이 생긴다. 대부분의 학생들에게 철학, 문학, 음악, 예술 과목은 취업으로 직접 연결되지 않는다. 그리고 이 과목들의 가장 중요한 결과는 측정하기가 어렵다. 인간 감각의 미묘한 차원에서 작동하기 때문이다. 그러나 인문학은 민주주의의 미래에 핵심적인 마음의 습관을 형성하는 데 도움을 준다. 여기에는 겸손함, 뻔뻔함 그리고 창조적으로 긴장을 끌어안는 능력이 포함되는데, 이 모든 것이 전문 지식의 숭배에 맞서도록 해주기 때문이다.

　작가 마크 슬루카는 그 핵심을 다음과 같이 간결하게 서술한 바 있다.

　인문학을 변호하는 것은 어렵지 않다. (…) 제대로 실행된 인문학은 온

전한 인간에 대한 관념이 시험되는 도가니다. 인문학은 무엇을 해야 할
것인가가 아니라 어떤 존재가 될 것인가를 점진적으로 끊임없이 가르친
다. 그 방법은 직면하게 하는 것이고, 이 영역에는 한계가 없다. 그리고
그 "결과물"은 진리가 아니라 진리를 이성적으로 탐구하는 것이다.

따라서 인문학은 불가피하게 정치적이다. 왜? 우리의 비전을 복잡하게
만들고, 소중하게 간직해온 생각들을 뿌리째 뽑아버리며, 독실한 믿
음을 깎아내리기 때문이다. 즉 불확실성이 자라나게 하기 때문이다.
관용의 경계를 긋고 다시 긋도록 강요하면서까지 우리의 이해와 연민
의 범위를 확장시키기 때문이다. 이러한 자기 구축을 통해 복합성 앞
에서 겸손할 수 있는 개인이 출현할지 모르기 때문이다. 질문을 통해
형성되고 곧바로 굴복하지 않는 개인, 강제에 저항하고 모든 형태의 조
작과 선동에 맞서는 개인이 출현할 수 있기 때문이다. 간단히 말해 인
문학은 우리가 민주적 가치라고 부르는 것을 전달하는 최고의 메커니
즘이다. 내가 아는 한 그보다 훌륭한 것은 없다.[26]

어느 과목에서나 그러하지만 인문학을 어떻게 가르칠 것인가는 무엇
을 가르칠 것인가 만큼이나 중요하다. 그리고 인문학은 전문 지식의 숭
배에서 과학보다 자유롭다고 결코 말할 수 없다. 너무 많은 학생이 소크
라테스의 대화법을 강의를 통해 배우면서 거기에 직접 참여하지는 못한
다. 너무 많은 학생이 위대한 시나 소설을 비판적인 의견의 렌즈로 공부
하면서 그 텍스트에 자신을 투입시키지는 않는다. 그리고 너무 많은 학
생이 예술에 대해 배우면서 유명한 작품들을 공부할 뿐 예술을 창작하
지는 않는다. 전문 지식의 숭배가 시험에 대한 열광과 수렴할 때 우리의

교육이 **무엇**을 가르치는가를 넘어서 **어떻게**를 가르치는 노동집약적 과
정으로 나아가야 한다는 주장은 지지받기 어렵다.

그러나 그 모든 난관에도 불구하고, 그것은 민주주의를 사랑하는 우
리가 해야 할 일이다. 토머스 제퍼슨은 이렇게 말했다. "나는 사회의 궁
극적인 권력의 안전한 저장소로서 사람 이외엔 알지 못한다. 그리고 만
일 우리가 그들이 충분히 계몽되지 않았다고 생각하면, 처방은 그들에
게서 권력을 빼앗는 것이 아니라 교육으로 지성을 일깨워야 한다."27 성
찰은 물론 행동에도 열심이었고, 훌륭한 글만이 아니라 경험을 통해서
도 배운 제퍼슨은 확실히 동의할 것이다. 민주주의의 믿음직한 담지자
들이 되도록 사람들을 어떻게 가르칠 것인가가 무엇을 가르칠 것인가 만
큼 중요하다는 것을.

종교 공동체와 마음의 습관

민주적 마음의 습관이 형성되는 장소로서의 종교 공동체로 논의를 옮
기면서 종교에 대한 나의 관점에 대해 몇 마디 해두어야겠다. 나는 주류
개신교 전통 속에서 자라난 기독교인이다. 그 종교는 미국의 문화와 정
치를 200년 동안 형성해오다가 20세기 중반부터 복음주의 기독교의 힘
이 성장하기 시작하면서 영향력이 약해지기 시작했다. 나는 성인이 되어
퀘이커교도가 되었다. 내면의 교사에 대한 존중, 인간의 다양성에 대한
인정, 긴장을 끌어안는 방식(앞서 제1장의 존 울만 이야기에 잘 나타났다)
그리고 사회적 행동에 기반한 영성에 끌렸기 때문이다.

여러 해 동안 나는 미국 종교에 참여하면서 연구해왔다. 나는 여러 이

유로 종교가 사회복지에 기여해온 것을 높이 평가하는 한편, 어떤 형태의 종교적인 정열을 두려워하기도 한다. 내 종교적 신앙의 핵심에는 다음과 같은 단순한 믿음이 있다. 우리 모두에게 생명을 부여한 신은 우리가 다른 사람들에게도 그렇게 하기를 바란다. 종교적인 동기에서 어떤 것을 주장하는 개인이나 집단이 어떤 형태로든—영적, 심리적, 언어적 또는 물리적—폭력을 사용한다면 그들은 신앙이 아니라 두려움에 사로잡혀 있고, 신에 대한 믿음이 아니라 통제에 집착하고 있다고 나는 생각한다.

작가 앤 라모트는 말한다. "당신이 미워하는 사람들을 신이 똑같이 미워한다면, 당신은 자기 나름의 이미지로 신을 창조했다고 가정해도 문제가 없다."[28] 우상숭배를 금지하는 계명에도 불구하고 신을 창조하는 어떤 신자들을 라모트가 정확하게 묘사하고 있음을 슬프게 인정하면서도 웃음이 나온다.

모든 주요 종교 전통의 경전이 결국 말하는 것은 이러하다. "신은 모든 사람을 사랑하고, 당신도 그렇게 해야 한다." 영국의 종교학자 카렌 암스트롱은 「연민의 헌장」이라는 유명한 글의 서두에서 그 핵심 원리를 다음과 같이 요약해준다.

연민의 원리는 모든 종교적·윤리적·영적 전통의 핵심에 놓여 있다. 자신이 대접받고 싶은 대로 타인들을 대접하라는 것이다. 연민을 품고 있으면 동료인 인간의 고통을 줄이기 위해 쉬지 않고 힘쓰게 된다. 세상의 중심에서 자신을 끌어내리고 거기에 타인을 세우게 된다. 그리고 모든 개개인의 불가침한 신성을 존중하게 된다. 모든 사람을 예외 없이 절대적 정의로움과 공정함과 존중감을 갖고 대하게 된다.[29]

훌륭한 책에 있는 좋은 말은 중요하다. 그것은 우리가 빗나갈 때 자신과 서로를 제자리에 부를 수 있도록 한다. 존 울만은 퀘이커교의 수사를 구사하면서 자신의 신앙 공동체를 진리의 자리로 되돌려놓았다. 그러나 책에 있는 말만으로는 충분하지 않다. 만일 충분했다면 그렇게 많은 신도가 엇나갈 수 있었겠는가. 민주적인 마음의 습관—특히 연민이라고 불리는 습관—을 가르치고자 하는 종교 지도자들은 교회 생활 속에 감춰진 커리큘럼을 바꿔야겠다는 생각을 자주 하게 된다. 거기에 담겨 있는 관계의 역동이 교리의 설교나 가르침보다 신도들에게 더 많은 영향을 끼치기 때문이다.

예전에 참석한 어느 퀘이커교 모임에서, 방의 앞쪽에 걸린 한 장의 포스터는 관계의 역동이 무엇을 의미하는지를 예시하는 질문이었다. "우리는 자신의 필요와 걱정을 서로에게 알릴 수 있을 만큼 충분하게 구성원의 선의를 신뢰하는가?" 내가 자라난 주류 개신교 전통에서라면 어떨까. 정직하게 말하자면 아니라는 대답이 자주 나올 것이다. 내가 대화를 나눠온 많은 신도는 종교 공동체에서 맺어지는 개인들의 관계가 민감한 문제를 다룰 때는 안전하지 않다고 생각했다.

예를 들어 어긋난 결혼, 직장에서의 실패, 약물 남용 등에 대해 이야기를 한다면 여러 가능성을 두려워하게 된다. 즉 남들 입에 올라 상처를 받는다거나 사람들이 은근하게 회피하거나, 판단과 거부의 대상이 되는 것 등이다. 성서와 교리에 있는 말씀에도 불구하고, 연민이 제대로 발휘되지 못할 것이라는 두려움에 사로잡히게 된다. 그래서 집회 참석자에게 이해와 지지를 구하는 대신 목사의 방에서 비밀스러운 상담을 하거나 교회 바깥의 전문가를 찾는다. 많은 종교 공동체의 경우 공동체 밖의 더 넓은 세계와의 관계는 고사하고, 구성원끼리라도 언어를 통해 진정한 연민을 구현하기까지 갈 길이 멀다.

"동질적인 백인 신도 집단"이 미국의 특징인 다양성을 더 많이 포용하도록 목사들이 도움을 요청할 때, 내가 일부 개신교 교회의 신뢰 수준이 얼마나 낮은지를 알고 있는 것이 도움이 된다. 마틴 루서 킹의 설교에서 나온 다음과 같은 말이 자신의 아픈 부분을 제대로 짚고 있다고 그들은 느낀다. "미국에서 일요일 아침 11시는 가장 단절된 시간이고, 주일학교는 여전히 일주일 가운데 가장 단절된 학교다."[30]

그런 신도 집단이 "다양해지도록" 도와달라는 요청에 대한 나의 응답은 간단하다. "동질적인 백인 신도 집단 같은 것은 없습니다. 실제 자기의 삶을 서로에게 보여주면 공동체가 흔들릴까 무서워서 자신 안에 중대한 차이가 없는 척하는 백인 집단이 있을 뿐입니다. 눈에 보이는 차이를 가진 사람이 자기와 비슷해 보이는 사람들의 집단에 끼고 싶어하지만 저마다의 보이지 않는 차이들을 포용하지 못하는 까닭은 무엇일까요?"

구성원이 민주적인 마음의 습관을 키워가길 바라는 신도 집단에 던지는 질문은 "성서에는 우리가 어떻게 살라고 쓰여 있는가?"라는 물음을 넘어선다. 더욱 심오하고 엄격한 질문은 이것이다. "그런 말씀이 살아 움직이는 관계를 우리 안에서 어떻게 창조할 수 있을까? 우리가 가르치고 설교하는 것과 일치하는 방식으로 하나가 되는 길은 무엇인가?"

예배 공동체가 이러한 질문들에 대한 대답을 몸소 구현할 때 그 생생한 증언은 어떤 교리나 경전보다도 훨씬 강력한 힘을 발휘한다. 2세기에서 3세기를 살았던 신학자 테르툴리아누스Tertullianus가 지적했듯이 고대사회에서 낯선 사람들—그들은 서로 불신하고 경멸하는 문화에 젖어 있었다—은 초대 기독교회에 가입해야 할 절박한 이유가 있었다. 한때는 서로에게 낯설었던 사람들의 소집단에 잠깐 들렀을 때, 그들은 "그들

이 서로를 얼마나 사랑하는지를 보고" 깜짝 놀랐다.[31]

신도들이 자기 안에 존재하는 다양성을 향해서 마음을 연다면 민주주의의 다양성을 향해서도 마음을 열 것이다. 그것이 가능하도록 하는 몇 가지 방법이 있다. 종교적인 삶의 제도적 구조 속에서 공동체가 출현하도록 하는 방법 말이다. 잠시 뒤에 그중 몇 가지를 소개할 것이다. 그러나 성서에 일치하는 살아 있는 관계의 감춰진 커리큘럼에 대해 탐구하기 전에 종교 공동체 안에 있는 권위의 지배적인 유형을 살펴보아야 한다. 그렇게 하다보면, 그 유형을 바꾸기 전에는 연민의 공동체를 향해서 거의 한 발자국도 나아갈 수 없음을 종종 발견하게 된다.

이곳의 책임자는 누구인가

종교 공동체가 성직자 중심일 때—정보와 영감을 신도들(청중)에게 내려다주는 성직자(연기자)로 교육학이 구성될 때—게임은 조작된다. 신학적 메시지는 공동체의 것일지 모르지만 생생한 경험은 권위에 의존하는 것이다. 이런 조건하에서는 자비심을 꽃피울 공동체적 신뢰를 구축하는 데 한계가 많다. 지도자가 아무리 자상하다 해도 말이다.

물론 어떤 종교 전통은 원칙적으로 권위의 위계적인 모델이 깊숙하게 내재되어 있다. 그들의 1차 목적은 공동체를 창조하는 것이 아니라, 교조적인 단일성을 강제하는 데 있다. 비위계적인 전통에서도 어떤 성직자는 여전히 독재적인 방식으로 역할을 수행한다. 거기에는 많은 이유가 있는데 누가 신을 대변할 자격이 있는가에 대한 신학적인 확신에서부터, 통제에 대한 개인적인 필요에 이르기까지 여러 가지다.

그러나 어느 종교든 더욱 참여적인 형태의 공동체를 바라면서 그 실현을 위해 기꺼이 일할 성직자는 많이 있다. 그들은 헌금을 약정하고 위원회에서 봉사하는 것을 넘어서는 다양한 형태의 공동체에 신도들을 열심히 끌어들인다. 그들은 사람들이 자신의 경험에 대해 신학적으로 생각하는 법을 배우면서 운명과 인생에 대한 자기 나름의 견해를 갖도록 도와주고 싶어한다.

그러나 이러한 지도자는 신도로부터 어떤 저항에 종종 부딪히는데, 이는 교사가 학생을 배움의 공동체로 이끌어가려고 할 때 부딪히는 것과 똑같다. 많은 평신도는 종교 문제에 관해서 스스로 이야기하기를 꺼린다. 그 대신 훈련되어 임명된 지도자가 자신들을 위해 "자신들의 종교를 수행"해주기를 선호한다. 그래서 성직자가 신도를 공동체의 지도자가 되도록 초대하면 심지어 원망하기까지 한다. 그들의 생각은 이렇다. "결국 신앙의 여정에서 우리를 이끌어달라고 이 사람에게 봉급을 주는 것이지, 우리가 가야한다고 생각하는 방향이 무엇인지를 우리에게 질문해달라고 하는 것은 아니거든."

지도자가 이러한 저항을 다루기 위해서는 그 원인을 제대로 진단해야 한다. 성직자가 모든 것을 다 해주기를 바라는 평신도는 (교사에게 모든 것을 맡기는 학생처럼) 대부분의 경우, 게으르고 의존적이거나 무식하지 않다. 다만 교실에서 학생의 목소리를 줄어들게 하는 것과 똑같은 전문지식 숭배에 따라 그들의 목소리도 줄어든 것이다. 그들은 신학적인 것에 대해 자신들이 이렇다 할 생각이 전혀 없다고 믿도록 배워왔다. 전문가가 매우 신비로운 용어로 토론하는 것이라서 아마추어는 그것을 해독해낼 수 없다고 생각하는 것이다. 평신도도 학생들과 마찬가지로 자신의 목소리를 찾도록 도와주지 못하는 문화로 인해 고통받고 있다. 진정한 공동체를 원하는 설교자나 교사는 사람들이 잃어버렸다고 의식조차 못하는 목소리를 찾도록 돕는 데 힘써야 한다.

거듭 말하건대 나는 전문 지식을 무시하지 않는다. 내가 속한 기독교 전통의 흐름 속에서도 성서가 어떻게 쓰이고, 신학이 어떻게 형성되었는지에 대한 학문적 지식 덕분에 많은 사람이 자유로워질 수 있었다. 이 엄청난 복합성의 역사적 과정은 영적인 힘만큼이나 문화와 정치의 영향을 받았다. 평신도들은 완전한 이해를 위해서 제대로 가르침을 받아야 한다. 그러나 평신도들이 이러한 복합성에 접근하도록 하려는 교사는 그들에게 이렇게 질문해야 한다. "이 문구나 신앙고백이 어디에서 왔는지를 알게 된 지금, 당신은 그것으로 무엇을 하려는가? 그것이 당신 자신의 경험에 대해 말해주는 것은 무엇인가? 그리고 자신의 경험적 지식에 근거하여 그 말씀에—그리고 우리에게—어떤 말로 대답할 것인가?"

이런 식으로 사람들을 이끌어가고 싶은 지도자나 교사는 적어도 뿌리 깊은 마음의 습관 두 가지를 갖고 있어야 한다. 하나는 인내심이고 다른 하나는 자신감이다. 사람들의 목소리를 기껏 해방시켜놓았는데 이런 원망만 들을 수 있다. "우리에게 이런 질문을 던지지 마세요. 당신은 본분을 잊고 있어요! 우리가 생각하고, 믿고, 마땅히 해야 할 일을 그냥 알려주세요." 침묵으로 또는 큰 목소리로 그렇게 말하는 것을 듣는 것은 참으로 힘든 일이다. 사람들이 보다 강한 의견과 주체성을 갖도록 이끌고자 하는 지도자에게는 긴장을 끌어안는 탁월한 능력이 요구된다. "그래요. 내 생각은 이래요"라고 평신도가 한 명씩 띄엄띄엄 망설이면서 말할 때까지 그 중압감을 견딜 수 있어야 하는 것이다.

그런 식의 말이 쏟아지면서 평신도는 자신이 동의할 수 없는 이야기를 서로에게 듣게 될 것이다. 지도자의 목소리만 듣는 데 익숙해 있는 사람들로서는 깜짝 놀랄 일이다. 열린 마음으로 경청하고 존중하는 마음으로 반응하는 민주적 마음의 습관을 배우는 데 그보다 더 좋은 방법이 있을까? 모든 목소리가 들리고 귀하게 받아들여지는 공간을 세련되게 창출하는 교사로부터 그런 마음의 습관을 본받는 것보다 더 훌륭한 학습법이 있을까?

모든 사람의 목소리가 들릴 수 있는 안전한 공간을 지도자가 일관성 있게 끌어안게 되면 어떤 배움의 공동체가 형성되기 시작한다. 그 안에서 사람들은 민주주의가 필요로 하는 겸손함과 뻔뻔스러움의 혼합물을 터득할 수 있게 된다. 그 공동체가 강인해지면서 평신도는 일상생활로 돌아와 신앙과 경험이 서로에게 어떤 식으로 조응하고, 적절한 반응이 일어나는지 새롭게 이해할 수 있게 된다. 그러나 이런 공동체가 종교 집단 안에서 형성되지 못한다면, "평신도 사역"이란 성립하지 않는다. 그 개념은 국민의, 국민에 의한, 국민을 위한 정부의 종교적 등가물로 이해될 수 있기 때문이다.

권력과 저녁식사 파티

권위가 공유되고 공동체의 씨앗이 뿌려졌을 때, 종교 집단의 관계적 역동이 자비심 같은 단어로 정렬되도록 도모할 수 있는 일은 많다. 공동체 안에 친절함을 심화하여 신도는 공적 세계에서 그 담지자가 될 수 있는 것이다. 여기에 몇 가지 사례가 있다. 여러 해 전 내가 워싱턴 D.C.의 인접한 지역에서 커뮤니티 조직가로 활동하기 시작했을 때, 가난에 찌들고 범죄에 멍든 동네에서 지역 복리에 크게 기여한 어느 대형 흑인 침례

교회에 대해 배우게 되었다. 지도를 받고 싶은 열망으로 목사를 찾아가서 물어봤다. "비결이 뭡니까?" 내가 이 거래의 달인에게 기대한 것은 최신 이론이나 커뮤니티 조직 기술이었다. 그런데 그는 웃으면서 간단하게 말했다. "저녁식사 파티죠."

물론 이것은 평범한 눈으로는 알 수 없는 비결이다. 빵을 나누는 것은 공동체를 창조하는 최상의 방법 가운데 하나로서 널리 알려진 기독교 교회의 성찬식이 이에 해당된다. 이 침례교회에서는 여러 지역사회 활동을 전후로 저녁식사 파티가 종종 열린다. 이는 주민들이 지역에 바라는 것을 조사하거나 시청 직원과 협상할 대리인을 보낸다거나, 불의에 항거하는 행진을 벌이고, 어떤 주장에 사람들을 불러 모으는 활동이다. 그 파티에서는 참석자들이 즉석에서 성찰해볼 질문에 초점을 맞춘 간단한 의제들이 주어졌지만, 그것이 1차적인 목적은 아니었다. 그보다 중요한 것은 신도들이 서로의 근황을 주고받으면서 고통스러울 수도 있고, 희망적이고 즐거울 수도 있는 사적·공적인 이야기를 나누게 된다는 점이다. 그 이야기들을 통해 유대감이 형성되고 행동의 에너지가 충전되면서 사람들은 세상에서 자신의 사역을 다하기 위해 교회 안에서 관계를 새롭게 짤 수 있다.

관심사를 공유하고 빵을 나누는 것의 힘을 발견하면서 신도는 어려운 주제에 대해 의견을 달리하는 사람들을 위해 교회의 안팎에서 저녁식사 파티를 열기 시작했다. 예를 들어 이 교회에도 학부모와 공교육 교사들이 출석하고 있었다. 이 두 집단은 때로 반목한다. 부모는 학교가 아이들에게 필요한 것을 충분히 제공하지 않는다고 느꼈고, 교사는 부모가 자기 자녀를 교육시킬 책임을 축소시키고 있다고 느꼈다. 저녁식사 파티에서 이 민감한 쟁점을 다룸으로써 그 모임의 대화는 정치적인 무례함과 입장 고수가 규범이 되기 쉬운 학교 운영위원회보다 더욱 너그럽고 생산적이었다.

교회 신도가 관계의 어려움을 겪는 지역사회 주민과 빵을 나눌 때 비슷한 변화가 일어날 수 있다. 예를 들어 이 침례교회가 위치한 지역에서 경찰과 주민 간에 긴장이 끊이지 않았다. 경찰은 높은 범죄율 때문에, 시민은 경찰이 때로 드러내는 과잉 행동과 난폭함 때문에 서로에 대해 고도의 경계 태세를 견지했다. 저녁식사 파티를 여러 번 행하면서 교회 신도와 경찰은 커뮤니티 치안의 초기 버전을 창안해냈다. 그 효과가 입증되어 그 방식을 채택하는 지역이 지난 20년 동안 계속 늘어났다.[32]

저녁식사 파티는 덜 가시적인 사회의 상처들을 다루는 데도 도움이 된다. 예를 들어 최근 여러 해 동안 일부 교회에서는 퇴역 군인과 시민 사이의 강력하고도 치유적인 대화 자리를 마련해왔다.[33] 베트남전쟁 이후 수많은 퇴역 군인이 자신들이 참전했던 전쟁에 반대하는 시민으로부터 비난을 받고, 다른 한편으로는 그 전쟁을 지지하지만 전쟁의 경험이 없는 시민으로부터는 오해를 받는다고 느껴왔다. 이 모든 것에 대해 침묵으로 일관해온 결과, 퇴역 군인들은 자신이 온몸을 바쳐 지킨 국가의 배은망덕에 괴로워하고, 재향 군인들을 위한 신체 및 정신의 건강 서비스를 적극적으로 지지하는 시민은 매우 적으며, 미국 전체의 노숙인 가운데 4분의 1이 퇴역 군인이라는 사실에 많은 미국인은 무관심하다.

깊은 환대 속에서 이뤄지는 정직하고 열린 대화가 교회의 지속적인 프로그램으로 이뤄지면서, 논쟁적이고 고통스러운 시사 쟁점을 둘러싼 치유와 시민 연합의 씨앗이 뿌려질 수 있다. 여러 사람이 가져온 음식을 나누면서 갈등의 당사자들이 식사를 함께할 때, 거기에 담긴 침묵의 언어는 이렇다. "우리에게는 다른 사람을 사랑하고 공공선을 위해 협력할 능력이 있다."

의사결정과 상담

사람들 안에 민주적인 마음의 습관이 자라나도록 종교 집단이 수행할 수 있는 기능이 두 가지 더 있다. 공동체적인 의사를 결정하는 것과 개인적인 상담을 제공하는 것이다. 이 점에 대해 다른 책에서 상세히 설명한 바 있다.[34] 여기에서 나는 그 가능성을 암시하는 몇 가지 요점만 간단하게 짚어보겠다.

다른 자발적 결사체와 마찬가지로, 종교 공동체가 내려야 하는 의사결정도 세속적인 것(지붕을 수리해야 하는가?)에서 개인적·신학적·복합적인 쟁점(동성 결혼을 축하해야 하는가?)에 이르기까지 광범위하다. 집단의 의사결정에는 적어도 두 가지 방법이 있다. 다수결과 합의가 그것이다. 다수결은 집단의 규모가 클 때 택할 수 있는 유일한 방법이다. 그러나 대부분의 종교 공동체는 합의를 채택하기에 매우 작다. 그리고 규모가 크다 해도 투표를 채택하기 전에 소집단들로 나눠 합의를 추구할 수 있다.

다수결로 의사를 결정하면 승패가 있는 경기를 벌이게 된다. 그 결과가 내게 중요하다면 상대방의 말을 듣고, 내 편인지 아닌지를 판단한다. 같은 편이 아니라고 판단되면 상대방의 이야기를 들으면서 그가 잘못 짚거나 빗나갔다고 여겨지는 것만 챙겨 듣고, 내가 동의할 수도 있는 부분들은 애써 무시해버린다. 그러고 나서 상대방의 완고함을 부각시키면서 나의 우월한 해결책을 주장한다. 이 경기의 규칙은 우리가 적대적으로 듣고 말하도록 강요하면서, 양쪽 사이의 긴장을 상승시켜 견딜 수 없게 만든다. 바로 그 때문에 쟁점이 충분하게 논의되기 훨씬 이전에 어떤 사람이 "투표를 제안"하게 되는 것이 보통이다.

합의로 의사결정을 할 때 한 사람이라도 실천적 또는 도덕적인 이유로 무조건 반대를 고수하려는 한 아무것도 진척되지 않는다.[35] 여기에서는 상대방이 말해야 하는 것을 더욱 열린 마음으로 듣게 된다. 상대방과 합류할 수 있는 지점과 둘 사이의 차이로부터 배울 수 있는 것을 찾으면서 경청하게 된다. 함께 움직이지 않으면 앞으로 나아갈 수 없다는 것을 알기 때문이다. 내가 일어나 발언을 할 때 상대방의 관점을 무조건 억압하기보다는 둘의 입장 사이에 다리를 놓고 싶어한다. 우리는 협력하여 듣고 말하면서 민주적인 마음의 습관을 키워가게 된다. 자신의 진실을 열린 마음으로 말하면서 타인의 의견을 존중하는 마음으로 경청하는 것 말이다. 이러한 습관은 우리의 정치 담론에 만연하는 분열을 줄여준다.

합의로 의사결정을 할 때 이것 아니면 저것을 어설프게 선택함으로써 갈등을 해소해서는 안 된다. 대신에 그 갈등이 더 커다란 종합적인 지점으로 우리를 열어줄 때까지 긴장을 붙들어야 한다. 물론 이것은 인내를 요구하지만 그 대가는 엄청나다. 애당초 생각지도 못했던 훌륭한 해결책이 나올 수 있을 뿐 아니라, 그 과정에서 만족하는 승자와 언짢은 패자의 두 집단으로 나누어지는 대신 공동체 의식이 깊어질 수 있다.

자연스러운 일이지만 합의를 추진할 때 속도는 매우 느리다. 의사결정 전에 인내심을 갖고 긴장을 끌어안기에는 너무 긴급한 사안들이 있다고, 그것에 직면해서 합의의 방식을 추진하면 최상의 경우 비효율적이고, 최악의 경우 무책임하다고 비판하는 사람들이 생긴다. 그런 비판을 들을 때마다 나는 제1장에서 언급했던 존 울만의 이야기를 전해준다. 그리고 물어본다. 미국의 역사에서 가장 긴급하다고 할 수 있는 도덕적 쟁점에 대해, 노예 해방 선언에 80년이나 앞서서 변화를 일으킨 것이 "비효율적" 이었느냐고.

대부분의 종교 공동체가 수행할 수 있는 두 번째 기능은 도움을 구하는 신도에게 개인 상담을 해주는 것이다. 대개 그 도움은 공동체 자체로부터 오지 않는다. 그것은 교역자의 사무실이라는 사적인 공간에서만 이뤄진다. 그렇듯 교역자와 사적으로 상담하는 것이 최상의 또는 유일한 방안일 만큼 문제가 난처하고, 사람이 여린 경우가 있음은 분명하다. 그러나 모든 문제가 그렇게 난처한 것은 아니고, 모든 사람이 그렇게 여린 것도 아니다.

종교 공동체가 하는 말은 결국 이러하다. "당신이 누구든, 또는 당신이 어떤 문제를 갖고 있든 해결의 유일한 방법은 전문가에게 모두 털어놓는 것이다." 그 메시지는 의도하지 않았지만 분명하다. "이 공동체의 구성원에게는 삶의 도전을 풀어가는 데 서로를 도울 수 있는 자원이 전혀 없다. 당신의 문제를 동료 신도와 나눈다면 비밀을 보장받을 수도 없고, 자칫 남들 입에 오르내리는 이야깃감이 될 수도 있다."

물론 여기에서 자기 성취 예언이 작동할 수 있다. 종교 공동체가 공동체적 상담을 선택할 수 없는 한, 그 기능의 수행에 요구되는 상호 신뢰와 풍부한 자원은 공급 부족 상태로 남을 것이다. 그것을 키우고 실행할 기회가 아무에게도 주어지지 않기 때문이다. 이것은 악순환으로 보이지만 그것은 깨질 수 있다. 나는 개인적으로 오랜 경험을 통해 잘 검증된 방법을 가지고, 어떤 신도가 안전한 공간을 창출하여 어떤 문제를 어떤 동료 신도에게 꺼내놓을 능력이 있음을 증명해왔다. 그런 연습을 전혀 하지 않은 집단에서도 가능했다.

'명료화 모임clearness committee'이라고 불리는 퀘이커교의 절차는 필요가 발명의 어머니임을 보여주는 고전적인 예다. 퀘이커교에서는 성직자를 임명하지 않기 때문에 구성원이 자신의 문제를 목사의 집무실로 가지고 들어갈 수 없다. 구성원이 개인 문제에 관해 도움을 얻으려면 공동체에서 구할 수밖에 없다. 명료화 모임에서는 신뢰감을 기반으로 선택된 5~6명의 참석자가 이른바 중심인물focus person과 함께 둘러앉는다. 그가 씨름하고 있는 문제를 어떻게 다루어야 할지에 관해 스스로 명료해질 수 있도록 돕기 위한 것이다.[36]

비밀 엄수 속에서 진행되는 이 절차가 성과를 거두기 위해서는 참석자가 기본 규칙을 이해하고 지키는 것이 핵심이다. 그 규칙에 대해서는 『온전한 삶으로의 여행A Hidden Wholeness』[37]에 상세히 기술했다. 그 규칙은 두 가지 언약을 중심으로 구성되는데, 두 가지 모두 누구에게나 내면의 교사를 가지고 있다는 믿음에 바탕을 둔다. 내면의 교사란 그 사람이 들을 필요가 있는 모든 진실의 심오한 영적 원천이고, 도전에 직면하여 조언을 구할 수 있는 최고의 원천이다.

모임 참가자는 중심인물을 교정하거나, 충고하거나, 구제하려고 해서는 안 된다. 참가자들은 정직하고 열린 질문으로만 중심인물에게 말을 건네야 한다.

던져지는 질문은 오로지 한 가지 목적만을 갖는다. 중심인물이 자기 안에 있는 내면의 교사와 깊은 대화를 나눌 수 있도록 돕는 것이다.

명료화 모임의 기본 규칙은 말하기는 쉬워도 지키기는 어렵다. 참가자는 그 절차에 충실해야 하고, 잘 준비되어 있어야 한다. 정직하고 열린 질문을 어떻게 던지는지를 배워야 하고, 상처받기 쉬운 영혼을 위해 안전한 공간을 만드는 데 필요한 다양한 형태의 인내와 제약을 연습해야 한다.

이것이 요구하는 시간과 에너지는 여러 수준에서 보상을 받는다. 내가 알고 있는 어떤 비非퀘이커교 집단에서도 이 절차가 사적인 목회자 상담의 대안으로 제공되었는데─지도자는 상담의 역할을 공유하려 하고 신도도 기꺼이 그것을 받아들인다─사람들이 자신의 개인적 딜레마를 다루는 데 많은 도움을 얻는다. 이에 못지않게 중요한 것은 마음의 습관으로 풍부한 자원의 감각을 키우고, 상호 신뢰를 다시 구축하며, 종교 공동체에 다시 생기를 불어넣을 수 있다는 것이다. 이 모든 것이 민주주의의 이상을 실현하는 데 도움이 된다.

환대의 신학

이 장 첫머리에서 나는 연민이라는 단어에 초점을 맞추면서, 종교적인 수사를 넘어 마음으로 습관으로 빚어내는 것이 우리에게 얼마나 절실한지를 이야기한 바 있다. 이 장을 마무리하면서 나는 **환대**에 초점을 맞추고자 한다. 이 단어 역시 모든 주요 종교의 핵심에 가까이 닿아 있고, 민주주의 실현에 결정적인 마음의 습관이라고 할 수 있다.

역사적으로 마음의 습관은 사람들이 살아가는 물리적 환경을 통해 어느 정도 형성된다. 풍요로운 음식과 물, 어디에 가든 넘쳐나는 건축 재료들이 있는 땅을 발견한 미국의 백인 개척자들은 자기 충족적인 것에 대해 자부심을 느꼈고, 그것은 그때부터 국민성으로 내세워진 미덕이다. 그러나 미국의 지배적인 종교 전통인 기독교와 유대교는 이슬람과 마찬가지로 중동의 거친 사막에서 시작되었다. 발자국도 나무도 없는 땅에서 유목민은 거처와 식량을 다른 사람에게 의지해서 해결해야 할 때가 많았다.

아브라함 전통의 모든 경전에서 요구하는 환대는 신이 내린 규범일 뿐
아니라 실제적인 필요이기도 하다는 것을 사막에 사는 사람들은 이해하
게 되었다. 이 전통의 선구자들은 낯선 사람을 따뜻하게 맞이하라고 권
유받을 필요가 없었다. 그들은 환대의 직물을 계속 짜고 또 다시 짜나갔
다. 만일 그 직물이 실패하면 머지않아 영혼뿐 아니라 육신도 사라질 것
이라는 것을 잘 알고 있었기 때문이다. 오늘 너그럽게 베푼 사람이 내일
은 손님이 되어 도움을 청하게 될 것이다.

자기 충족이라는 미국의 전통은 좀처럼 극복되지 않는다. 조금만 생
각해보면 그것이 환상에 지나지 않는다는 것이 분명해지는데도 말이다.
풍요로운 대지에서도 혼자서 그 모든 것을 해낼 수는 없다. 하지만 "필요
한 것은 모두 구매"하는 것이 규범이고, 나눔의 문화가 취약한 소비사회
에서 상호 의존의 메시지는 잘 먹히지 않는다. 그러나 종교 공동체는 적
극적인 환대가 없으면 영적인 생활이 불가능하다는 것을 신자들에게 이
해시킬 수 있다.

성서에 나오는 핵심적인 이야기는 영적인 여정에 있는 사람들에게 환
대하는 마음의 습관이 선택이 아니라, 필수임을 가장 잘 가르쳐준다.✦
그 가운데 두 가지 이야기를 요약해보겠다.

✦ 내가 코란에 대해 잘 알지 못해 그와 비슷한 이야기를 소개하지 못하는 것이 유감이다. 그러나 이슬
람 경전에도 환대를 권유하는 말들이 가득하다. 예언자 무하마드의 말과 행적에 관련된 이야기로 유
명한 이슬람의 하디스를 보자. "아부 슈라이 알 아다위가 말한다. 그 예언자가 말할 때 내 귀는 들었
고, 내 눈은 봤다. '알라와 종말을 믿는 사람은 누구나 이웃을 너그럽게 맞이해야 한다. 그리고 알라
와 종말을 믿는 사람은 누구나 손님을 너그럽게 맞이해야 한다.'"

창세기 18장에는 아브라함과 사라의 이야기가 나온다. 그들은 사막의 맴레 땅에 장막을 짓고 노년까지 잘 살아가고 있었다. 어느 날 낯선 사람 세 명이 찾아오는데, 이 노부부는 두려워하지 않고 그들에게 음식을 제공한다. 그 세 사람은 하느님이 보낸 천사로 밝혀지는데, 사라가 늙은 나이임에도 불구하고 아이를 갖게 될 것이라는 놀라운 선언을 한다. 그렇게 해서 낳은 아들이 이삭이고, 그는 유대 민족의 두 번째 조상으로서 첫 번째 조상인 아버지 아브라함으로부터 이스라엘 땅을 상속받아 중요한 역할을 한다.

누가복음 24장에는 예수의 십자가 처형 뒤 엠마오로 내려가는 두 제자의 이야기가 나온다. 그때 어떤 낯선 사람이 다가와 동행하다가, 왜 그렇게 얼굴에 슬픈 빛이 가득하냐고 묻는다. 제자들은 그 사람에게 예루살렘에 거하면서 어찌 거기에서 일어난 일을 알지 못하느냐고 묻는다. 낯선 사람은 두 제자가 예수에 대한 예언을 더디 믿는다며 미련하다고 핀잔을 준다. 그러나 제자들은 깨닫지 못한다. 그들이 집 가까이에 이르러, 낯선 이에게 함께 식사하자고 강권한다. 저녁식사를 하는 중에 그들의 눈이 밝아져 그가 부활한 예수임을 알게 된다. 그는 빵을 나누는 가운데 그들에게 알려졌다.

이 두 이야기가 전하는 도덕은 분명하다. 신앙인이 낯선 자를 환대하지 못하면, 영적인 여정은 갑자기 멈춰버린다는 것이다. 아브라함과 사라가 환대하지 않았다면, 그 부부는 하느님의 언약을 대행하는 핵심적인 역할을 수행하지 못했을 것이다. 엠마오로 가는 제자들이 환대하지 않았다면, 복음의 전달자 그리고 초대교회의 설립자로 핵심적인 역할을 수행하지 못했을 것이다.

이러한 도덕은 비신도들을 위한 세속적 언어로 쉽게 번역된다. 낯선 사람은 우리가 알아야 하는 소식을 지니고 있을 수 있는 사람이라는 것이다. 그 소식은 우리의 세상을 넓히면서 생기를 불어넣어주고, 우리가 자칫 놓칠 가능성을 일깨워줄 것이다. 환대는 손님에게만이 아니라 주인에게도 선물을 가져다준다. 손님이 아니었다면 알 수 없었을 정보의 선물, 낯선 사람들로 가득한 세계에서 더욱 편안해지는 느낌의 선물이다.

낯선 사람들에게 환대를 베풀기 위해서는 타자에 대한 두려움이 불러일으키는 긴장에 계속 마음을 열어야 한다. 바로 그 때문에 많은 지혜의 전통에서, 부서져 흩어지는 대신 부서져 열리는 마음의 창조적 가능성을 강조하는 것이다. 그런 마음에서만 환대가 흐를 수 있다. 낯선 사람에게 그리고 우리가 이질적이고 불편하게 느끼는 모든 것에게 흐를 수 있다.

기독교 전통에서 부서져 열린 마음은 십자가의 이미지와 일치한다. 인류를 위해 신의 마음이 깨진 것은 십자가 위에서였다. 그 마음은 부서져 사랑으로 열렸고, 그리스도의 추종자들에게도 요구되었다. 십자가는 양팔을 좌우로 뻗고 몸이 위아래로 늘어져 있는 물리적인 형상에서조차 그 긴장을 상징한다. 사랑을 향해 마음을 열 수 있는 "고통을 주는" 긴장이다.

유대인에게 엄청나고 혹독한 비통함에 직면하여 마음을 열고, 살아가기를 배우는 것은 영적인 책무일 뿐 아니라 역사적인 명령이기도 하다. 따라서 유대의 가르침이 부서져 열린 마음의 중요성을 거듭 상기시키는 것은 전혀 놀랍지 않다. 하시디크의 다음 이야기도 그 가운데 하나다.

한 제자가 랍비에게 물었다. "토라는 왜 '이 말씀을 네 마음 위에 두라'

고 우리에게 말하나요? 이 거룩한 말씀을 마음속에 두라고 말하지 않
는 까닭은 무엇입니까?" 랍비가 대답한다. "우리의 마음이 닫혀 있어
서 그 거룩한 말씀을 마음속에 둘 수 없기 때문이지. 그러니까 우리 마
음 위에 올려놓는 것이라네. 언젠가 그들은 말할 걸세. 마음이 부서져
그 말씀이 그 속으로 떨어졌다고."[38]

　세속적인 휴머니즘은 타자성에 대해 부서져 열린 마음에 명시적으로
말하지는 않는다. 그러나 그 생각의 본질은 고대의 고귀한 전통 속에 면
면히 담겨 있다. 휴머니즘은 대립하는 것들 사이의 긴장을 끌어안아 그
것들이 무효화되지 않도록 지적인 습관을 키우라고 요구한다. 그래서 인
문학적 전통의 중심부에서 출현한 교양 교육은 하나의 쟁점을 모든 각도
에서 바라보는 능력을 강조한다. 모순과 애매함에 편안해지고, 생각과 말
과 행동에서 역설을 존중할 것을 요구한다. 휴머니즘은 우리가 대립하는
것들 사이의 긴장을 통해 새로운 통찰에 눈뜰 수 있도록 이끌어준다.
　결국 모든 신앙이나 이성의 전통을 추종하는 자들이 직면해온 도전
은 우리가 공적인 삶에서 직면하는 것과 똑같다. 낯선 사람 그리고 낯선
것을 있는 그대로 받아들이면서, 자기 안에서 그리고 주변에서 발견되는
성가시면서도 생기가 넘치는 신비에 우리 자신을 열어야 한다. 우리의 궁
극적인 실재가 '신'이든 '이성'이든, 그것을 길들여 편안한 지대의 경계 안
에 묶어두고 싶어한다. 두려움이 그렇게 유혹하는 것이다. 그런데 그렇
게 되면 그 '궁극성'은 훼손당하고, 우리 삶의 범위는 좁아지며, 민주주의
가 요구하는 핵심적인 마음의 습관을 키우지 못하게 된다.
　라이너 마리아 릴케가 묘사했던 용기 있는 환대를 신자들이 키워갈
수 있도록 종교 공동체가 도울 수 있다면, 그들 자신과 전통 그리고 민

주주의의 책무에도 보탬이 될 것이다.

밑바닥에서 우리에게 요구되는 유일한 용기는 이것이다. 우리가 마주칠지 모르는 가장 낯설고, 특이하며, 설명할 수 없는 것을 향해 용기를 내는 것이다. 그런 것들 앞에서 겁을 먹은 인류는 삶에 끝없는 해를 끼쳤다. "비전"이라고 불리는 경험, "영혼의 세계"라고 불리는 전체, 죽음 그리고 우리에게 그토록 밀접한 온갖 것을 일상에서 그냥 회피해버리는 동안에 모두가 생기를 잃은 채로 있다. 그래서 우리가 그것들을 포착할 수 있던 감각은 위축되었다. 신에 대해서는 무엇을 더 말하랴.[39]

7

근원적
민주주의를
위한
안전한 공간

Safe Space for
Deep Democracy

디지털 미디어 덕분에 더 많은 사람이 정치적 견해와
정보의 소비자만이 아니라 생산자도 된다는 것은 민주주의에 보탬이 된다.
그런데 우리가 소비자로서 읽은 내용에 의문을 제기하지 않고,
다른 자료들과 비교하는 노력을 기울이지 않고, 쭉정이로부터 알맹이를 추려내는
시도를 하지 않는다면 디지털 미디어는 민주주의에 보탬이 되지 않는다.

아침 신문에 실린 소식들이 닿지 않는 방, 또는 그런 시간이나 그런 날이 당신에게 있어야 한다. (…) 당신이 누구이고 어떤 사람이 될 수 있는지를 온전히 경험하고 말할 수 있는 그런 장소가 필요하다.

—조셉 캠벨, 『신화의 힘The Power of Myth』[1]

민주적인 행동이 일어나려면 (…) 자유로운 공간이 있어야 한다. 사람들이 시민의 책무를 배우고 변화를 위해 투쟁하는 과정에서 공공선의 비전을 익힐 수 있는 장소가 있어야 한다.

—사라 에번스 & 해리 보이트, 『자유로운 공간Free Spaces: The Sources of Democratic Change in America』[2]

앞의 두 장에 걸쳐서 나는 교실, 예배 시간 그리고 공공적 삶의 여러 장소에서 마음의 습관을 키우는 방법을 살펴봤다. 그러나 마음이 형성되는 공간은 늘 벽돌과 모르타르로만 건축되는 것은 아니다. 그것은 이미지, 관념, 이상에 의해서도 창조된다. 그곳은 주소가 없지만 우리가 어디에든 가지고 다닐 수 있는 보이지 않는 개념 혹은 관념의 공간이다.

토크빌이 지적했듯이, 생명, 자유, 행복의 추구라는 이상을 세운 미국의 건국자들은 도심부에 살든 변방 국경지대에 살든 모든 미국인이 거할수 있는 개념의 공간을 창조한 셈이다. 그것은 혁신적인 에너지를 마음껏 발산할 수 있는 민주적 공간이었는데, 대중 봉기를 무서워하는 황제가 공공 집회의 규모와 내용을 엄격하게 제한했던 프랑스에서는 찾아볼수 없는 것이었다.[3]

우리를 해방시키거나 제한하는 관념의 공간은 늘 바깥에서만 생겨나는 것이 아니다. 안으로부터도 생겨난다. 그것이 불러일으키는 영향력은 외적인 명령에 못지않다. 예를 들어 만일 내가 인종주의적인 관념에 머물러 있다면 그들로부터 나를 분리시켜 가두는 휴대용 감옥을 창조하는셈이다. 증오로 가득 찬 공간은 내 삶에 제약을 가하면서 타자와 무엇을 공유하고, 그 차이가 나를 얼마나 풍요롭게 하는지에 대해 배울 기회를 박탈한다. 반면에, 공유되는 인간성의 관념을 내가 품고 있다면 모든 종류의 사람과 상호작용하도록 힘을 실어주는 휴대용 공간을 매일 드나들면서 삶을 확장하고 시민 공동체를 새롭게 짤 수 있다.

관념의 공간이 솟아나는 샘은 인간의 마음이다. 그래서 테리 템페스트 윌리엄스는 마음을 가리켜 "민주주의의 첫 번째 집"[4]이라고 불렀다. 거기에서 우리는 민주주의의 기본적인 질문과 씨름하고, 많은 것을 좌우하는 해답을 떠올린다. 이러한 질문이 유발하는 긴장을 생동적으로 끌어안을 만큼 우리의 마음이 넓고 부드럽다면 그 질문은 살아 있는 민주주의의 양식이 되는 관념과 이상을 생성해낸다. 우리의 마음이 너무 작고 깨지기 쉬워서 긴장 속에서 내파되거나 폭발되면, 아리안족의 우월성 같은 "이상"과 나치의 대학살이라는 싸늘한 최종적 해결이라는 아이디어가 생성된다.

마음이라는 근원은 보이지 않는다. 그러나 그곳에서 흘러나오는 것의 영향은 어디에서나 볼 수 있다. 그것은 무시에서 종족 학살에 이르는 무기를 가지고 타자를 죽여 없애기 위해 "우리 종족"을 소집하는 공포의 순간에 드러난다. 또 차이를 초월하고 공공선을 위해 힘을 모으는 은총의 순간에 드러난다. 이 장에서는 마음의 습관이 형성되는 관념이나 개념의 공간, 민주주의가 가시적으로 살아나거나 죽어가는 비가시적인 공간들에 대해 살펴보겠다.

미디어가 현실을 규정할 때

정치에 관해 우리 대부분이 거하는 개념의 공간으로서 가장 영향력 있는 것은 미디어가 생성하는 공간이다. 우리는—인쇄, 전파, 온라인을 통해서—정보, 역逆정보disinformation[상대방을 속이고 혼란에 빠뜨리기 위해 퍼뜨리는 잘못된 정보], 인포테인먼트 그리고 정보를 가장한 의견들의 "떠들썩하게 피어나는 혼돈"에 늘 둘러싸여 있다.[5] 그리고 대부분은 몇몇 거대 기업이 지배하는 미디어에 의해 생성된다.

그 결과 우리 중 대부분은 실제의 정치 공간이 아니라, 미디어가 그려낸 캐리커처나 만화 속에서 살아간다. 그렇다고 해서 미디어가 모두 나쁘다거나 그 최상의 것마저 필요 없다는 말은 아니다. 무지는 민주주의의 조종弔鐘이고, 우리는 오늘 그 종소리를 들을 수 있다. 73퍼센트의 미국인이 「세 명의 어릿광대 조연Three Stooges」[20세기 중반까지 미국에서 인기를 모았던 코미디 영화]에 출연했던 배우들의 이름을 댈 수 있는 반면, 삼

권으로 분립된 정부의 명칭을 댈 수 있는 사람은 42퍼센트에 불과하다
는 사실은 당황스럽다.[6] 훌륭한 시민은 믿을 만한 여러 출처에서 나오는
정보를 필요로 한다.

그러나 우리가 정치 세계를 규정하는 배타적 권리를 미디어에게 부여
할 때, 우리에게 결국 남는 것은 왜곡된 현실 감각과 망가진 마음의 습
관이다. 그렇게 되는 방식은 아래와 같다.

미디어가 세상의 문제를 너무 빠르고 광범위하게 다루고 있는데, 우리
는 거기에 짓눌려 영향력을 발휘할 시도조차 하지 못한다. 뉴스가 정
보를 다루는 속도와 규모는 시민에게 행동할 힘을 실어주는 대신, 정
보의 과부하와 사생활로의 퇴각을 유도한다.

대부분의 미디어가 복잡한 사건과 쟁점들을 묘사할 때 고도로 선별된
이미지와 사운드 비트를 사용한다. 그 결과 현실 이해에 필요한 확장
된 탐구가 좀처럼 이뤄지지 못한다.

미디어는 최근의 부정행위, 스캔들, 비극 등을 부각시키는 경향이 있
다. 그들은 좋은 소식보다 나쁜 소식이 잘 팔린다는 것을 알고 있고,
바로 그것을 판매한다. 그 결과 우리는 어둠과 빛이 뒤섞여 있는 세계
에 대해 불균형한 그림을 갖게 된다.

미디어는 우리의 짧은 주의력에 영합하고, 그것을 악화시킨다. 지난주
의 뜨거운 이야기는—거기에 직접 연루된 사람들에게는 몇 달이나 몇
년 동안 계속 중요할 수도 있는데—이번 주의 큰 사건 소식을 통해 의

식에서 지워진다.

미디어는 고통에 초점을 맞추어 반복해서 보여준다. 그 원인을 제대로 파헤치지 않고, 파헤친다 해도 가끔 엉뚱한 것에 탓을 돌린다. 우리는 고통에 흠뻑 젖어 둔감해지거나 압도적인 감정으로부터 관심을 다른 곳으로 돌려버린다. 그리고 그러한 감정을 통과해 고통을 근원에서부터 천착하려 하면 미디어는 잘못된 곳으로 안내하는 경향이 있다.

영상 미디어는 전쟁터, 범죄에 멍든 지역, 또는 정치 집회 등을 보여주면서 마치 우리가 거기에 가서 모든 것을 봤다는 착각을 불러일으킨다. 미디어가 세상을 보는 유일한 눈이 된다면 우리가 자기의 눈으로 본 것이 전적으로 진실이 아닐 수 있음을 스스로에게 설득하기가 어렵다.

미디어의 큰 지분을 갖고 있는 몇몇 거대 기업은 좋은 저널리즘보다 자신의 정치적·경제적인 의제를 앞세울 때가 많다. 그래서 일부 언론인들로 하여금 자기의 일을 잘 수행하기보다는 일자리를 지키기 위해 장사가 되는 것이라면 무엇이든 보도하도록 몰아간다.

물론 우리 국민도 이러한 상황에 일부 책임이 있다. 미디어가 팔고 있는 것들의 시장을 우리가 만들었기 때문이다. 우리는 짧은 주의력에 걸맞는 토막 소식을 좋아한다. 고속도로의 충돌 현장을 멍하니 바라보는 사람들처럼 최근의 재난이나 스캔들에 끌려든다. 가본 적이 없는 곳에 가본 듯한 착각에 사로잡힌다. 자신의 견해와 믿음에 부합하는 정보의 출처만을 신뢰한다. 뜨거운 수사와 엄청난 과장이 불러일으키는 흥분

상태에 중독되었다. 둔해지거나 압도되면 그 고통에 관여하지 않은 것에 대해 변명을 한다. 자신의 삶 속에 있는 실제 세계의 쟁점에 관심을 갖는 대신, 명성과 스캔들을 통해 남들의 일을 자기의 것인 양 느끼며 살아가길 선호한다. 우리는 민주주의의 건강에 해로운 독극물질이 담긴 상품을 구매하는 이상적인 고객이다[7]

되풀이 말하건대 우리에게는 믿을 만한 미디어가 제공하는 정보가 필요하다. 그러나 조셉 캠벨이 "아침 신문에 실린 소식들이 닿지 않는 방, 또는 그런 시간이나 그런 날이 당신에게 있어야 한다"고 말할 때, 그는 정보만큼이나 중요한 필요를 거론한 것이다. 그 필요는 점점 절박해지고 있다.[8] 우리가 민주주의의 시민이 되고자 한다면 대중매체가 아닌 개인적 경험에 의해 규정되는 개념의 공간에서 시간을 보내야 한다. 그 공간에서 안으로부터 들려오는 뉴스를 접할 수 있다.

우리가 자신의 뉴스를 찾아 내면으로 주의를 기울이지 못한다면, 테리 템페스트 윌리엄스가 민주주의를 좌우하는 질문들이라고 부른 것들을 품지 못한다. 상호 존중, 너그러움, 타인의 말에 열린 마음으로 경청하는 것, 용기, 신뢰 그리고 결심을 위한 내적인 능력에 관한 질문들이 그것이다.[9] 이 질문들은 끊임없는 자기 점검과 빈번한 자기 수정을 요구한다. 우리가 그 질문들을 정직하고 탁월하게 끌어안는다면, 민주주의의 갈등과 긴장이 발견되는 외적인 공간에 들어가면서, 우리 안에 민주주의가 자라나는 안전한 공간을 지니고 있을 수 있다.

안으로부터 들려오는 뉴스

조셉 캠벨은 누구에게나 "자신이 누구이고, 어떤 사람이 될 수 있는지를 온전히 경험하고 말할 수 있는 장소"가 있어야 한다고 조언하면서, 우리가 민주주의의 질문을 정직하고 탁월하게 끌어안는 데 필요한 "이동식 성소"의 중요성을 강조한다. 작가이자 문학비평가인 윌리엄 데레스비치William Deresiewicz는 캠벨의 메시지를 역사적 맥락에서 다음과 같이 풀이한다. "애덤스, 제퍼슨, 해밀턴, 매디슨 그리고 토머스 페인의 고독이 없었다면 오늘의 미국은 탄생할 수 없었다."[10]

데레스비치의 언급은 학자들이나 수도사가 아니라 2009년 웨스트포인트 사관생도에게 한 연설에서 나왔다는 점이 중요하다. 그 젊은이들이 사관학교에 입학하고자 발휘한 여러 업무의 광적인 수행력은 그들이 장교로서 생사를 넘나드는 상황을 지휘할 때 자신이나 군대에 도움이 되지 않을 것이라고 그는 주장한다. 거기서 필요한 리더십은 성찰적인 실천가가 되어야 함을 요구한다. 혼자서 자신과 대화를 나눌 능력을 키워야 한다는 것이다.

광란의 세계에서 훌륭한 시민이 되기 위해서도 마찬가지다. 하루에 한 번, 집이나 사무실에서 문을 걸어 잠그고, 디지털 기기의 전원을 끄고, 일을 내려놓고, 외적으로만이 아니라 내적으로도 스스로를 침묵시키고, 자기 안에서 무엇이 움직이고 있는지를 잠시 돌아보는 일이 필요하다. 이런 연습에 깊이 들어갈수록 이따금 수도사가 된다는 것은 세상으로부터 절연되는 것이 아니라, 그 안으로 더욱 깊숙하게 들어가는 것임을 알게 된다. 세상의 뉴스는―천국 같은 것이든 지옥 같은 것이든 모두―마음 속에서 시작된다. 자신의 마음에 대해 잘 알수록 세상에 대해서도 더 잘 알 수 있다.

트라피스트의 수도사이자 작가인 토머스 머튼에 관한 이야기는 그 점을 상기시켜주는 사례다. 1944년 머튼은 극단적인 고독과 침묵 그리고 기도로 세상과 절연된 생활을 하기 위해 켄터키 주의 숲속에 있는 트라피스트 수도원으로 들어갔다. 그는 내면의 삶에 관한 책을 쓰기 시작했다. 그 가운데 하나가 널리 읽히고 평가를 받는 『명상의 씨앗Seeds of Contemplation』이다. 그리고 1964년 그는 『파괴의 씨앗Seeds of Destruction』이라는 책을 출간해 자신의 충실한 독자들을 놀라게 했다. 책에서 그는 마틴 루서 킹이 암살당하고 도시들이 불타기 몇 년 전, 미국에 폭력적인 인종 갈등이 확산될 것을 예언했다.

『파괴의 씨앗』이 "다음에는 불"＊이라는 예언과 함께 나왔을 때, 유명한 신학자이자 도시 활동가인 마틴 마르티가 서평을 내놓았다. 마르티는 이렇게 썼다. "숲속 수도원에 은둔해 있는 이 수도사가 우리가 해결하고자 열심히 매달리는 인종 문제들이 우리의 눈앞에서 부풀어 오를 것이라고, 현장의 최전선에 있는 우리에게 어찌 감히 말할 수 있는가?"

3년 뒤인 1967년 머튼의 예언이 적중했을 때, 마르티는 『내셔널 가톨릭 리포터National Catholic Reporter』에 머튼에게 띄우는 공개서한을 실었다. 거기에서 그는 『파괴의 씨앗』을 "깎아내린 것에 대해" 사과했다. 1967년 여름이 끝나갈 무렵, 그는 말했다. "당신이 옳았다는 것"이 이제는 명백해졌다고.[11]

＊ 미국의 성적·인종적·계층적 차별을 통렬하게 비판했던 흑인 작가이자 사회비평가인 제임스 볼드윈 James Arthur Baldwin이 1963년 출간한 책의 제목으로서, 〈울지 마요, 매리〉라는 흑인 영가에 나오는 가사의 한 대목. 하느님이 노아에게 무지개 징표를 주면서 말씀하시길 '더 이상의 홍수는 없고, 다음에는 불'에서 제목을 따왔다. ― 옮긴이

지금 나를 괴롭히는 것은 당신의 예견과 예언의 정확도입니다. 내가 비판했을 당시 당신은 백인 제임스 볼드윈이 되려고 애쓰는 듯 보였습니다. 이제 보니 당신은 "있는 그대로를 말하고" 있었던 같고, 어쩌면 "언젠가 그렇게 될 것"을 말하고 있었던 것 같습니다.[12]

미국에서 인종을 둘러싼 역동에 대해 머튼에게 깊은 통찰을 주었던 자료는 텔레비전이나 라디오 보도 또는 거리의 풍문이 아니었다. 그는 그런 정보원으로부터 멀리 떨어져 있었다. 머튼은 그 대신 성서, 사회 비평, 소설, 시를 읽었다. 그리고 믿을 만한 친구들과 연락을 주고받았다. 흑인이 쓴 시를 읽었고, 재즈와 블루스 같은 흑인 음악을 들었다. 가장 중요한 것은 특권을 부여받은 백인 남성으로서의 내면의 삶을 탐구했다는 점이다. 그는 명상을 실천하면서 미디어가 데려갈 수 없는 내면의 공간, 진리가 명료해질 수 있는 공간으로 들어갔다.

머튼에게 예언자적 안목을 준 것은 자신이 처한 인간 조건의 통찰이었다. 거기에는 백인들이 억압적인 현실을 부정하거나 축소시킴으로써 자신의 특권을 지키는 방법을 이해하는 것도 포함된다. 그것은 어떤 상황에 있든 백인들로서는 듣기 어려운 진실이었다. 그러나 우리가 삶을 유지하기 위해서 자아 에너지에 너무 자주 의존하는 드넓은 세계의 오만한 불평들 한가운데보다, 수도원의 침묵과 고독 속에서 자아를 흩어버릴 때 그것을 더 쉽게 들을 수 있다.

머튼은 자기 마음을 그리고 억눌린 자들의 시와 노래에 담긴 소식을 주의 깊게 경청했다. 그리고 백인 활동가들이 내세우는 정의가 더 깊은 무의식적 투쟁을 은폐하고 있음을 볼 수 있었다. 그는 활동가들보다 더 분명하게 그 점을 봤다. 우리 모두 그렇게 될 수 있는데, 그 활동가들은 자신의 활동에 수반되는 아집에 의해 눈이 멀고, 자신이 시작한 것은 무엇이든 성취할 수 있다는 고집 때문에 판단력이 흐려졌던 것이다. 빛만이 아니라 어둠도 깃들어 있는 자신의 이야기를 잘 알지 못하면, 타인의 이야기도 충분하게 알 수가 없다. 그리고 타인들의 이야기에 상상력을 가지고 공감하지 못한다면, 세상의 실제 소식에 대해서 얼마만큼 알 수 있겠는가?

1968년 출간된 머튼의 책 『유죄의 방관자에 대한 추측Conjectures of a Guilty Bystander』에서는 퀘이커교도 철학자 더글러스 스티어Douglas Van Steere에게 영감을 받은 한 구절이 나오는데, 좋은 의도를 가진 활동가들이 자신의 실천에 너무 도취된 나머지 명료함과 침착함과 진정한 자아를 잃어버리고, 결국 의도하지 않은 폭력을 저지르는 모습에 대해 묘사하고 있다.

이상주의자가 가장 쉽게 굴복하는 현대적 폭력의 그릇된 형태가 하나 있다. 실천과 과로가 그것이다. 현대적 삶의 분주함과 압박감은 내적인 폭력의 가장 일반적인 형태일 것이다. 수많은 갈등적 관심사에 쏠리고, 너무 많은 요구를 수락하고, 프로젝트에 가담하고, 모든 것에서 모든 사람을 돕고 싶은 것이 폭력에 굴복하는 것이다. 활동가의 열광은 자신의 일을 무효로 돌려놓는다. (…) 그것은 자신이 하는 일의 결실을 파괴한다. 일의 결실을 풍요롭게 만드는 내적 지혜의 뿌리를 죽이기 때문이다.[13]

고독에서 신뢰의 서클로

머튼의 이야기에는 한 가지 교훈이 있다. 우리에게는 안전한 공간, 조용하고 고독한 공간이 필요하다. 그곳에서 안으로부터 들려오는 소식을 들을 수 있다. 그러나 민주주의를 작동하게 하는 마음의 습관을 형성하는 차원으로 가면 고독에는 한계가 있다. 우리에게는 낯선 사람들과 함께하는 작은 모임의 안전한 공간도 필요하다. 이곳에 와서 시민들은 지역과 일터 그리고 더 넓은 세계에서 마음으로 느끼며 살아가는 것의 도전을 탐구할 수 있다.

다행히 그런 공간들이 존재한다. 우리가 타인과 함께 자신의 마음을 회복하고, 연습하고, 개방할 수 있는 공간들이 있다. 우리는 그 자리에 모여서 서로에게 더 잘 연결되고, 민주주의의 긴장을 창조적으로 사용할 수 있게 된다. 내가 이렇게 자신 있게 주장할 수 있는 까닭은, 지난 20년 동안 '용기와 회복을 위한 센터Center for Courage & Renewal'라는 비영리 조직을 통해 미국 전역에서 점점 더 많은 동료와 그런 공간을 만들어왔기 때문이다.[14]

이 센터의 임무는 "개인적이고 직업적인 성실성에 따라서 행동할 용기를 키우는" 것이다. 그리고 그 수단은 '신뢰의 서클'*이라고 불리는 접근이다.[15] 이 모임의 전형적인 모습은 특별히 조성된 프로그램과 피정에서 내면의 여행을 함께하는 20~25명으로 구성되고, 일 년 또는 그 이상의 기간 동안 정기적으로 만난다. 지금 이 글을 쓰고 있는 시점까지 우리가

* 여기서 굳이 '서클'로 번역하는 까닭은 실제로 참가자들이 큰 원으로 둘러앉기 때문이다. — 옮긴이

직접 모임에서 만난 사람은 4만 명 가까이 된다. 그들의 배경은 실로 다양하다. 공교육 교사와 지도자, 대학교수와 행정가, 의사와 다른 보건 전문가, 기업과 비영리 조직의 지도자, 성직자와 평신도 지도자, 변호사, 자선사업가 등이다. 센터의 프로그램에 참여하는 그들은 모두 직장에서 "영혼과 역할의 재결합"을 추구한다. 직장은 마음의 습관이 형성되는 핵심 장소 가운데 하나로, 프로그램 참가자들은 그곳에서 수많은 사람의 삶에 영향을 끼친다.[16]

나는 신뢰의 서클에 대해 『온전한 삶으로의 여행』에서 상세하게 설명했고, 센터의 프로그램—민주주의와 마음의 습관에 관련된 프로그램을 포함해서—에 관한 정보는 웹사이트에서 볼 수 있다. 그러므로 여기에서 모임이 작동하는 이론과 실제에 대해서는 자세하게 다루지 않겠다. 그 대신, 이런 모임 그리고 이와 비슷한 절차들이 우리에게 어떤 도움을 주는지를 이야기하고 싶다. 자신의 가장 깊은 가치를 포기하도록 만드는 상황에 우리가 어떻게 직면할 수 있는지, 그 긴장의 에너지를 활용하여 세계의 일부를 어떻게 변형시킬 수 있는지에 대한 이야기다.[17]

의사들의 모임을 내가 진행하고 있었을 때, 어떤 사람이 유난히 괴로워하는 듯했다. 3일 동안 진행된 피정의 첫 4개 세션에서 그는 다른 사람들의 말에는 귀를 쫑긋 세우면서도 정작 자신은 아무 말도 하지 않았다. 그 자리에서 오간 이야기는 직장에서 부딪치는 가치의 갈등에 관한 것이 주를 이루었다. 나는 5번째 세션의 어느 지점에서 그룹 전체를 향해 말했다. "침묵의 시간으로 들어갑시다. 그리고 여러분 자신의 중심에서 우러나오는 진실을 모임의 중심을 향해 말씀해주시길 바랍니다. 다른 사람이 말한 것에 대한 응답이 아니라, 여러분 자신으로부터 우리 사이에 있는 공간을 향해 말씀해주세요."

잠시 뒤 침묵을 지키던 그 의사가 입을 열었다. 천천히 그리고 간단하게 말했다. 꺼내기 어려운 진실을 말하려 할 때 흔히 그렇듯이 말이다. "내가 일하는 보건 시스템의 규정은 내가 일주일에 두세 번 히포크라테스의 선서를 위반하도록 몰아갑니다." 이 말은 잠시 허공에 떠 있었다. 신뢰의 서클 참가자들은 침묵을 신뢰하고, 응원이나 비판으로 반응하지 않는다. 그는 다시 말했다. "나는 이것을 직장 동료에게 한 번도 말한 적이 없어요." 침묵이 더 길게 이어졌다. 그는 다시 말했다. "사실 지금 이 내용은 방금 내 자신에게도 처음 말한 것입니다."

그 순간의 의미를 누구도 놓치지 않았다. 우리는 방금 어떤 사람이 자기 자신의 깊은 진실 속으로 뛰어드는 것을 봤다. 또 그 밑에서 발견한 것을 다른 사람들 그리고 자신과 나누기 위해 다시 수면으로 올라온 모습을 목격했다. 우리는 자신의 가장 깊은 사명감과 직장의 요구 사이의 모순―영적으로 자신을 위협하고 육체적으로 환자를 위협하는―을 끌어안는 사람을 봤다. 그는 자신의 주의를 요구하고 어쩌면 삶을 바꾸어줄지도 모르는 그 긴장을 말로 표현했다. 그러나 에두르지 않고, 그 한가운데로 곧장 걸어 들어갔다.

이 작은 이야기는 민주적인 마음의 습관―창조적으로 긴장을 끌어안는 습관으로서, 우리의 일터 그리고 공적이고 정치적인 삶을 변형시킬 수 있다―을 키우는 데 필요한 안전한 공간에 관련해서 커다란 의미가 있다. 신뢰의 서클에 형성된 어떤 조건이 진실을 말하는 결정적 순간을 가능하게 했는가?

우리가 모임에서 행하는 모든 것은 각 사람 안에는 자신에게 진실을 말해주고 싶어하는 **내면의 교사**가 있다는 가정에서 이뤄진다. 우리 대부분이 그 목소리를 듣지 못하는 이유는 적어도 두 가지가 있다. 주변의 소음과 내면의 소음이 그것이다. 피정에서는 소음을 내는 모든 것을 끄고, 정직한 발언만큼이나 침묵도 환영하는 공간에 모여 앉는다.

이 침묵으로부터 떠오르는 말은 의미와 목적을 가진 질문을 통해 유발된다. 내면의 삶과 외면의 삶 사이의 관련성을 탐구하도록 이끄는 질문으로서, 내면의 교사의 관심을 끄는 내용이 담겨 있다. 그 질문은 시, 이야기, 음악, 예술 작품 등이 제공하는 맥락 속에서 나오는데, 그런 재료를 통해 도전적인 주제에 간접적이고 은유적으로 접근할 수 있다. 삶의 가장 커다란 쟁점을 다짜고짜 직설적으로 제기하면 내면의 목소리는 침묵해버린다. 우리는 "진실을 말하라. 하지만 빗대어 말하라"는 에밀리 디킨슨의 조언을 따른다.[18]

어려운 질문을 참가자들이 탐구할 수 있도록 초대함으로써, 우리는 진실을 말하는 내면의 목소리, 그 의사가 들었던 그 목소리가 허용되는 조건들을 창조한다. 이러한 조건들은 영혼의 공간을 안전하게 지켜주는 간단한 규칙 몇 가지로 보장된다.

피정에서 제공되는 모든 것은 초대이지 요구가 아니다. 따라서 사람들은 자신이 원하는 만큼만 반응한다.

다른 사람을 교정하거나, 조언하거나, 구제하거나 바로잡으려는 모든 시도를 금지한다. 그래서 사람들은 서로에게 열린 마음으로 자유롭게 말하고 경청할 수 있다.

서로에게 조언을 하는 대신, 우리는 상대방을 경청함으로써 그가 더욱 깊은 대화 속으로 들어가고 자기 나름의 내적인 답을 찾을 수 있도록

정직하고 열린 질문을 던진다.[19]

우리는 침묵을 신뢰한다. 그것이 우리의 대화 아래 깔리고 대화 안으로 스며들도록 허락한다.

피정 기간에 이야기된 모든 것에 관해서 절대 비밀을 지킨다.[20]

이런 규칙들로 창조된 공간에서 갈등에 빠져 있던 그 의사는 본질적인 진실이 완전한 의식으로 떠오르도록 할 수 있었다. 그 공간이 지니고 있는 초대의 원리 덕분에, 그는 말할 준비가 될 때까지 오랫동안 침묵 속에 앉아 있을 수 있었다. 비슷한 딜레마로 씨름하는 다른 사람들의 이야기에 귀를 기울이면서 말이다. 조언을 금지한 덕분에, 그는 자신의 말이 몇 가지 간편한 언급으로 교정되는 것이 아니라 온전히 경청될 것이라는 것을 알고 자신의 진실을 말할 수 있었다. 모임이 침묵을 신뢰한 덕분에, 그는 망설임으로 한 발자국씩 내딛었고 결국 가장 중요한 청중에게 말할 수 있었다. 그것은 바로 자기 자신을 향한 말이기도 했다.

우리에게는 내면의 교사가 목소리를 낼 수 있는 공동체가 필요하다. 그것은 우리가 내면의 교사의 말이라고 믿는 것을 시험하기 위해서도 필요하다. 안으로부터 들려오는 소리가 전부 진리의 소리는 아니기 때문이다. 시험한다는 것은 다른 사람이 우리가 맞는지 틀리는지를 말해준다는 뜻이 아니다. 그것은 분별보다는 부질없는 논쟁이나 줏대 없는 순응으로 이어지기 쉽다. 신뢰의 서클 같은 형태의 시험은 판단하지 않은 채 말하고 들으면서 천천히 인내하는 과정이다. 우리는 자신에게 확신을 주는 것, 자신에게 도전하는 것 모두를 받아들이면서 "진실의 태피스트리"

를 함께 짜는 것이다. 그 속에서 각자는 자기 나름의 깊이와 속도로 개인 적인 진실을 헤아릴 수 있게 된다.

바로 그것이 고민에 빠진 의사가 했던 일이다. 동료들이 자신의 윤리적 딜레마를 탐구하는 것을 들으면서, 자기 내면의 교사를 위해 안전하게 열린 공간에서 자신의 딜레마를 조용히 성찰한 것이다.

서클의 힘

그 의사는 이 모임이 없었다면 자신의 진실을 결코 말하지 않았을 것이다. 심지어 자신에게도 숨겼을지도 모른다. 그가 스스로 위기를 느꼈던 윤리적 절벽에 대해 안으로부터 들려오는 속삭임을 들었음이 틀림없다. 그래서 괴로워하는 모습으로 피정에 온 것이다. 그러나 우리가 어려운 진실을 자기 머릿속에서만 계속 회전시킨다면 끝없고 둥그런 폐쇄회로에 갇혀버리기 쉽다. 자신에게 조용하게 말해진 진실은 우리를 어느 곳으로도 데려갈 것 같지 않다. 그 진실을 무시하거나 물리쳐버리거나, 또는 그 진실을 따르지 않아도 된다고 스스로를 설득하기는 너무나 쉽다.

그러나 안전한 공간에서 다른 사람들과 함께 자신의 딜레마를 탐구하고, 그들의 딜레마를 탐구하는 것을 들을 때, 우리의 내적인 대화는 신선해지고 예리해진다. 그리고 점점 진실에 가까워지며 더욱 알찬 결실을 맺을 가능성이 높다. 우리가 공동체 안에서 자신의 진실을 말할 때, 그렇게 말한 것을 잊거나 부정하기는 어려워진다. 그리고 그 함축된 의미를 추구하지 않는 것이 어려워진다.

계속 진행되는 신뢰의 서클에서 우리는 자신의 진실에 대해 책임감이 더 강해질 뿐 아니라, 직장에서 자신의 성실성을 어떻게 증언할지를 상상하고 실행할 수 있게 된다. 우리는 자신을 지지하는 커뮤니티에 참여하는 동안에 직장에서 작은 실험을 수행할 수 있다. 그리고 모임으로 돌아와 자신의 성공과 실패를 내어놓고, 사람들의 도움을 받으면서 그 경험으로부터 뭔가를 배울 수 있다. 그런 과정에서 우리가 도달하는 내적인 책무가 바깥 세계에서 표출될 가능성이 높아진다.

자신의 히포크라테스 선서가 위태로워졌다는 것을 인정한 그 의사는 일터로 돌아가 한두 명의 신뢰하는 동료와 "말할 수 없는 것을 말하기" 시작했다. 그러면서 그는 자신만이 그런 염려를 하는 것이 아님을 발견했다. 마치 모임에서 처음 진실을 말했을 때 혼자가 아니었던 것처럼 말이다. 자신이 비슷한 영혼에 둘러싸여 있음을 알게 될 때, 제도 변화에 필요한 상상력, 용기 그리고 집단의 힘을 모으기 시작한다.

이 모든 것은 "민주주의의 마음을 치유하는 것"과 어떤 관련이 있는가? 관련이 매우 많다. 우리가 하루 중에 그렇게 많은 시간을 보내는 일터는 마음의 습관이 형성되거나 망가지는 전 정치적인 공간 가운데 하나다. 그 인간적 규모의 장소에서 상호 존중과 신뢰, 열린 경청과 용기 있는 발언, 공동선을 위한 개인적·집단적인 노력에 대한 질문이 제기된다. 일터에서 이러한 질문에 답하는 방식은 좋든 나쁘든 더 큰 사회로 종종 흘러넘친다.

금융 산업에서의 히포크라테스 선서, 즉 투자를 하고 금융 상품을 구매한 사람들에 대한 신용적 책임감이 어떻게 되고 있는지를 좀 더 많은 종사자가 직시했다고 가정해보자. 직장에서 그런 종류의 시민적 결단이 이루어졌다면, 많은 금융인이 다른 사람의 이익보다 자신의 이익을 앞세우는 바람에 직업과 집을 잃어버린 미국인은 줄어들었을 것이다. 공교육에서의 히포크라테스 선서, 즉 자신에게 맡겨진 아이들에게 가져야 할 윤리적 책임감이 어떻게 되고 있는지를 좀 더 많은 교사가 직시했다고 가정해보자. 직장에서 그런 종류의 시민적 결단이 이루어졌다면, 아이들의 실질적 필요를 고려하면서 고부담 시험의 왜곡에 보다 효과적으로 도전할 수 있었을 것이다. 훌륭한 시민이 된다는 것은 제도 정치의 세계에 어떻게 참여하느냐에 국한되지 않는다. 우리는 삶의 모든 수준에서 시민적 역할을 수행한다.

사람들이 동료 집단 안에서 "개인적이고 직업적인 성실성에 따라 행동할 수 있는 용기를 키우도록" 북돋는 것은 민주주의의 마음을 치유하기 위해 내딛는 중요한 한 걸음이다. 그러나 신뢰의 서클은 행동이 일어나는 곳으로 향해 가는 길의 일부분일 뿐이다. 이 모임들의 위상은 무엇인가. 한쪽에는 조용하게 집중하면서 안으로부터 들려오는 뉴스를 접할 수 있는 "수도원의 독실獨室"이 있고, 다른 한쪽에는 민주주의의 무거운 향상이 이뤄지는 공적이고 정치적인 세계의 시끄럽고 번잡하며 우악스러운 공간들이 있다. 신뢰의 서클은 그 사이에 있는 중간 기착지다.

자신의 히포크라테스 선서에 관한 진실을 결국 스스로에게 말했던 의사는 정치적인 행동의 일보 직전까지 이르렀지만, 직접 행할 순 없었다. 그런데 다행스럽게 이 세상에는 신뢰의 서클과 정신적으로 비슷한 근원적 민주주의의 공간들이 존재하는데, 그곳에서 활짝 열리는 정치적인 문으로 사람들은 지나갈 수 있다. 역사는 그런 공간에서 일어나는 일들이 실제 세계에서 얼마나 놀라운 결과를 빚어내는지를 보여준다.

신뢰에서 정치적인 힘으로

1970년대 중반 나는 테네시 주에 있는 '하이랜더 연구와 교육 센터 Highlander Research and Education Center'에 있는 흔들의자 모임에 앉아 있었다.[21] 그보다 20년 앞서, 이 조직은(당시엔 하이랜더 민족학교라고 불렀는데, 무명에 가까운 민주주의의 영웅 마일스 호턴Myles Falls Horton이 1932년 설립하였다) 흑인과 백인 간의 계속된 대화를 주최했는데, 그 당시 그곳에서는 처음 있는 일이었다. 참가자들은 개인적인 이야기를 털어놓았고, 사회 상황에 대해 생각을 나누었으며, 비폭력적인 사회 변화를 위한 이론, 전략, 전술을 연구했다. 그리고 보다 나은 세상을 구현하기 위해 할 수 있는 일들을 숙고하고 계획했다.

흔들의자에 앉아 이야기를 나누는 것이 정치 세계에서 한참 동떨어져 있는 것으로 보일 수 있겠다. 그렇다면 하이랜더의 대화가 행동으로 옮긴 것을 지역의 실세들이 이해했을 때 무엇이 일어났는지 간단히 스케치한 것을 보자.

그 학교가 효과적으로 해낸 일에 대한 반작용으로, 1950년대에 신문들은 인종적 반목을 조장한다고 하이랜더를 공격했다. 1957년 조지아 교육위원회는 "하이랜더 민족학교: 테네시 주 몬트이글에 위치한 공산주의자 훈련 학교"라는 제목의 팸플릿을 발행했다. (…) 급기야 1961년 테네시 주정부는 학교 인가를 취소했고 그 땅과 재산을 몰수했다.[22]

테네시 주의 정치인들은 하이랜더의 대화가 인종적인 함의를 지니고 있음을 똑바로 알아차렸다. 그러나 팸플릿으로 그 학교를 공격한 조지아 주 교육위원회는 하이랜더 학교를 급진적radical으로 만든 이데올로기를 잘못 짚었다. '급진적'이라는 말은 본래 "뿌리를 갱신하는reclaiming root"이라는 의미를 암시한다. 그 학교는 공산주의자가 아니라, 민주주의의 제1원리에 뿌리를 둔 최고의 미국 시민을 양성하고 있었다. 하이랜더 대화의 파트너로 함께한 사람들의 면면을 보자. 로자 파크스, 마틴 루서 킹, 엘라 베이커, 랠프 애버내시, 셉티마 클라크, 제임스 베벨, 버나드 라파예트, 버니스 로빈슨 그리고 존 루이스. 그들이 다 함께 뿌린 씨앗은 여러 운동으로 드러났다.23 시민 학교, 몽고메리 버스 보이콧, 학생 비폭력 조정위원회, 그 외에 20세기 중반 민권운동의 핵심 요소들이 그 대화에 뿌리를 두고 있었다.24

하이랜더 이야기의 교훈은 간단하다. 중대한 사회 변화는 흔들의자에 앉아 서로 이야기를 나누면서 관심사를 공유하는 사람들로부터 비롯된다는 것이다. 그들이 정직하게 말하고, 자기 자신과 상대방과 세계에 대해 배운 바에 입각해 당차게 행동할 기술을 계발한다면 사회는 변화하기 시작한다. 하이랜더의 참가자들은 흔들의자에 앉아 이야기를 나누면서 역사적 균형에 변화를 일으켰다. 신뢰의 서클을 넘어 정치적 행동으로 빈틈없이 결합한 개인적 탐구의 모델을 우리에게 제시해주었다.

그러한 생각의 공간이 지닌 정치적 힘을 입증하기 위해 반세기 전으로 거슬러 올라갈 필요는 없다. 2008년 미국 대통령 선거 유세가 전속력으로 진행되기 1년 전쯤, 나는 "오바마 캠프"에 대해 듣기 시작했다.25 그것은 나의 상상력을 사로잡았다. 사람들이 사회적·경제적·정치적인 필요와 이익을 공유하는 타인들과 연결되는 방식으로, 자기 이야기를 하는 안전한 공간이 형성되었다는 것이 부분적이 이유다. 그것은 우리 국민을 가시적이고 선명하게 만드는 실행 가능한 접근으로, 내게 강한 인상을 주었다.

　그러나 오바마 캠프는 냉혹한 실제 정치 세계에서 성과를 낼 수 있을까? 이것은 2007년 8월 29일 저널리스트 잭 엑슬리가 현장에 대한 이야기를 전하면서 던진 질문이다.

　오바마 캠프의 주말 훈련에 참가한 사람이라면, 버락 오바마의 선거운동본부 안에서 뭔가 정말로 아름다운 일이 벌어지고 있음을 부인할 수 없다. 그러나 아름다움으로 표를 얻을 수는 없다. 선거운동본부의 혁신적이고 지성적이며 정서적인 훈련 프로그램은 권력으로 이어질 것인가, 아니면 민중의 또 다른 비명과 실망으로 끝날 것인가? (…) 그곳에 참석한 지도자들은 엄청난 것을 얻었음에 의문의 여지가 없다. 오바마 캠프에서 행해진 리더십 계발 프로그램이 여러 커뮤니티에 득이 되었음에 의문의 여지가 없다. (…) 그러나 이 세심한 조직 구축이 선거에서 어떤 효력을 발휘할 만큼 충분한 시간이 있는가?[26]

　엑슬리의 질문에 대한 대답은 2008년 11월 4일 선거에서 깔끔하게 나왔다. 버락 오바마는 "국민 선거에서 52퍼센트 대 46퍼센트라는 6퍼센트 차로…… 미국 역사에서 그 어떤 개인보다도 많은 득표로 당선되었다. 6243만 8115명이 그에게 표를 던진 것이다."[27]

　물론 오바마 캠프가 승리의 유일하거나 가장 중요한 이유는 아니었다. 그러나 그것이 핵심 요인이었음은 분명하다. 이데올로기에 상관없이 정치적 실용주의자들은 그러한 절차가 성취한 것을 인정해야 한다. 그것은 수십만 명의 시민을 움직였다. 특히 미국의 민주주의를 사실상 포기했고 투표도 거의 하지 않던 젊은이와 유색인종이 투표장으로 향했다.

그리고 그들의 표가 오바마를 선두에 올려놓은 것이다.

공적인 서사의 절차

오바마 캠프를 구상한 사람은 하버드 대학교의 교수이자 커뮤니티 조직가인 마셜 간츠Marshall Ganz다. 그에 따르면 조직화는 "머리만이 아니라 마음의 언어도 결합시킨다." 왜냐하면 사람들을 정치에 참여시키는 것은 "이익만이 아니라 가치"이기 때문이다.[28] 간츠는 이 절차를 "공적인 서사"라고 부른다. 공유되는 인간성에 호소함으로써 사람들 사이의 장벽을 허무는 가치 기반의 조직화 방법이다.

간츠에 따르면 공유되는 가치에 기반을 둔 조직화는 "사람들이 '쟁점의 대형 저장고'에서 빠져나와 완전한 인간으로 함께하도록 초대한다. 그들 사이의 다양성은" 장벽이 아니라 "집단적 노력을 위한 자산"이 된다.[29] 가치에 기반을 둔 조직화는

우리의 여러 선택에 동기로 작용하는 가치들을 소통하도록 해준다. 서사는 가치에 "대해서" 이야기하는 것이 아니다. 오히려 서사는 가치를 구체화하고 소통한다. 우리는 가치들의 공유된 경험을 통해 다른 사람에게 섞일 수 있고, 서로 행동하도록 동기를 부여한다. 그리고 위험을 감수할 용기를 찾고, 가능성을 탐구하며, 불가피한 도전에 직면할 수 있다.[30]

간츠는 자신의 공적인 서사에 관한 절차 틀을 잡기 위해 고대의 영적

전통에서 세 가지 유명한 질문을 빌려왔다. 그 질문들은 2000년 전 랍비 힐렐이 제기했던 것으로, 제6장에서 인용한 바 있다. "만일 내가 나 자신을 위해 존재하지 않는다면, 누가 나를 위해 존재할까? 만일 내가 오로지 나만을 위해 존재한다면, 나는 무엇인가? 지금이 아니라면 언제인가?"[31]가 그것이다. 참가자들은 자신과 타인을 행동으로 옮기도록 하는 스토리텔링의 힘에 대해 간단하게 설명을 듣는다. 그리고 잘 구성된 서사의 기본 요소—구성, 주인공 그리고 교훈—에 대해 배우고, 힐렐의 질문에 따른 제목들을 가지고 세 가지 이야기를 지어내 말하도록 초대받는다. 그 제목들이란 자아에 관한 이야기, 우리에 관한 이야기 그리고 지금에 관한 이야기다.[32]

간츠는 각 이야기들의 속성에 대해 서술하면서 본 책을 관통하는 몇 가지 핵심 개념을 건드리고 있다.

우리는 모두 자아에 관한 이야기를 갖고 있다. 우리 각자에 관해 완전히 독특한 것은 우리가 속해 있는 범주들이 아니다. 완전히 독특한 것은 완전하고 신뢰할 만한 인간이 되기를 배워가는 자기만의 여정이다. 이 여정은 결코 쉽지 않다. 그 안에는 온갖 도전, 장애, 위기가 있다. 우리는 그것을 극복하는 법을 배운다. 그리고 그 때문에 누군가에게 가르쳐줄 교훈이 있다. 어떤 의미에서 우리 모두는 뭔가를 가르칠 텍스트, 우리 자신의 삶이라는 텍스트를 가지고 여러 각도에서 생각한다.

두 번째 이야기는 우리에 관한 이야기다. 이것은 다음과 같은 질문에 대한 대답이다. 우리는 왜 부름을 받았는가? 커뮤니티가 우리를 부름받은 일로 불러낼 때, 어떤 경험과 가치를 공유하는가? 신앙, 공적인 삶, 세계의 고통 그리고 세상의 희망 없음의 경험에 대해서는 어떤가?
우리가 공유하는 것을 말로 담아보는 것이다. 우리는 사람들이 함께
일해온 장소들에서 모두 지내왔지만, 그곳에 우리는 없다. 그들에게
공유하는 이야기가 없기 때문이다. 신앙의 전통은 우리에 관한 거대한
이야기들이다. 그들은 우리가 어떻게 존재할 수 있는지를 가르쳐준다.

마지막으로 지금에 관한 이야기가 있다. 지금이라는 치열한 긴박함 말
이다. 지금에 관한 이야기는 가치와 열망을 공유한 뒤에, 저 바깥에 있
는 세상이 본디 있어야 하는 모습으로 있지 않음을 깨닫는 것이다. 세
상은 그냥 있는 그대로 존재할 뿐이다. 그것은 우리에게 도전이 된다.
그 도전을 그리고 우리가 세상에 바라는 가치와 실제로 돌아가는 가치
사이의 갈등을 고맙게 받아들여야 한다. 그 두 간극은 긴장을 유발한
다. 그것은 우리에게 선택에 대해 고민하게 만든다. 그에 대해 우리는
무엇을 하는가? 우리는 희망의 정신을 가지고 그 질문에 답하도록 부
름받았다.

우리의 목적은 이 도전에 부응하는 것, 이 희망을 붙잡고 그것을 구체
적인 행동으로 옮기는 것이다. 자아의 이야기들을 빚어낸 다음에, 우
리의 이야기를 빚어내는 관계를 구축한다. 거기로부터 공통의 목표를
달성하기 위해 함께 움직이고 희망의 경험을 배우면서 전략화와 행동
으로 들어간다. 그것이 지금에 관한 이야기다.[33]

우리는 모두 마음의 고독 속에서 스스로에 대해 말하는 이야기를 갖
고 살아간다. 이를 통해 자신의 삶에 대한 감각을 가질 수 있다. 그런데

불행하게도 우리가 꺼내놓는 이야기들은 자아를 무력하게 만들고, 우리를 고립시키며, 지금의 희망을 앗아간다. 그러나 우리가 공적인 서사가 요구하는 이야기들, 다른 사람들과 공유할 수 있는 이야기들을 빚어낼 때 놀라운 일이 일어난다. 나 혼자만 그렇게 무력하고, 고립되어 있고, 희망이 없다고 느끼는 것이 아님을 이해하기 시작하면서, 역설적으로 더욱 강력하고, 연합되어 있고 희망이 있음을 느끼기 시작한다. 그에 대해 간츠는 다음과 같이 말한다.

> 하나의 이야기는 두려움, 희망, 불안을 소통시킨다. 그리고 우리가 그것을 느낄 수 있기 때문에 교훈을 얻는다. 단순한 개념으로서가 아니라 우리 마음의 가르침으로서. 바로 그것이 이야기의 힘이다. 바로 그 때문에 대부분의 신앙 전통이 이야기의 형식으로 자기를 해석하는 것이다. 그 이야기들은 우리의 마음에 가르침을 준다. 두려움 대신 희망을, 자기에 대한 의심 대신 자기에 대한 가치 부여와 사랑을, 고립과 소외 대신 사랑으로 끌어안는 능력을 선택하면서 살아가는 방법을 우리는 거기에서 배우게 된다.[34]

공적 서사 프로그램에서 이야기는 그 자체로 치료적인 목적을 갖지 않는다. 그것을 통해 우리는 정치적 행동을 북돋는 관계를 짜나간다. 저널리스트 잭 엑슬리는 이를 다음과 같이 설명한다.

> 스토리텔링의 연습은 오바마 캠프에서 사용되는 모델의 기초다. 그러나 그것은 훈련의 최종 목표가 아니다. 하루 동안 스토리텔링을 하고 난 다음 실무적인 과제가 주어진다. 어떻게 하면 효율적인 팀으로 움직

이는지에 대한 훈련과 연습, 자원봉사자를 발굴하고 유권자와 접촉하는 기술 훈련 그리고 참가자들이 곧 움직일 지역에 필요한 현장 계획의 검토와 설명 등이 그것이다.[35]

2008년 11월 4일로 향하는 기간 동안 전국 여러 도시에서 사람들은 오바마 캠프의 잔잔한 효과를 느꼈다. 캠프에서 훈련된 3000명의 자원봉사자들은 그들에 의해 훈련된 다른 수천 명과 함께 간단한 형태의 공적 서사 프로그램 과정을 운영하면서 수만 명의 시민을 참여시켰다. 그 결과 수백만의 유권자가 민주당의 대통령에게 표를 던졌다.[36]

물론 이 모든 것은 정치적 당파성에 의해 추동되었다. 당파성은 민주주의를 작동시키는 것의 일부다. 오바마 캠프의 프로그램은 우리가 정치적인 당파성으로부터 벗어나서 시민적 삶의 너덜너덜해진 옷감을 다시 짤 수 있도록 더 커다란 목표를 제시하고 에너지를 유지할 수 있을까? 확신할 수 없다. 그러나 그렇게 되어야 한다고 나는 확신한다. 인간의 정신에 걸맞은 정치를 복원하기를 원한다면 말이다.

사이버 공간과 근원적 민주주의

내가 1939년이 아니라 1989년에 태어났다면 사이버 공간이 이 장 전체의 초점이 되었을 것이다. 그러나 인터넷이 공적인 공간이 되었다는 것을 우리 세대는 아주 천천히 그리고 의구심을 가지고 인식하게 되었다.

예전에 길거리나 광장에서 뉴스를 공유하고 여러 쟁점을 가지고 토론했다면, 이제는 인터넷에서 이뤄지는 것이다.

15년 전에 나는 회의적인 사람 가운데 하나였다. 그러나 지금 나는 디지털 미디어가 없는 삶을 상상하지 못하는 수백만 명 가운데 한 사람이다. 그 미디어 덕분에 나는 가족과 친구들에게 연락할 수 있고, 다양한 출처로부터 뉴스를 얻는다. 내 일에 관련된 조사와 연구를 하고, 독자들과 대화를 나누며, 전국에 걸쳐 동료와의 협력 속에서 프로젝트를 계획하며 실행하고 다른 사람들을 초대할 수 있다.

어떤 점에서 사이버 공간은—컴퓨터 네트워크를 통해 커뮤니케이션이 일어나는 생각의 환경으로서—물리적 공간을 비효율적이거나 쓸모없는 것으로 만들었다.[37] 뉴욕의 기업 경영진은 사무실을 떠나지 않고도 도쿄의 협상 상대를 만난다. 상인들은 휴일마다 엄청난 쇼핑객을 끌어모으는데, 그들은 온라인에서 상품 리뷰를 본 것 이외에는 서로를 본 적이 없다. 그리고 페이스북 덕분에 사람들은 한 번도 보지 못한 사람들과 "친구"를 맺는데, 그들은 대부분 페이스북의 친구와 실제 친구의 차이를 이해하고 있다.

미국 민주주의의 미래를 생각할 때 인터넷은 주요한 함의를 지니고 있음이 분명하다. 그 함의의 본질과 중요성은 디지털 혁명을 연구하는 학자들 사이에서 많이 논쟁되어온 주제다. 그 가운데 두 사람을 꼽는다면 클레이 서키와 말콤 글래드웰이다. 클레이 서키가 2008년에 출간한 『끌리고 쏠리고 들끓다Here Comes Everybody: The Power of Organizing Without Organization』는 월드와이드웹에 의해 가능해진 협력이 권력을 재분배하고, 정치적 혁명을 일으키며, 급속한 사회 변화를 촉진한다고 주장한다.[38] 글래드웰은 2010년 『뉴요커』에 기고한 에세이 「작은 변화: 트위터로 혁명을 일으킬 수 없는 까닭」에서 이에 대해 반박한다.[39]

그의 에세이는 노스캐롤라이나 그린즈버러에 위치한 다임 스토어

[10센트 균일가의 상점] 울워스의 간이식당에서 연좌 농성을 했던 학생들의 이야기로 시작된다. 첫 번째 일은 1960년 2월 1일에 일어났다. 그달 말의 상황에 대해 글래드웰은 다음과 같이 썼다.

> 남쪽 전체에 서쪽으로는 텍사스까지 연좌 농성이 확산되었다. 나는 만나는 모든 학생에게, 캠퍼스에서 벌어진 연좌 파업의 첫날이 어떠했느냐고 물어봤다." 정치 이론가 마이클 왈저는 『디센트』라는 잡지에 그렇게 썼다. "답은 늘 똑같았다. '열병 같았어요. 모두들 가고 싶어 했거든요.'" 결국 7000명의 학생이 참가했다. 수천 명이 체포되었고, 그보다 더 많은 사람들이 급진적으로 변했다. 1960년대 초에 터진 이 사건들은 이후 10년 동안 남부를 휩쓴 민권 투쟁이 되었다. 여기에는 이메일, 문자메시지, 페이스북, 트위터 같은 것이 수반되지 않았다.[40]

이러한 연좌 농성 참가는 빠르고 멀리 확산되었는데, 글래드웰에 따르면 참여자들이 서로에게 "강한 유대"를 맺고 있었기 때문이다. 위험한 행동을 유발한 생각과 감정 그리고 그 행동을 취하는 용기는 친구에서 친구로 전해지면서 기하급수적으로 늘어났다. 글래드웰이 보기에 이것은 웹을 기반으로 한 "약한 유대"의 소셜 미디어 환경에서는 일어날 수 없는 것이다.

소셜 미디어와 결부된 집단행동은 전혀 그렇지 않다. 소셜 미디어의 플랫폼은 약한 유대 위에 구축된다. 트위터는 한 번도 만나보지 못한 사람을 팔로우하는(또는 그에게서 팔로우 당하는) 방식이다. 페이스북은 그것이 없다면 연락을 주고받지 못할 사람들의 근황을 챙기면서 지

인들을 효율적으로 관리하는 수단이다.[41]

약한 유대로 엮인 사이버 공간 환경에서 정보는 1960년대보다 더 멀리, 더 빠르게 확산될 수 있다. 그러나 그 정보를 사회 변화로 어떻게 옮길 것인가의 문제로 가면, 사이버 공간에는 강한 유대의 환경이 자아내는 에너지를 대체할 만한 것이 전혀 없다고 글래드웰은 주장한다.

글래드웰은 사이버 공간이 민주주의의 구원이라는 안이한 생각에 도전함으로써 우리에게 도움을 준다. 그 도전을 보다 예리하게 행한 것은 예프게니 모로조프인데, 그는 『넷 망상Net Delusion』이라는 책에서 사이버 공간은 반대자보다 독재자에게 더 많은 이익을 가져다주었다고 주장한다.[42] 그러나 모로조프의 책이 나오고 나서 몇 개월이 지난 뒤, 저널리스트 로저 코헨은 거의 25년 동안 굳건하게 권력을 쥐고 있는 튀니지의 독재자를 신속하게 무너뜨리는 데 페이스북이 담당했던 결정적인 역할을 입증했다.[43] 내가 이 책을 쓰고 있는 지금 이집트인들은 30년 동안 유지되어온 무바라크 체제의 전복을 축하하고 있는데, 대중 봉기의 결과는 상당 부분 페이스북과 트위터에 의해 촉진되고 지원되었다.

인터넷은 어떻게 사용되는가에 따라 그 가치가 결정되는 또 다른 도구임에 분명하다. 따라서 이런 분석을 서로 대립시킬 이유가 없다. 그 모두가 정치에서 인터넷의 역할을 이해하는 데 필요한 퍼즐 조각이라고 보면 된다. 간이식당에서의 연좌 농성은 1960년대 남부를 휩쓸던 다른 비폭력 행동과 마찬가지로 강한 유대를 요구했음이 분명하다. 그러나 그 유대는 디지털 미디어를 통한 정보의 빠른 확산이 가능했다면 훨씬 강해졌을 것이다.[44] 반대로, 마셜 간츠의 공적 서사 프로그램에서 조성된 강한 유대는 오바마 선거 운동이 약한 유대의 테크놀로지를 정교하게 구사하

지 않았다면 그만큼의 정치적인 영향력을 행사하지 못했을 것이다.[45]

디지털 미디어가 민주주의에 어떤 영향을 미칠 것인가의 문제는 우리가 사이버 공간에서 만날 때 마음의 습관에 무엇이 일어나는가를 물을 때 더욱 흥미로워진다. 앞서 제2장에서 살펴본 핵심적 마음의 습관 다섯 가지를 다시 떠올려보자. 그러고 나서 우리가 디지털 연결의 시대로 점점 더 이행하면서 어떤 가감 요인이 있는지를 생각해보자.

우리가 이 속에서 모두 하나임을 이해하는 것

타자의 가치에 대한 인정

생명을 주는 방식으로 긴장을 끌어안는 능력

개인적인 목소리와 주체성의 감각

커뮤니티를 창조하는 더욱 위대한 역량

인터넷 덕분에 우리는 지리적·경험적으로 커다란 거리가 있는 사람과 연결될 수 있고, 이로 인해 공동의 삶을 나누는 감각을 확장하고 심화할 수 있다. 이 책을 쓰는 과정에서 나는 여러 나라 사람은 물론 온갖 종류의 미국인과도 디지털 대화를 나누었다. 그들은 모두 민주주의에 대한 나의 걱정을 공유하였고, 그중 일부는 나의 확신을 공유했다. 그렇게 정보와 의견을 교환하는 가운데 나의 저술에서 많은 것을 수정할 수 있었다. 그들은 지적인 향상을 도와주면서 동시에 진심 어린 사람들이었다.

상대적으로 드물긴 하지만 예외도 있었다. 익명의 대화 파트너가 내가
완전히 틀렸다고 믿고, 그 쟁점에 대해 토론하지는 않고서 나의 지성이나
성격을 비난할 때였다. 그러한 순간에 긴장을 창조적으로 끌어안는 능력
을 연습해볼 수 있지 않느냐고 주장할 수도 있으리라. 나는 그런 일은 일
어나지 않았다고 고백한다. 나는 그냥 로그오프를 했다. 얼굴을 감춘 채
욕지거리를 늘어놓다가 대답하기도 전에 재빨리 도망쳐버리는 의견을 진
지하게 받아들이기는 어렵다. 어떤 긴장은 끌어안을 가치가 없다.

그러나 인터넷은 긴장을 창조적으로 끌어안는 법을 배우는 다른 기회
를 제공했다. 나는 이 책을 쓰는 과정에서 수백 시간을 할애하여 내가
사실로 여기고 있던 것들의 진위 여부를 가려냈고, 정치적 견해가 다르
지만 존경할 만한 이들의 견해에 비춰 나의 의견을 시험했다. 내가 그것
을 천천히 성찰적으로 행할 수 있었다는 사실은—눈에 보이는 모든 링
크를 클릭함으로써 그 긴장을 깨뜨리고 싶은 유혹을 피하는 한—다양
한 의견을 즐기도록 해주었고, 그 결과 내 생각과 이 책이 한결 풍부해질
수 있었다.

인터넷 덕분에 나의 말이 새로운 대화, 모임, 프로젝트, 프로그램 등
의 결과로 이어지는 것을 보면서, 관심사에 대한 목소리를 더욱 분명하
게 가다듬고 주체 감각을 심화할 수 있었다. 물론 그러한 결과들은 단
지 내가 말을 했기 때문에 나타난 것은 아니다. 다른 사람들이 내 목소
리에 자신의 목소리를 보태주었기에 가능했다. 그 가운데 어떤 사람들
은 직접 만났다면 말을 하지 않았을지도 모른다. 개리슨 케일러Garrison
Edward Keillor의 표현을 빌리자면, 인터넷은 "수줍은 사람들에게 일어나
해야 할 일을 하도록 힘을 준다." 사이버 공간은 사람들이 함께 일할 수
있는 연결을 촉진한다. 그들은 이 "생각의 공간"이 없었다면 결코 만나지

못했을 것이다.

지금까지 사이버 공간이 민주적 마음의 습관을 형성하는 데 어떻게 도움을 주는지를 살펴보면서, 그것이 우리를 어떻게 망가뜨리는지도 살펴봤다. 우리가 가상 공동체에 더 많이 머물수록 우리의 삶은 점점 더 사적인 영역에 갇히게 된다. 이는 공적이고 정치적인 삶의 기반을 허문다. 클릭 한 번으로 온라인에서 책을 구매하고, 이틀 뒤에 집에서 그것을 받아보는 것(또는 디지털로 즉석에서 내려받기도 한다)은 동네 서점을 돌아다니는 것보다 편리하다. 그러나 사람을 접촉하는 대신 편리함을 택할 때마다 우리가 시민 공동체의 일부라는 감각은 둔해진다. 온라인에서 자꾸만 책을 구입하다 보면, 서점의 목적이 단순히 책을 사는 것만이 아니라 낯선 사람들이 모일 수 있는 장소도 제공한다는 사실을 잊게 된다. 언젠가 동네 서점이 사라질 것이라는 사실은 말할 것도 없다.

인터넷은 또한 정치에 관련된 거짓말이 신뢰를 얻고 증식되기 쉽게 만듦으로써 민주주의를 위협한다. 그것은 상식과 품위와 진실의 적대자들에게 도움과 위로를 준다. 디지털 미디어 덕분에 더 많은 사람이 정치적 견해와 정보의 소비자만이 아니라 생산자도 된다는 것은 민주주의에 보탬이 된다. 그런데 우리가 소비자로서 읽은 내용에 의문을 제기하지 않고, 다른 자료들과 비교하는 노력을 기울이지 않고, 쭉정이로부터 알맹이를 추려내는 시도를 하지 않는다면 디지털 미디어는 민주주의에 보탬이 되지 않는다. 새로운 생산자들 중에서는 최상급의 저널리스트도 있지만 오웰의 예언이 실현되도록 하려고 애쓰는 이들도 분명히 있다. 우리는 그 상품들의 소비자로서 허풍 탐지기를 높이 걸어놓아야 한다.

사이버 공간이 비슷한 사회경제적 지위를 가진 사람들을 끌어 모은다는 사실도 민주주의를 위험에 빠뜨린다. 테크놀로지를 사용할 자원과 기술에 쉽게 접근할 수 있는 사람들과 그렇지 못한 사람들 사이의 간극인 "디지털 디바이드Digital Divide"에 대해 이미 많은 이가 우려를 표명해왔다. 이런 분리는 사이버 공간에서 진정한 타자성과 대면하기 어렵게 만든다. 그 어려움은 오래전부터 깊어져온 사회적·경제적 분리를 거울처럼 비춰준다. 그러나 디지털 미디어는 그러한 경로를 통해서 여러 만남을 촉진한다는 위대한 약속을 품고 있는 만큼, 디지털 디바이드를 메우는 것은 민주주의의 미래가 달린 열쇠다.

우리가 그러한 도전에 부응하기 위해서는 시간, 돈 그리고 잘 설계된 교육 프로그램 이상의 그 무엇이 필요하다. 우리는 두려움을 넘어서 낯선 타인과 대화를 하면서 그것이 삶에 보태줄 가치를 모색해야 한다. 우리는 부족 사회에 살고 있기 때문에 어디에서 대면하든 간에 타자성을 다룬다는 것은 대부분 어려운 일이다. 온라인에서 명백하게 조화될 수 없는 견해를 지닌 이들과 논쟁을 하다 보면 때때로 방을 떠나고 싶은 유혹을 느낀다. 만일 우리가 얼굴을 마주보고 토론을 한다면 대화 도중에 나가버릴 생각을 하지 않을 테지만 말이다.

그런 상황이 벌어지면 나는 제5장에서 소개했던 맨해튼의 택시 운전사를 떠올려본다. 낯선 사람들과 함께하면서 대화를 하려는 그의 열정은, "누가 택시에 탈지 모르잖아요. 그래서 약간 위험하기는 해요"라는 사실을 물리쳐버린다. 그가 종종 택시에서 마주치는 위험은 내가 사이버 공간에서 마주치는 위험에 비하면 훨씬 더 큰 것이다. 사이버 공간에서는 나의 물리적 안전은 전혀 문제가 되지 않는다. 다만 나의 자아가 위험에 빠질 뿐이다.

그 택시기사는 이따금 부딪히는 위험에도 불구하고, 민주주의의 떠들썩하게 피어나는 혼돈을 사랑했다. 그가 아직 살아 있는지 잘 모르겠다.

그러나 만일 살아 있다면 두 가지는 확실할 거라고 느낀다. 그 3차원의
공간에서 피와 살을 가진 사람들과 계속 섞이고 부대끼는 것을 좋아할
것이라는 것 그리고 사이버 공간을 좋아하리라는 것이다. 혼란과 생명력
이 떠들썩하게 피어나는 사이버 공간은 그의 마음에 기쁨을 줄 것이기
때문이다.

8

쓰이지 않은
마음의 역사
The Unwritten History of
the Heart

민주주의라고 불리는 운동에 완전히 참여하는 것은 바로 우리 자신의 삶을 살아가는 데 완전히 참여하는 것을 요구한다. 우리는 자기 안에 과거를 간직하고 있다. 그러므로 강한 빛뿐만 아니라 깊은 어둠의 유산도 이해해야 한다. 우리는 미래를 오직 상상 속에서만 볼 수 있다. 그러므로 자유, 평화 그리고 모두를 위한 정의를 계속 꿈꿔야 한다.

보는 것에는 경계가 있네.
그리고 아주 깊숙하게 바라본 세계는
사랑 안에서 피어나길 원한다네.

두 눈의 일은 다하였으니, 이제
가서, 마음의 일을 하라.

네 안에 갇혀 있는 모든 이미지를
깊이 바라보라.
—라이너 마리아 릴케, 「전환점」[1]

당신이 죽는다면 누군가 부고 기사를 쓸 것이다. 당신이 언제, 어디서 태어났고, 어떤 일을 했는지를 전할 것이다. 무슨 학교를 다녔는지를 알려주고, 당신의 어떤 업적과 인격적인 면을 칭찬할지도 모른다. 이는 살아남은 사람들의 정체성을 상기시키고, 아마도 그들에게 당신이 어떤 의미가 있었는지도 이야기해줄 것이다.

그러나 부고 기사가 아무리 길고 자세하며 표현이 풍부하다 해도 언제나 인생의 본질은 빠뜨린다. 그것은 그 사람이 지나온 마음의 역사다. 우리가 사랑한 사람에 대해 언제, 무슨 일이 있었는가가 아니라, 그런 사람으로 살아갔던 내적인 경험에 대해 질문해주었으면 하고 바라는 사람이 우리 가운데 얼마나 될까? 희망과 충만함, 실패와 후회에 대해서는? 절망의 순간과 의미 있었던 순간에 대해서는? 그것을 바란다고 해도 우리는 어떤 사람이 자신이 지나온 마음의 역사를 말한다는 것은 거의 불가능하다는 것을 알고 있다. 결국 우리 자신의 마음의 역사도 거의 말로 옮기지 못한다.

세상의 중심에는 쓰이지 않은 역사가 있다. 역사가들은 보이는 움직임에 대해 쓴다. 인구의 움직임, 문화적 인공물 그리고 테크놀로지, 자연자원과 돈, 군사력과 정치권력 등이 그것이다. 그러나 릴케가 상기시켜주듯이 "보는 것에는 경계가 있다." 세상을 빚어내는 더 깊은 움직임은 눈에 보이지 않는 마음의 충동이다. 시장을 움직이는 희망과 탐욕, 군대를 일으키는 사랑과 증오, 권력을 자극하는 창조 또는 통제의 욕망 등이 이에 해당된다.

이 책에서 나는 가시적인 정치 현실을 들여다보면서 거기에 생기를 불어넣는 마음을 함께 주시해왔다. 이제 책을 마무리하면서 정치 세계 내에 있는 마음의 쓰이지 않은 역사에 대해 몇 마디를 하고 싶다. 나는 릴케의 시에서 한 가지 실마리를 끌어오고자 한다. 우리가 자신 "안에 갇혀 있는 모든 이미지를 따라 / 가서 마음의 일을 할" 때 무슨 일이 일어나는지를 추적하려는 것이다.

이것은 사회 변화에 성공한 모든 운동, 특히 민주주의라고 불리는 운동이 해온 내면의 작업이다. 민주주의는 마음의 이야기를 파헤치고 말해야 하는 도전에도 불구하고 내면의 작업을 행해왔다. 말해온 이야기가 세상에 있는 정치권력이 듣고 싶어하지 않는 것일 때 그 도전은 특히 벅차게 다가온다.

신화 그리고 마음의 이야기

　자기 안에 갇힌 이미지들을 향해 "마음의 일"을 한다는 것은 무엇을 의미하는가? 한 가지 접근 방식은 우리의 개인적 또는 집단적 삶에 생기를 주는 신화를 명명하고, 주장하고, 검토하는 것이다. 마음의 깊은 운동에 목소리를 부여하는 신화 말이다. 신화란 교묘한 단어다. 사람들은 종종 그것을 빤한 거짓말("아버지가 감옥에 있는데 해외에서 근무하고 있다고 우리 아이들에게 말했다") 또는 진지하지만 글자 그대로 받아들이면 진실이 아닌 믿음("하느님이 6일 만에 천지를 창조했다")을 의미하는 것으로 해석한다. 그런데 신화를 제대로 이해한다면 단순한 사실들만 가지고서는 말하기 어렵거나, 감각과 생각만으로는 알기 어려운 진실을 말하려는 노력이라고 할 수 있다. 그 진실은 마음이라고 불리는 통합적인 장소에서만 형태를 갖춘다.

　1930년에 검은 사슴이라는 이름을 가진 인디언 수족Sioux의 치료사는 존 나이하트John Gneisenau Neihardt라는 백인 작가에게 자기 부족의 비극적인 이야기를 들려주었다. 그는 성스러운 파이프의 신화와 어떻게 "그 파이프가 처음 우리에게 왔는지"로 이야기를 시작했다. 이 이야기— 볼 수 있는 사실에만 의존하는 사람들에게 환상적으로 들리는 이야기

—를 읊은 다음에 검은 사슴은 말했다. "그것이 그렇게 일어났는지 나는 모른다. 그러나 그것에 대해 생각하면 그것이 진실이라는 것을 알게 된다."[2] 물론 이런 식으로 기술되는 이야기를 갖고 있는 것은 수족만이 아니다. 다양한 창조 신화가 증언하듯이 모든 종교 전통의 추종자들에게는 저마다의 신화가 있다. 그리고 미국을 포함한 모든 나라의 시민에게도 있다. 신의 눈으로 볼 때 자기 나라가 특별한 지위와 운명을 갖고 있다는 생각도 한 가지 예가 된다.

마음의 역사에서 뭔가를 배우고자 한다면 신화의 본질에 대해 알아야 할 것이 하나 더 있다. 신화는 단순한 사실보다 깊은 곳에 있는 진실, 역사가들이 신뢰하는 자료에는 절대로 나타나지 않는 진실을 명명하는 데서 그치지 않는다. 신화는 삶의 사실들 속에 성취될 수도 있지만 아직 실현되지 않은 채 남아 있는 열망을 명명하기도 한다. 그 열망이란 역사학자 다니엘 부어스틴의 억지스러운 표현을 빌리자면 "발생의 형식성을 아직 통과하지 않은"[3] 가능성이라고도 할 수 있다.

우리가 열망과 현실의 간극을 공개적으로 인정하고 정직하게 살아갈 용의가 있다면 신화는 현재 우리의 모습을 우리가 되고자 하는 모습으로 바꾸도록 북돋아줄 수 있다. 우리가 그 열망과 현실을 혼동할 때 개인도 그리고 국가도 매우 깊은 곤란에 빠진다. 나 자신과 관련된 사례를 들어보겠다.

내 어린 시절은 "골든 보이golden boy[인기 있고 장래가 촉망되는 총아를 뜻함]" 신화에 의해 형성되었다. 그것이 신화라는 것을 성인이 되고 나서도 알지 못했다. 그 신화는 내가 성인식을 하기 오래전에 씨앗이 뿌려졌고, 10대 후반에 들어가면서 누린 대단한 행운에 의해 커졌다. 인생은 매우 즐겁게 흘러갔다. 그러다가 나의 실체가 신화와 충돌하고 말았다.

나는 천천히 깨닫기 시작했다. 나는 내 신화가 만들어낸 골든 보이가 아니라는 것을. 패배감과 상실감이 가득 차오르고, 골든 보이의 고조된 감정이 수치심과 죄책감의 열기로 대체되면서, 분노에 사로잡혔고 곧이어 비통해졌다.

그 비통함을 이해하려고 애쓰는 과정에서 릴케가 말한 마음의 일을 하게 되었다. 먼저 무의식적인 자기 이미지가 자아를 부풀렸고, 자기중심적·자기도취적인 인격을 만들어냈음을 알아차려야 했다. 골든 보이는 실수를 하지 않고, "덜떨어진 사람들"을 믿어야 할 이유가 없다. 믿어야 한다고 요구받기는 하지만 말이다. 물론 그것은 큰 실수다. 내가 온전해지기 위해서는 우선 내가 신화에 기대어 살아왔다는 것을 인정하고, 신화와 내 삶의 간극을 슬퍼해야 했다. 그리고 내가 삶에 진 빚과 재능, 어둠과 빛을 통합하는 긴 여정에 나서야 했다.

여기에서 키워드는 통합이다. 나의 신화를 의식의 지평으로 끌어올려 그 무의식적 지배에서 자유로워진 뒤에 그것을 파괴할 필요가 없었다. 골든 보이 신화는 그것이 내게 말해준 거짓말과 함께, 내가 붙잡을 필요가 있는 성취 가능한 열망 몇 가지를 담고 있었다. 예를 들어 좋은 일을 하고 남들에게 좋은 사람이 되고 싶은 단순한 욕망을 들 수 있다. 내 안에는 어떤 황금도 있고 찌꺼기도 있다. 통합이란 내게 이렇게 말할 수 있음을 의미한다. "나는 나의 그늘이면서 나의 빛이다. 그리고 그 둘은 분리될 수 없다."

나 자신의 두 측면—모든 인간의 두 측면—을 통합하기 시작하면서, 찌꺼기에 대한 의식이 나를 우쭐대지 않도록 붙잡았고, 황금에 대한 의식이 최상의 나를 향해 나아가도록 이끌었다. "내 본성의 보다 나은 천사"를 상기시키면서.

미국의 국가 신화

개인과 마찬가지로 국가의 역사에도 깊이 뿌리박힌 신화가 있다. 이는
언제나 복잡한 현실과 모순된다. 미국인들이 갖고 있는 몇 가지 핵심적
인 국가 신화는 깊이 파고들지 않아도 쉽게 찾아낼 수 있다. 이 국가를
만들어낸 문서 속에 강조되어 있기 때문이다. 건국자 중에서는 심오한
영어를 구사할 뿐 아니라, 인간 조건에 대한 심오한 통찰을 행한 이들이
있었다. 그들은 마음의 일이라고 부를 수 있는 것을 수행하면서, 구세계
의 잔인함과 구속으로부터의 자유를 추구했던 수백만 사람들 "안에 갇
혀 있는 이미지"에 강력하고 시적인 목소리를 부여했다. 그들은 그 갇혀
있는 이미지를 의식의 지평으로 끌어올리면서, 또한 군대도 일으켜 힘을
발휘하면서 세계사를 만들어냈다.

이 사람들은 독립선언의 처음 몇 줄을 구성하는 글을 썼는데, 이를 가
리켜 역사학자 조셉 엘리스는 "미국사, 어쩌면 근대사에서 가장 강력하
고 중대한 글"이라고 표현한 바 있다.[4] 미국인은 그것을 암기한다. 단순
히 반복해서 읊었기 때문이 아니다. 지금까지도 마음 깊숙한 곳에 그 열
망이 있기 때문이기도 하다.

우리는 다음과 같은 진리가 자명하다고 생각한다. 모든 사람은 평등하
게 태어났으며 양도할 수 없는 권리를 신으로부터 부여받았다. 그 권리
란 생명, 자유 그리고 행복의 추구다. 이 권리를 지키기 위해 사람들 사
이에 정부가 구성되었는데, 그 권력은 피통치자의 동의에서 비롯된다.

이렇게 해서 미국의 신화가 창조되었다. 여기에서 말하는 신화는 두

가지 의미를 갖는다. 한편으로 이 글을 쓴 사람들이 세운 나라는 애당초 내세웠던 선언에 한참 못 미친다. 건국자들은 "자유의 축복"으로부터 수많은 사람을 배제했고, 그런 의미에서 미국의 건국 신화는 새빨간 거짓말이다. 다른 한편으로 그 신화는 미국이 지금의 모습으로 존립하는 데 꼭 필요한 열망을 표현하고 있다. 인간의 평등을 존중하는 국가가 되고자 하는 욕망은 거의 두 세기 반 동안 추구하지 않을 수 없었을 만큼 강력했다. 그리고 그 과제는 이 나라가 존재하는 한 우리를 계속 사로잡고 있을 것이다.

우리가 미국의 열망과 현실의 간극을 명료하게 주시하고 있다면, 건국 신화는 우리의 목표를 위한 운동에 계속 힘을 불어넣을 수 있다. 그러나 만일 그 신화가 미국의 현실을 묘사한다고 상상하거나 가정한다면, 신화는 열망의 적이 될 것이다. 예를 들어 우리 안에 있는 엄청난 인종적 불평등의 증거들을 보면서—누구는 좋은 교육을 받거나 엄청난 부를 갖고 오랫동안 건강하게 사는가 하면, 누구는 감옥에서 인생을 마감하기도 하는 현실 말이다—우리의 신화를 다음과 같이 수정하여 설명해버린다. "모든 사람은 평등하게 태어났다. 만일 그들이 평등하게 되려고 노력할 용의가 있다면." 이제 우리의 신화적 자기 이미지는 억압자들의 죄를 피억압자들의 탓으로 돌리는 방어기제가 되어주는 셈이다. 그리하여 가능성의 비전과 공동생활의 현실의 간극을 줄이는 책임으로부터 우리는 벗어나게 된다.

미국의 국가 신화가 시적인 언어로 쉽게 접근된다는 사실은 축복이자 저주다. 나의 경우, 골든 보이 같은 자기 이미지를 발굴하고 내 마음의 역사를 정확하게 알게 되기까지 여러 해가 걸렸다. 미국인의 경우, 국가 이미지의 핵심 요소를 몇 분 안에 발굴할 수 있다는 사실은 축복이다.

우리가 어떤 존재가 되고 싶은지를 상기하고 싶으면 독립선언서, 헌법, 충성 서약, 애국가 등에서 몇 마디만 낭송하면 된다. 동시에 우리의 신화를 간편하게 구사함으로써 그것이 국가의 현실을 호명한다고 쉽게 믿을 수 있다는―그리고 그만큼 쉽게 그 현실에 문제 제기하는 사람을 비애국자라고 깎아내릴 수 있다는―사실은 미국인에게 저주다.

나와 많은 사람이 개인적인 온전함을 향한 끝없는 여정에서 해야 하는 일들이 국가에는 요구되지 않는다. 실수와 부정행위의 부스러기를 매일 파헤쳐 내려가서 묻혀 있는 자기 이미지를 복원해내는 것 말이다. 그 과정에서 우리는 이미지와 현실을 대조하고, 우리 본성의 더 나은 천사와 더 못한 천사들 사이의 대화를 주선하고, 최소한의 겸허함을 키워야 한다. 미국인에게 요구되는 것은 "모두에게 자유와 정의가 베풀어지고, 신 아래 분리될 수 없는 하나의 국가"를 노래하는 것이고, 국가적이고 자기기만적인 독선에 대해 예방주사를 맞는 일이다.

미국은 지금 최악의 상태로, 겸허함 없이 뻔뻔스럽기만 하다. 우리가 그런 소아병적 특질을 벗어나고 싶다면, 우리의 현재 모습과 되고자 하는 모습의 간극을 직면해야 한다. 우리는 그 과정에서 언제나 겸허함이라 불리는 자리에 이르게 될 것이다.

이미지와 현실이 충돌할 때

지금 미국은 내가 삶의 여정에서 경험했던 충돌의 집단적 형태를 통과하는 중이다. 그런데 상당 부분이 무의식적으로 일어나고 있다. 우리의 신화는 실제로 존재하는 어떤 현실과 모순되지만, 우리는 그 신화가 현실을 묘사한다고 계속 믿는다. 2010년 12월 미국인의 80퍼센트가 미국을 "세계에서 가장 위대한 국가"[5]라고 불렀다.

누군가가 분노의 정치라고 부른 소용돌이의 중심에서 나의 골든 보이 신화가 거짓임이 드러났을 때 느꼈던 분노가 떠올랐다. 또한 내가 생각했던 것만큼 뛰어나지 않다는 사실에 대해 분노 아래 깔려 있는 깊은 슬픔을 발견한 것이 떠올랐다. 그러한 유사성 때문에 분노의 정치보다는 비통한 자들의 정치가 더 적합한 표현이라고 생각하게 되었다.

우리의 신화가 현실과 일치하지 않음을 보기 시작할 때—그러나 아직 그 모순을 올곧게 직면하지 못했을 때—그 결과는 부정과 기능장애의 격동이다. 그것을 그냥 방치하면 우리는 무너질 수 있다. 미국 정치의 병은 우리가 필사적으로 체면을 지키려 애쓴다는 사실에서 상당 부분 비롯된다. 마치 내가 순수한 황금이 아니라는 것을 알아차렸을 때 그랬던 것처럼 말이다.

예를 들어 2007년까지만 해도 미국 성인 가운데 41퍼센트가 이라크가 2001년 9·11테러 공격을 "직접 계획하고 자금을 지원하면서 수행했다고" 생각했다.[6] 결정적으로 거짓임이 판명된 명제를 왜 그렇게 많은 사람이 믿는가? 거짓말을 반복하면 진실의 외양을 띨 수 있다는 사실보다 더 깊이 들어가야만 그 답을 찾을 수 있다.

"골든 보이는 잘못을 범하는 것이 불가능하다"는 그리고 자기가 잘못했다고 다른 사람들이 주장하는 것을 용납할 수 없다는, 내가 무의식적으로 가졌던 개인적 확신의 집단적 형태에 많은 미국인이 사로잡혀 있다. 이렇듯 자기기만으로 계속 치닫는 한, 신화와 현실의 간극은 계속 격동을 일으킬 것이다. 개인으로서 그리고 국가로서 "실제를 파악하는" 능력과 더 나은 존재가 되는 능력 사이에는 깊은 연관이 있다.

여러 해에 걸쳐서 미국의 골든 보이 신화는 여러 형태를 취해왔다. 여기에는 한결같이 거짓이 깔려 있고, 신화의 모든 것이 우리를 계속 병들게 할 것이다. 그 신화가 담고 있는 정당한 열망을 회복할 때까지 그 병세는 지속될 것이다. 오늘 우리의 삶에 깃들어 있는 신화의 몇 가지 형태를 뽑아보면 다음과 같다.

미국은 세계를 이끌어가는 슈퍼파워다. 만일 이것이 군사비 지출에서 미국이 전 세계적 지도자라는 의미라면 거짓말이 아니다. 그것은 사실의 단순한 진술이다.7 그러나 만일 군사적인 힘을 수단으로 해서 주요한 외교정책의 목표를 달성하는 능력을 기술하는 것이라면, 적어도 전체적으로 볼 때 거짓말이다. 제2차 세계대전 이후, 초강대국이라는 자기 이미지는 전쟁이나 전쟁의 위협을 통해 국제적으로 성취할 수 있었던 것의 현실과 일치하지 않게 되었다.

미국의 경제는 끝없이 성장할 수 있다. 제2차 세계대전 이후 이어져온 경제성장률은 더 이상 지속될 수 없다. 지금 우리에게 일어난 대불황[2000년대 후반의 대대적인 경기침체를 뜻함]은 그 사실의 전조라고 할 수 있다. 여러 요인이 이 "새로운 현실"을 빚어낸다. 이 현실에 대해 몇몇 예언자들은 아주 오랫동안 경고해왔다. 특히 지구의 재생 불가능한 자원을 고갈시켜온 성장의 속도를 지적해왔다.

미국은 지구상의 다른 어느 나라보다도 더 많은 경제적 기회를 제공한다. 사실은 상승 이동의 기회라는 점에서 미국이 현재 몇몇 북유럽 국가에 이어서 7~8번째를 차지한다. 우리 자녀들은 이민을 가지 않는

한 우리 세대보다 높은 생활수준을 더 이상 보장받지 못한다.[8] 경제력이 우리보다 못 미치는 나라에서 미국으로 이민을 올 만한 이유가 있지만, 지금 급속하게 사라지고 있는 중산층에 합류할 확률은 지극히 낮다. 하지만 거짓말은 지속된다. 2008년에 연수입이 2만 달러 이하인 미국인 가운데 40퍼센트가 자신이 중산층이라고 생각했다.[9]

미국은 모든 사람이 미국인이 되고 싶어하는 용광로다. 모든 사람이 같은 언어를 사용하고 동일한 목표를 열망하며 비슷한 생활양식을 추구한다는 동화同化의 신화는 미국인이 되고 싶은 이민자 가운데 상당수가 자신의 언어와 문화를 고수한다는 사실에 자리를 내어주어야 한다. 대법원 판사 소니아 소토메이어가 2001년 연설에서 사용한 표현을 빌리자면, 우리는 용광로와 샐러드 볼—뉴욕의 다양성을 묘사하는 데 최근에 자주 쓰이는 은유다—사이의 긴장 속에 살고 있다.[10]

이 모든 신화가 미국의 자부심에 토대가 되어왔고 우리는 그 진실을 당연히 여겨왔다. 우리가 이 나라에서 느끼는 요동은 이데올로기의 충돌과 이른바 분노의 정치에서만 비롯되지 않는다. 더 깊은 요동은 우리의 기반이 균열되고 가시적인 국가 신화가 명백하게 무너지고 있는 데서 비롯된다.

민주주의를 복원하고자 한다면 우리의 신화를 검토하는 도전적인 마음의 작업을 해야 한다. 그 신화가 국가 현실과 얼마나 동떨어져 있는가를 확인하고, 신화에 담긴 비전을 복원하면서 현실을 그 비전에 근접시키기 위해 필요한 어려운 작업을 수행해야 한다.

초강대국의 신화에는 전 세계적 안정성이라는 비전이 깔려 있다. 몇몇 나라가 소수의 권리를 보호하고, 무법자를 규율할 만큼 충분히 막강한 힘과 평화 그리고 정의에 대한 합의를 확보해야 한다는 것이다. 이 열망을 실현하려면 우리의 잠재적인 파트너들과 진정으로 협력관계를 발전시켜야만 한다. 거기에는 뻔뻔스러움보다는 겸손함이 더 요구된다.

끝없는 경제성장과 기회라는 신화에는 빈부차가 심각하지 않고 건강한 중산층이 정말로 모두에게 열려 있는 사회라는 꿈이 담겨 있다. 이 꿈은 미국에서 빠르게 죽어가는 중이다. 그것을 되살리려면 우리의 경제적 가정을 근본적으로 재고하고 소비의 개인적·집단적 태도를 바꾸어야 한다.

용광로 신화에는 미국이 "E pluribus unum"['여럿으로 이루어진 하나'라는 뜻의 라틴어로서, 미국 정부의 문장紋章과 달리 동전에 새겨져 있다]이라고 명명한 비전, 즉 인간의 다양성에서 단일한 국민이 나온다는 관념이 있다. 이 열망은 다양성의 억압을 의미하지 않는다. 그것은 억압으로 이어지는 두려움을 초월하여, "하나"로 모여드는 "다수"의 창조적 잠재력을 칭송하면서 공통성뿐만 아니라 유일성을 존중하는 것을 의미한다.

운동 그리고 마음의 역사

실천적인 정치 용어로 신화에 내재된 열망을 회복하고, 그 성취를 위해 함께 나아간다는 것은 무엇을 의미하는가? 그 질문에 대한 가장 훌륭한 대답을 얻으려면 사회 변화를 위한 위대한 사회운동을 연구해보면 된다. 상황의 변화를 일으킨 운동, 연대기적으로 잘 정리되어 있어서 정치의 마음에 대해 쓰인 역사에 가장 가까운 것을 제공해주는 운동 말이다.

예를 들면 다음과 같다. 여성의 권리를 위한 국제 운동, 남아프리카, 동유럽 그리고 라틴아메리카의 해방운동, 20세기 미국의 민권운동, 1776년에 시작되어 끝없이 이어지는 이른바 미국적 민주주의 운동. 이 중대한 변화 과정의 역사는 단순한 사실 한 가지를 가리킨다. 비전과 현실의 간극에서 가장 고통받는 사람들이 비전과 에너지를 일으켜내지 못하면, 인류가 직면하는 도전에 진전이 거의 이뤄질 수 없다는 것이다.

사회 변화는 소외되고, 주변화되고, 억압당하지만 절망에 빠지지 않는 사람들에 의해 점화된다. 그들은 절망하는 대신 릴케의 조언대로 안으로 들어가서 우리 안에 갇혀 있는 모든 이미지를 따라 / 가서 마음의 일을 함으로써 상황에 대응한다. 그들은 그 이미지들을 풀어낸 다음에 행동의 세계로 돌아온다. 세상을 자신의 인간성이 존중받는 곳으로 만들겠다는 결심으로 삶에 임한다. 제대로 된 상황에서라면 그들의 증언은 집단적 소망을 건드려 거기에 담긴 에너지로 마음의 열망에 세상을 근접시킬 수 있다.

사회운동의 첫 번째 단계는 내가 "로자 파크스의 결정"이라고 부른 것에서 찾을 수 있다. 분명히 말하건대 로자 파크스는 미국의 민권운동을 혼자서 시작하지 않았다. 그녀는 압박받는 아프리카계 미국인의 긴 행렬의 공적 우상이 되는데, 그들은 외적으로는 문화적·제도적 인종주의에 갇혀 있으면서 내적으로는 자유로운 자신이라는 "갇혀 있는 이미지"를 지니고 있었다. 로자 파크스가 "더 이상 분리된 채 살지 않겠다"고, 자신이 내적으로 알고 있는 진실이 드러나도록 외적으로 행동하겠다고 결심했을 때, 그는 피압박자의 행렬에 서 있는 모두를 위해 발언한 것이다. 그는 바로 인간이었다. 온전하고 가치 있고 자유로운 사람이었다.[11]

1955년 12월 1일, 앨라배마 주 몽고메리에서 버스에 앉아 있던 로자가 백인에게 자리 양보를 거절했을 때, 운동으로 점화하겠다는 생각이 그녀의 머리에 있진 않았다. 로자 파크스의 유명한 말을 다시 인용하자면 그녀는—몸이 아니라 영혼이—지쳐 있었기 때문에 그 버스에 앉아 있었다. "모자란 사람"으로 취급받는 것에 동의하는 데 지쳐 있던 것이다. 물론 그녀는 사회적 관심을 공유하고 비폭력적인 사회 변화를 믿는 공동체의 맥락 속에서 행동했다. 무엇보다도 파크스는 '유색인종의 전진을 위한 전국연합National Association for the Advancement of Colored People, NAACP'의 몽고메리 지회 간사로 일했고, 비폭력 전략 및 전술에 관한 하이랜더 민족학교의 대화에 참석했던 적이 있다.[12] 그러나 한 사람이 분리되지 않은 삶을 살겠다는 결정에 따라 행동하는 순간, 전략에 대한 고려보다 훨씬 앞서서 마음의 요구라는 힘이 작동한다.

　그런 결정을 하려면 개인적으로 위험을 감수해야 하는 경우가 많다. 평판, 친구, 생계 그리고 때로는 생명을 잃을 수도 있는 것이다. 우리의 행동이 뭔가 커다란 것을 촉발하리라는 가능성을 계산해서 그런 위험을 무릅쓸 용기가 솟구치는 것은 아니다. 누군가가 내 편이 되어준다거나 우리가 하는 일이 커다란 에너지를 분출시킬 것이라는 보장이 전혀 없다.

　다만 한 가지는 보장되어 있다. 더 이상 분리된 채로 살지 않음으로써 우리는 적대적인 세계의 한가운데서 자신의 정체성과 성실성을 주장할 수 있다는 사실이다. 적지 않은 사람들이 입증하듯이 그 사실은 거기에 따를지 모르는 온갖 처벌을 충분히 상쇄하는 보상이다. 자리를 양보하지 않으면 감옥에 넣겠다고 협박하는 경찰에게 로자가 말한 것처럼 "그렇게 해도 괜찮다." 그녀는 다음과 같이 놀라운 말을 했다. "당신들이 돌과 철로 만든 감옥이 내게 무슨 의미가 있을 수 있겠는가? 내 마음속에 갇혀 있던 참 자아의 이미지에 따라 행동함으로써 나는 당신들이 만든 감옥보다 훨씬 더 나쁜 감옥에서 나를 해방시켰다."

로자 파크스 그리고 그녀와 비슷한 다른 사람들은―남아프리카 공화국의 넬슨 만델라, 미얀마의 아웅 산 수 치, 체코의 바츨라프 하벨 그리고 미국의 몇몇 건국자를 들 수 있다―처벌의 개념을 바꿈으로써 개인의 중대한 위험을 감수할 용기를 냈다. 그들 모두 이해하게 된 것이 있다. **다른 사람이 내게 가하는 어떠한 처벌도, 자신이 왜소해지는 것에 공모함으로써 스스로에게 가하는 처벌보다 더 클 수 없다**는 것이다. 더 이상 분리된 채 살지 않겠다는 결정은 자신의 삶을 마음의 명령에 일치시킴으로써 음모를 종식시키겠다는 결정이다.

고립된 개인들이 제각각 자신의 진실에만 충실하겠다고 결심한다면, 그 수가 아무리 많다고 해도 사회운동이 지탱될 수 없음이 분명하다. 따라서 사회 변화를 위한 운동은―더 이상 분리된 채 살지 않겠다는 심오한 내면의 결정과 함께 시작되어―추종자, 에너지, 조직, 실제적 지식, 매력 등을 확보해야 한다. 이를 위해서는 변화된 힘을 가지고 바깥세상으로 나아가는 세 가지 단계를 거쳐야 한다.✦

내적 해방에서 외적 변형으로

두 번째 단계는 "일치의 공동체community of congruence"를 형성하는

✦ 마음은 빛은 물론 어둠까지 아우르는 인간적인 모든 것의 집이기 때문에, 여기서 발현되는 운동에는 민주적인 것도 있고, 권위주의적인 것도 있다. 모든 이론이 그러해야 하듯이 운동이 전개되는 방식에 관하여 내가 내세우는 "단계 이론"도 두 유형에 모두 적용된다. 다만 세 번째 단계에서 두 유형은 종종 갈라진다. 민주적인 운동은 공적으로 나아가는 반면 권위주의적인 운동은 그렇지 않다. 그러나 내가 여기서 예시하는 것은 모두 민주적인 운동에 관한 것이다.

것이다. 조지아 주 아메리쿠스 근처의 작은 흑인 독립교회(제2장에서 소개했다), 하이랜더 민족학교 또는 신뢰의 서클(제7장에서 소개했다) 등이 여기에 해당한다. 이러한 공동체에 모이는 사람들은 마음의 명령에 따라 살기로 결심하도록 서로를 북돋는다.

분리된 삶을 안전하고 정상인 것으로 권유하는 문화에서는 사회운동을 점화하는 내면의 결정을 유지하기가 쉽지 않다. 로자 파크스의 결정을 내리는 사람들이 잘 이해해주지 못하는 가족이나 친구들에게 자신을 설명하려다가 기가 꺾이기 쉽다. 그 과정에서 시간과 에너지, 심지어는 결심까지 잃어버리기도 한다. 그들에게는 자신이 미친 것이 아니라는 확신을 주는 가까운 영혼이 필요하다. 바로 그 확신이 일치의 공동체가 제공하는 것 가운데 하나다.

이 길을 걸어가는 사람들에게는 또한 정치적인 싸움에 들어가 자신의 목소리를 표출하는 기질, 지식 그리고 기술도 필요하다. 따라서 일치의 공동체는 사회 변화의 주체 그리고 이에 참여하는 모든 시민이 갖춰야 하는 마음의 습관을 키우도록 돕는다. 자신의 주장을 밀고 나가기 위해 필요한 정보, 이론, 전략을 익힐 수 있도록 지원하는 것이다. 그리고 대규모 운동이 요구하는 지도자가 될 작은 기회를 제공한다.

일치의 공동체는 보육원과 같다. 또는 식물이 실외로 이식되어 모든 날씨에도 견딜 수 있을 만큼 튼튼해질 때까지 돌보아주는 온실과 비슷하다. 예를 들어 신뢰의 서클에서 참가자들은 상처받기 쉬운 마음속의 언어를 꺼내놓는다. 그 말을 가지고 이러쿵저러쿵하지 않고 그냥 긍정해주는 사람들이 앞에 있기 때문이다. 자신의 히포크라테스 선서가 위기에 처했음을 인정한 외과의사가 그러했다(제7장에서 다룬 사례다). 참가자들이 보호된 환경에서 자신의 약한 부분을 계속 노출시키면서 마음의 언어는 점점 강인해지고, 자신들의 "새로운 표준"으로 천천히 정착된다. 언젠가 그들은 공적인 장에서 자신의 마음을 발언하게 되는 날이 올 것이다. 한때는 그렇게 하는 것이 너무 위험해서 불가능해 보인 적이 있었다는 것을 거의 잊어버린 채 말이다.

이런 식으로—그리고 더욱 의도적이고 전략적인 다른 방식으로— 운동은 세 번째 단계로 옮겨가는데, 바로 "공적인 장으로 나아가는 것"이다. 이 단계의 중요성은 단순하고 자명해 보인다. 하나의 운동이 그 메시지를 전파하기 위해 공적인 장으로 나가 사회 변화를 일으키려 하지 않는다면 이는 운동이 아니라 비밀결사다. 그러나 운동이 선의를 도모하는 세력이 되고자 할 때 공적인 장으로 나아가야 하는 또 하나의 중요한 이유가 있다.

어떤 운동이든 이면에 그늘이 있는데, "우리는 옳고 다른 사람들은 모두 틀렸다"는 믿음이 그것이다. 이 믿음은 견해를 함께하는 사람들끼리만 이야기할 때는 도전받지 않는다. 운동의 옹호자들이 공적인 장으로 나아가 비판자들을 끌어 모아 참여시키지 않는다면, 그 자기방어적인 폐쇄 회로는 집단적 나르시시즘을 빚어낸다. 이는 파시즘이나 그와 비슷한 것들의 핵심에 자리잡은 병이다. 진정으로 운동을 믿는 사람들이 견딜 수 없는 상황이 이제 벌어진다. 반대자들에게 고통을 가하고 사물을 다르게 보는 사람을 죄다 깎아내린다. 가장 극단적으로 그 결과는 파시스트적으로 해결하거나 운동의 비판자들을 투옥하거나 살해하는 것이다.

운동이 그러한 반민주적인 결과로 이어지지 않도록 하려면 의견을 달리하는 사람들과 공개적으로 생각을 나누어야 한다. 만일 비판이 틀리다면 운동은 공공의 장에서 답을 할 수 있다. 그렇게 함으로써 비록 그 비판자들을 설득하지는 못한다 해도 운동의 주장을 공론장에서 주장할 기회를 얻게 된다. 만일 비판이 옳다면 운동은 그 한계와 오류로 인해 자멸하기 전에 스스로 바로잡을 기회를 얻을 수 있다. 정당성 있는 운동은 비판자들과의 대화에 심혈을 기울인다. 그리고 그 최상의 사례는 미국의 민주주의라고 불리는 운동이다.

운동의 네 번째 단계에서 성공의 징후가 나타난다. 여기서 성공이라고 함은 1964년 민권 법안의 통과, 1989년 체코 국민을 해방시킨 벨벳 혁명, 1994년 넬슨 만델라의 대통령 당선처럼 대서특필될 만한 엄청난 승리를 말하는 것이 아니다. 그런 성공은 수백만의 보이지 않는 용기 있는 행동, 이에 따라 점증하는 승리 그리고 마음의 역사가 쓰인 미세한 순간의 결과였다.

운동의 성공은 모든 사회가 사회통제를 위해 행하는 제도적 보상과 처벌의 시스템에 작은 변화들이 천천히 쌓이면서 그 신호가 나타난다. 예전에는 부당하게 처벌을 받던 자질, 참여 그리고 행동이 거의 알아차릴 수 없을 만큼 완만한 과정 속에서 보상의 원천이 되기 시작한다. 예를 들어 민권운동에 탄력이 붙으면서 몇몇 교육자와 학자들은 새로운 날이 도래하고 있음을 봤다. 그래서 자기가 일해온 방식을 재고해야 했다. 미국의 역사를 억압받는 소수자의 관점에서 다시 살펴보고, 새롭게 써야 했던 것이다. 학생들은 다문화적인 세계에서 잘 살아가려면 그것을 이해해야 했다. 그리고 그 필요가 충족되기 위해서는 더 많은 유색인종이 학생, 교사, 학자가 되는 교육제도가 중요하다.

이러한 각성의 결과 그로부터 10년 전 같았으면 처벌받았을 행동이 교육 분야에서 경력이 되고, 심지어 위세도 되기 시작했다. 1964년 민권 법안이 통과되기까지 다른 분야에서도 이와 비슷한 작은 변화들이 이뤄지고 있었다. 그것들이 누적되어 의회가 법의 힘보단 변형된 보상과 처벌 시스템을 앞세워 피억압 집단들이 차별로부터 법적 보호를 받도록 강제하는 정치적인 변환점이 생겨났다.

이러한 네 번째 운동 단계에서는 외적인 변형만이 아니라 내적인 변형도 일어난다. 그래서 결국 첫 번째 단계로 돌아가 완전한 원을 이루게 된다. 자신이 왜소해지면서 음모에 가담하는 것보다 더 큰 처벌이 없음을 깨닫게 되는 사람들이 힘을 모으면서 그 운동은 시작된다. 그들은 운동의 최종 국면에서 자신의 진실을 대낮의 빛 아래 크게 드러내고 살아가는 것 이상의 보상이 있을 수 없음을 이해하게 된다.

이 지구를 여행하는 동안 진정한 자아를 드러낸 적이 거의 없었다고 생각하면서 죽어가는 것보다 더 깊은 영혼의 고통을 나는 상상할 수 없다. 그리고 이 행성에서 보낸 잠깐 동안 최선을 다해 나 자신으로서 가족, 친구, 공동체와 세계 앞에 현존할 수 있었음을 알면서 죽는 것보다 더 깊은 영혼의 위로를 나는 상상할 수 없다.

비극적 간극 속에서 희망을 갖고 행동하라

이러한 네 단계—더 이상 분리되어 살지 않겠다고 결정하기, 일치의 공동체를 형성하기, 비전을 가지고 공적인 장으로 나아가기, 처벌과 보상 시스템을 변형시키기—는 내가 연구한 모든 사회운동에서 발견된다. 물론 역사는 운동 모델이 암시하는 것보다 더 뒤죽박죽이다. 각 단계는 그 시작과 끝이 선명하지 않다. 또한 조립 라인에서처럼 정해진 순서를 정확하게 거쳐 사회 변화라는 최종 상품이 나오는 것도 아니다. 그 단계들은 유기체를 생성하는 DNA 분자의 이중나선처럼 보이는 과정 속에

서로 얽혀 있다.

이 모델을 실제 세계에서 벌어지는 일들과 혼동만 하지 않는다면 삶의 복잡성 속에서 단계를 추출하는 것은 두 가지 중요한 목적에 기여한다. 그것은 역사의 혼란 속에서 운동이 어떻게 전개될 것인가를 볼 수 있도록 엑스레이 같은 시선을 제공해준다. 우리는 그 눈으로 내면·외면의 역동을 비로소 관찰할 수 있게 된다. 그리고 우리가 관심을 갖는 운동에 무엇이 생기를 불어넣는가를 한번 보게 되면, 그 운동이 발전 과정에서 어디에 있는지 그리고 그 운동을 지속시키기 위해서 무엇을 해야 하는지를 좀 더 잘 알아차릴 수가 있다.

운동에 의해서 생성된 유기적인 회복은 또 다른 운동의 무대를 열어주면서 결국 시들고 죽는다. 미국의 민주주의라는 운동도 예외가 아니다. 모든 세대에서 우리는 현실과 열망의 간극을 좁히기 위해 계속 힘써야 한다. 그 간극은 언제나 벌어져 있고, 그것을 좁히려 시도하는 이들은 언제나 비통하다. 이제 책의 종반부로 향해가는 지금, 한 가지 비극적인 예가 남아 있다.

제2장에서 나는 1963년 케네디 대통령의 암살로 인해 처음으로 정치적인 비통함을 경험했다고 말했다. 내가 이 문단을 쓰고 있는 지금 다시 비통해졌다. 수백만의 사람이 이 느낌을 공유하고 있으리라. 오늘은 케네디 대통령이 암살된 지 거의 50년이 지난 2011년 1월 8일 토요일이다. 오늘 아침 애리조나 주 투손에 있는 어느 슈퍼마켓 바깥에서, 어떤 사람이 총을 쏴 6명을 죽이고 14명에게 중상을 입혔다. 그들은 애리조나의 제8선거구에서 뽑힌 미국의 하원의원 가브리엘 기퍼즈가 후원하는 "당신의 동네에서 의회를"이라는 행사에 참석하고 있었다.

하원의원 기퍼즈는 중상을 입었다. 사망자 중에는 지방법원 판사 존

매카시 롤 그리고 9살 크리스티나 테일러 그린이 있었다. 학교에서 학생 자치위원으로 선출되어 민주주의에 대해 더 배우고자 그 행사에 왔다가 변을 당한 크리스티나는 아주 어린 나이에 참여하는 시민이 되는 길을 잘 가고 있었다.

　범인은 정신 질환자임이 거의 확실하다. 그리고 어떤 미국인에게 그것으로 이야기는 끝난다. 그런가 하면 어떤 사람은 비난과 선동을 일삼고 가끔 폭력적인 언사를 서슴지 않는 정치가 그런 살인에 일조했다고 주장한다. 그것이 사실인지 아닌지 나는 알지 못한다. 그리고 누가 그것을 알까 싶다. 심각하게 착란된 정신 안쪽에 어떻게 들어갈 수 있겠는가? 그러나 나는 이것 하나는 알고 있다. 폭력은 영적인 형태에서 물리적인 형태에 이르기까지 여러 가지로 나타난다는 것을. 그리고 그 모든 것은 연민의 실패, 공감과 존중의 결여에 뿌리를 두고 있다는 것을.

　정신착란적 행동이 독설과 경멸과 거짓말로 가득한 정치 풍토와 직접적인 인과관계를 갖지는 않을 것이다. 그러나 이 모든 것, 그 이상의 것이 무정하고 냉담한 연속선 안에서 발견된다. 정신이 나간 사람은 우리 정상인이 내세울 수 없는 핑곗거리 하나를 갖고 있다. 그의 두뇌는 공감이 불가능하도록 회로가 짜여 있다는 것이다. 그런 질환자가 아닌 우리에게 서로를 돌볼 것인가, 돌보지 않을 것인가는 개인적인 삶은 물론 정치적인 영역에서도 선택 사항이다. 궁극적으로 그것은 죽음과 생명 사이의 선택이다.

　지난 50년 동안 나는 여러 형태로 폭력에 반대 증언을 하는 사람들과 함께 걸으면서 그들로부터 배웠다. 그 가운데 지난 6년 동안 창조적인 갈등이 가능한 비폭력적 정치에 대해 논증하면서 이 책의 작업을 진행해 왔다. 지난 반세기 동안 우리의 더 나은 천사들이 움직이는 것을 자주

보아왔는데, 때로는 전혀 그럴 것 같지 않은 상황에서도 움직였다. 또한 그 천사들의 그늘진 다른 쪽이 우리를 거듭 폭력으로 몰아가는 것도 보아왔다. 빛과 어둠 사이의 그 긴장을 끌어안는 것은 마음이 부서지는 일로서 내게 큰 도전이었다.

개인적·정치적 삶에서 우리가 끌어안아야 하는 모든 긴장 가운데, 가장 근본적이고 가장 도전적인 것은 "비극적 간극" 속에서 희망을 가지고 견디고 행동하는 것이다. 그 간극의 한쪽에는 세상의 어려운 현실이 있다. 우리의 영혼을 부수고 희망을 무너뜨리는 현실 말이다. 그 간극의 다른 한쪽에는 실제로 이 세계에서 이루어질 가능성이 있다. 우리가 가능하다고 보았기 때문에 그렇게 이루어지는 삶 말이다. 우리는 전쟁에 빠져 있는 세상을 보지만 평화의 순간을 알고 있다. 인종적·종교적인 대립을 보지만 연합의 순간을 알고 있다. 불공정한 결핍으로 인한 고통을 보지만, 풍요가 생성되는 물질적·영적인 나눔의 순간을 봐왔다. 이런 종류의 가능성은 부질없는 꿈이나 환상이 아니다. 그것은 우리가 자신의 삶에서 목격해온 대안적 현실이다.

그럼에도 불구하고 우리는 비극적 간극 속에서 계속 살아간다. 비극적인 이유는 그 간극이 단지 비통하기 때문만이 아니다. '비극적'이라는 말의 고전적 의미를 살펴보면 그 간극은 인간 조건의 영원하고 벗어날 수 없는 특징이다. 여기는 인류의 역사라고 불리는 장소로서, 우리가 희망을 갖고 견디며 행동해야 하는 곳이다. 우리와 우리의 후손도 그 간극이 완전히 없어지는 것을 보지 못할 것이다.

우리가 이렇듯 혹독한 곳에 서 있기 때문에 여기서 오래 머문다는 것을 상상하기가 어렵다. 현실과 가능성 사이의 긴장을 참지 못해 어느 한쪽으로 기울어지고 싶은 유혹을 계속 받는다. 만일 우리가 현실로 너무 많이 기울어지면, 정신을 좀먹는 냉소주의에 빠진다. 폭력이 거듭 출몰하는 가운데 세상이 어떻게 돌아가는지를 본 우리는 평화를 위해 힘쓰기보다는 전쟁을 대비한다. 그래서 문제의 일부가 되어버린다. 우리가 가능성으로 너무 많이 기울어지면 뜬금없는 이상주의에 빠진다. 그래서 "만일…… 하면 좋을 텐데"라는 환상의 세계에 산다. 다툼으로부터 너무 높은 곳으로만 떠다니다 보니 현실 파악력을 잃어버린다. 또 다른 방식으로 문제의 일부가 되는 것이다. 냉소주의와 이상주의는 정반대로 보이지만 똑같은 결과를 빚는다. 둘 다 비극적 간극에서 우리를 끌어냄으로써 행동하지 못하게 만드는 것이다.

　미국의 건국자들은 자신들이 심어놓은 정치운동이 시들어 죽지 않도록 시민이 세대를 이어서 행동해야 한다는 것을 깨달았다. 그래서 그들은 끊임없는 갱신을 민주주의의 인프라로 구축했다. 비록 그들이 비극적 간극이라는 말을 하지는 않았지만, 그 생각의 핵심을 품고 있었음이 분명하다. 저널리스트 존 미아첨은 조셉 엘리스의 『미국의 창조American Creation』에 대한 서평에서 그 점을 다음과 같이 밝히고 있다.

　비극적인 환경에서 살면서 승리를 향해 분투하려면─거기에서 완벽함은 불가능하지만 진보는 가능하다─어떻게 해야 하는가, 이것이 건국자들의 최대 관심사였다. 그들은 제임스 메디슨의 지도하에 헌법 구조 안에서 서로 경쟁하는 권력의 중심을 창조하는 미덕을 발휘했다. (…) 의견 차이를 싸움의 자연스러운 근원으로부터 안정의 근원으로 변형시키는 것이 중요한 통찰이었고 헌법의 위대한 성취였다. 미국의 열렬한 지지자들을 좌절시키는 것─삐걱거리는 견제와 균형, 분산된 지배력 그리고 갑작스런 변화에 대한 일반적 거부감─이 우리의 승리

를 가능하게 하는 것이기도 하다고, 엘리스는 주장한다.[13]

　우리가 비극적 간극 속에서 오랫동안 희망을 가지고 견디며 행동하려면, 단지 "효율성"을 성패의 궁극적인 척도로 삼을 수 없다. 물론 우리는 중요한 목표를 추구하면서 효율적이 되기를 원한다. 그러나 측정 가능하고 단기적인 결과가 우리의 노력을 평가하는 유일한 또는 1차적인 기준이 될 때, 그 결과는 예측되는 만큼이나 측은한 것이다. 우리는 점점 더 작은 과제에만 매달린다. 즉시 보이는 결과를 내는 과제들 말이다. 그리고 커다랗고 불가능하지만 핵심적인 과제는 포기해버린다.

　우리는 효율성보다 높은 기준으로 스스로를 평가해야 한다. 그것은 바로 충실함이라는 기준이다. 우리는 자신이 의지하는 공동체에 충실한가? 절박한 필요에 대응하여 할 수 있는 일을 충실히 수행하는가? 우리 본성의 보다 선한 천사들에 그리고 그들이 우리 안에서 불러내는 것에 충실한가? 인류와의 영원한 대화에, 진리에 다가가는 방식으로 말하고 듣는 것에 충실한가? 실현될 가능성이 아주 낮아도 공공선을 증언하라는 용기의 부름에 충실한가? 충실함이 우리의 기준이 될 때 결코 완수될 수 없는 과업에 계속 관여할 수 있을 것이다. 이는 정의를 실현하고, 자비를 사랑하며, 사랑스러운 공동체를 만들어가는 것이다.

　민주주의라고 불리는 운동에 완전히 참여하는 것은 바로 우리 자신의 삶을 살아가는 데 완전히 참여하는 것을 요구한다. 우리는 자기 안에 과거를 간직하고 있다. 그러므로 그 강한 빛뿐만 아니라 깊은 어둠의 유산도 이해해야 한다. 우리는 미래를 오직 상상 속에서만 볼 수 있다. 그러므로 자유, 평화 그리고 모두를 위한 정의를 계속 꿈꿔야 한다. 한편으로 우리는 현재의 순간 속에 살아간다. 거기에는 단조로움과 테러, 공포와 희망, 이해할 수 없는 상실과 초월적인 기쁨이 함께 깃들어 있다. 현재라는 시간 속에서 우리가 하는 일 어느 것도 변화를 일으킬 것 같지 않은 기분이 종종 든다. 그러나 참으로 많은 것이 우리에게 달려 있다.

신학자 라인홀드 니버는 이 모든 것을 깊게 잘 이해하고 있었다. 그가 쓴 글은 내가 아는 한 이 책을 마무리하면서 인용하기에 가장 훌륭하다.

할 만한 가치가 있는 일 가운데 그 어느 것도 우리의 생애 안에 성취될 수는 없다. 따라서 우리는 희망으로 구원받아야 한다. 진실하거나 아름답거나 선한 것은 어느 것도 역사의 즉각적인 문맥 속에서 완전하게 이해되지 못한다. 따라서 우리는 믿음으로 구원받아야 한다. 우리가 하는 일이 아무리 고결하다 해도 혼자서는 결코 달성될 수 없다. 따라서 우리는 사랑으로 구원받아야 한다.[14]

감사의 글

나의 아홉 번째 저술인 이 책은 가장 도전적이었다. 처음 이 책을 써달라는 연락을 받았을 때 전화를 끊으려고 했다. 그 주제가 너무 중요하기는 하지만 그것을 파고들려면 어떤 위험한 영토를 헤쳐나가야 한다는 것을 알고 있었기 때문이다. 나는 너무 늙었고 지쳐 있었다. 그리고 그 작업을 잘해내는 것은 고사하고 착수할 용기조차 나지 않았다.

나는 젊음의 샘을 찾았다고 주장할 수 없다. 그러나 이 저술 작업이 나를 회춘시켜주었는데, 아마도 그 일을 마무리하고도 살아남았기 때문이리라. 나는 이 작업을 잘해냈다고 주장할 수도 없다. 물론 그것은 다른 사람들이 판단할 일이다. 한 가지 말할 수 있는 것은 내가 공공선을 아끼는 시민으로서 민주주의의 갈등을 보다 창조적으로 다룰 채비가 되어 있다고 느낀다는 점이다.

수많은 사람의 사랑, 격려 그리고 실제적인 지원이 없었으면 이 책을 시작하거나 마무리하는 것이 불가능했다. 그들 모두에게 깊은 감사를 전한다.

나의 오랜 편집자인 조시 배스의 셰릴 풀러턴은 나를 작가로서 신뢰하며 내가 무엇을 쓰고 싶어하는지를 잘 이해한다. 이번 책을 쓰면서도 내

가 자신감을 잃었을 때, 그녀는 내가 다른 책을 쓸 수 있음을 믿도록 도
와주었지만, 그것을 당장 하도록 압박하기를 주저하지 않았다. 그녀를
훌륭한 동료일 뿐 아니라 훌륭한 친구로 알고 지내고 있음은 커다란 행
운이다.

나의 아내 샤론 파머는 날이면 날마다 모든 방법으로 그리고 그 이상
으로 나를 지지해준다. 그녀에게 한없는 감사를 느낀다. 그녀 역시 내게
가장 중요한 편집자로서, 사려 깊고 지칠 줄 모르는 독자다. 내가 틀렸다
고 생각할 때는 가혹하고, 내가 바로잡으면 눈물을 흘린다. 그녀는 내 원
고를 읽으면서 세 가지 질문을 던진다. 그것은 말할 만한 가치가 있는가?
명료하게 말했는가? 아름답게 말했는가? 이 책의 많은 부분은 이 세 가
지 시험을 통과하지 못한다. 그러나 그녀의 믿음과 사랑 덕분에 이 책과
그 저자는 훨씬 나은 모습이 될 수 있었다.

나의 양녀 크리스틴 크레이븐은 좋은 글에 대한 날카로운 눈과 높은
기준을 자기 어머니로부터 물려받은 듯하다. 그녀는 원고의 한 글자 한
글자를 세심하게 읽으면서, 쩔쩔매는 궁지에서 나를 구해주며 몇 가지
좋은 아이디어를 주었다. 또한 내가 '그러나' 라는 단어를 남용한다는 점
을 지적하기도 했는데 내가 어떤 사안의 다른 한쪽 면을 뇌리에서 영원
히 떨쳐내지 못하기 때문인 듯하다. 그래서 우리끼리 통하는 사적인 농
담으로, 그녀는 내가 '쓸데없는 걱정들을 차버리는 데' 도움을 주었다고
말한다.(그러나 그 농담은 더 이상 사적인 것이 아니라고 나는 짐작한다.)

테리 채드시, 마시 잭슨 그리고 릭 잭슨은 용기와 회복을 위한 센터
의 가까운 동료이자 경애하는 친구들이다. 15년 동안 그들은 나의 작업
을 지지하면서 나의 몇 가지 아이디어가 센터의 탁월한 프로그램을 통해
"바퀴를 달 수 있도록" 도와주었다. 그들 모두 여러 단계에서 이 원고를

읽고 논평해주었다. 특히 릭은 여러 초고를 처음부터 끝까지 읽고 모든 원고에 대한 상세한 답을 해줬다. 그 세 사람 덕분에 나의 인생과 작업은 헤아릴 수 없을 정도로 풍부해졌고, 이에 대해 나는 영원히 감사함을 느낀다.

2010년 용기와 회복을 위한 센터는 민주주의에 대한 두 번의 전국 컨퍼런스를 주최했다. 그 두 행사를 이끌면서 배운 경험은 이 책에 크게 보탬이 되었다. 그 행사를 성사시켜준 센터의 직원들, 나를 위해 중요한 담론 공동체를 제공해준 참석자들에게 깊이 감사드린다. 특히 나의 친구이자 동료인 필립 빔스타인과 캐리 뉴커머에게 고마움을 전한다. 그들은 음악가이자 특별한 시민으로서 집회가 매력적이고 기억될 만한 행사가 되도록 도와주었다.

내 원고와 그 안에 담긴 핵심 아이디어에 대해 토론을 해준 다른 사람들 가운데, 특히 감사드리는 이들이 있다. 데이브 보이어, 캐시 질, 존 모어필드, 캐시 모어필드, 존 필립, 짐 퀘이, 파멜라 시글 그리고 에이미 업튼이 그들이다. 그들 모두 나의 생각을 심화시켜주었고, 이 책이 궤도를 이탈하지 않도록 끊임없이 수정해주었다.

끝으로 (이것은 내가 쓰리라고 상상하지 않았던 문장이지만) 페이스북의 대화 파트너들에게 감사드린다. 몇 해 전 나의 친구 핀 라이언은 나를 위해 페이스북의 저자 페이지를 개설해주었다. 감사하긴 했지만 그 미디어에 대한 회의감 때문에 나는 이 책을 마무리하기 6개월 전까지 거기에 아무것도 올릴 수 없었다. 나는 도약을 하게 되어 기쁘다. 그 공간에서 나와 함께해준 많은 이가 수많은 핵심 아이디어를 다듬는 데 도움을 주었다. 그 결과 혼자 썼을 경우보다 훨씬 좋은 책을 쓸 수 있었다. 나의 얼굴을 마주보는 친구들은 물론 페이스북의 모든 친구에게 깊은 감사를 드린다.

주

2024년판 서문

1 https://www.usatoday.com/story/news/nation/2023/06/27/democracy-in-america-voter-july-4-poll/70337592007/

2 Homeland Security and Governmental Affairs Report on "The Rising Threat of Domestic Terrorism," November 2022. http://tiny.cc/v4n9vz

3 https://www.npr.org/2023/07/30/1190970499/over-1-100-rioters-have-been-charged-for-jan-6-many-name-trump-in-their-statemen

4 Miriam Berger, "U.S. Listed as a 'Backsliding' Democracy for First Time in Report by European Think Tank." Washington Post, November 22, 2021. https://www.washingtonpost.com/world/2021/11/22/united -states-backsliding-democracies-list-first-time/

5 Ibid.

6 https://www.cbsnews.com/news/trump-indictments-details-guide-charges-trial-dates-people-case/

7 영어로 'heart disease'인데, 이 책에서는 '마음의 병'을 '심장병'의 은유로 사용하고 있다.—옮긴이

8 AP- NORC Center for Public Affairs Research, "Civil Liberties and Security: 20 Years after 9/11," September 2021. http://www.apnorc.org/civil-liberties-and-security-20-years-after-9-11

9 https://onbeing.org/blog/will-fascism-trump-democracy/

10 Ben Kamisar, "Almost a Third of Americans Still Believe the 2020 Election Result Was Fraudulent." Meet the Press Blog, June 20, 2023. https://www.nbcnews.com/meet-the-press/meetthepressblog/almost-third -americans-still-believe-2020-election-result-was-fraudule-rcna90145

11 https://www.yadvashem.org/holocaust/elie-wiesel.html

12 위키피디아에서 realpolitik를 찾아볼 것. https://en.wikipedia.org/wiki/Realpolitik

13 Molly Ivins, "Not. Backing. Hillary." CNN.com, January 20, 2006. https://www.cnn.com/2006/POLITICS/01/20/ivins.hillary/

14 Eric Fromm, Escape from Freedom (1941) in Wikipedia. https://en.wikipedia.org/wiki/Escape_from_Freedom

15 파커 J. 파머, 『비통한 자들을 위한 정치학』, 글항아리, 2012

16 Pew Research Center, "Americans' Views of Government: Decades of Distrust," June 6, 2022. https://www.pewresearch.org/politics/2022 /06/06/americans-views-of-government-decades-of-distrust- enduring-support-for-its-role/

17 https://wichurches.org/wp-content/uploads/2020/01/SeasonsofCivility.pdf

18 https://www.myneighborsvoice.org

19 Russel C.D. Arnold, "Cultivating Parker Palmer's Habits of the Heart in an Integrative Course on Israel/Palestine." The Journal of Interreligious Studies, Issue 20, March 2017, pp.54-70.

20 https://couragerenewal.org을 볼 것

21 www.couragerenewal.org/healing-heart-democracy-hub/

22 Sarah Schwartz, "Map: Where Critical Race Theory Is Under Attack." Education Week, June 11, 2021 (updated June 13, 2023). https://www .edweek.org/policy-politics/map-where-critical-race-theory-is-under-attack/2021/06

23 역사의 교훈을 교정하는 것에 대해서는 다음을 참고할 것, Michelle Alexander, The New Jim Crow(2010). https://en.wikipedia.org/wiki/The_New_Jim_Crow; and Elizabeth Wilkerson, Caste (2020). https://en.wikipedia.org/wiki/Caste:_The_ Origins_of_Our_Discontents

24 William Sloane Coffin, Credo(Louisville, KY: Westminster/John Knox Press, 2005), p.84.

25 https://www.pbs.org/newshour/politics/what-is-great-replacement-theory-and-how-does-it-fuel-racist-violence

26 '신앙과 정치 연구소'와 민권 순례에 관한 정보는 http://faithandpolitics.org를 참고할 것

27 이 사건에 대한 상세한 내용은 다음을 볼 것. http://www.nytimes.com/2013/04/02/us/elwin-wilson-who-apologized-for-racist-acts-dies-at-76.html?_r=0

28 관련한 미연방법원의 판결에 대해서는 다음을 볼 것. http://en.wikipedia.org/wiki/Shelby_County_v._Holde

제명

1 Terry Tempest Williams, "Engagement", Orion, July-Aug. 2004, http://www.orionmagazine.org/index.php/articles/article/143/ 또한 Williams, *The Open Space of Democracy*, Eugene, Ore: Wip and Stock, 2004, pp. 83-84 참조.

서문 비통한 자들을 위한 정치학

1 Theodore Roethke, "In a Dark Time", in *The Collected Poems of Theodore Roethke*, New York: Anchor Books, 1974, p. 231.

2 미국인 중 50퍼센트가 "정부는 테러리즘과 싸우기 위해서 법원의 허가 없이 전화나 이메일을 모니터할 권리가 있다고 믿는다." *Atlantic*, Jan.-Feb. 2010, p. 56. "Suspicious" at http://www.theatlantic.com/2010map 참조.

3 나는 이에 대해 "비통한 자들을 위한 정치학The Politics of the Brokenhearted"에서 처음 썼다. Mark Nepo, ed., *Deepening the American Dream*, San Francisco: Jossey-Bass, 2005.

4 Joshua Shenk, *Lincoln's Melancholy*, New York: Houghton Mifflin, 2005.

5 Matthew S. Holland, *Bonds of Affection*, Washington, D.C.: Georgetown University Press, 2007, p. 4.

6 예를 들어 공공 대화 프로젝트, "중절에 대한 대화의 도입을 위한 한 가지 모델"(1999)

을 보라.

http://www.publicconversations.org/node/62

7 Willynel, "George Carlin, Prophet", *Daily Kos*, May. 22, 2010, http://www.dailykos.com/story/2010/5/22/868800/-George-Carlin,-prophet

8 "About Us", *Soldier's Heart*, 2010, http://www.soldiersheart.net/about/index.shtml

9 Abraham Lincoln, "The Perpetuation of Our Political Institutions", speech delivered Jan. 27, 1838, http://www.teachingamericanhistory.org/library/index.asp?document=157. 또한 Ken Burns, "Commencement Address, 2006", speech delivered May 20, 2006, http://college.georgetown.edu/43685.html 참조.

1. 민주주의의 생태계

1 E. M. Forster, *Two Cheers for Democracy*, New York: Harcourt, Brace, 1951, p. 70.

2 Molly Ivins, *You Got to Dance with Them What Brung You*, New York: Vintage Books, 1999, p. 81.

3 Robert D. Putnam, "*E Pluribus Unum*: Diversity and Community in the Twenty-First Century", *Journal of Scandinavian Political Studies*, 2007, *30*, pp. 137-174, http://www.utoronto.ca/ethnicstudies/Putnam.pdf

4 Michael Jonas, "The Downside of Diversity", *New York Times*, Aug. 5, 2007, http://www.nytimes.com/2007/08/05/world/americas/05iht-diversity.1.6986248.html

5 Joshua Shenk, *Lincoln's Melancholy*, New York: Houghton Mifflin, 2005, p. 125.

6 위의 책.

7 위의 책.

8 어떤 연구 결과에 의해 뒷받침되는 비슷한 목록을 보려면 다음을 참고하라. David Mathews, "······ Afterthoughts", in *Kettering Review*, 2009, 27, pp. 68-69.

9 Scott E. Page, *The Difference: How the Power of Diversity Creates Better Groups, Firms, Schools, and Societies*, Princeton, N.J.: Princeton University

Press, 2008.

10 Bill Moyers, "Democracy Only Works When Ordinary People Claim It as Their Own", *Democracy NOW!* June 9, 2008, http://www.democracynow. org/2008/6/9/Moyers

11 David Gal and Derek D. Rucker, "When in Doubt, Shout! Paradoxical Influences of Doubt on Proselytizing", *Psychological Science*, 2010, *21*, pp. 1701–1707, doi: 10.1177/0956797610385953, http://scipsy.files.wordpress. com/2010/10/psychological-science-2010-gal-0956797610385953.pdf

12 "America's Founding Fathers", *Charters of Freedom*, n.d., http://www.archives. gov/exhibits/charters/constitution_founding_fathers.html

13 Allegheny College, "Nastiness, Name-Calling, and Negativity: The Allegheny College Survey of Civility and Compromise in American Politics", Apr. 20, 2010, http://sitesmedia.s3.amazonaws.com/civility/files/2010/04/AlleghenyCollegeCi vilityReport2010.pdf, p. 3.

14 위의 글, p. 36.

15 Bill Moyers, *Moyers on Democracy*, New York: Anchor Books, 2009, pp. 1–2.

16 Shenk, *Lincoln's Melancholy*, p. 8.

17 "참가자 대부분의 합의를 모으는 것만이 아니라 소수 반대자를 해소하거나 누그러뜨리 는 것을 추구하는 집단의 의사결정", 그 목적은 단지 결정만이 아니라 "집단의 유대"다. "Consensus Decision-Making", Wikipedia, Jan. 30, 2011, http://en.wikipedia. org/wiki/Consensus_decision-making

18 "Quaker Petition to Congress, October 4, 1783", *Charters of Freedom*, http:// www.archives.gov/exhibits/charters/charters_of_freedom_zoom_pages/ charters_of_freedom_zoom_5.1.1.html 참조.

19 "Underground Railroad", *Wikipedia*, Jan. 27, 2011, http://en.wikipedia.org/ wiki/Underground_Railroad

20 "Quaker Petition."

21 Gene Sharp, *Waging Nonviolent Struggle: 20th Century Practice and 21st Century Potential*, Manchester, N.H.: Extending Horizons Books, 2005.

22 이 점에 대해 보다 상세하게 탐구한 것을 보려면 다음을 참조하라. Paul Hawken, *Blessed Unrest*, New York: Viking, 2007. 또한 Hawken's "World Index for Social

and Environmental Responsibility" (http://www.WiserEarth.org), "a database of over 100,000 organizations in some 250 jurisdictions." Barry Boyce, "Why We Need New Ways of Thinking", *Shambhala Sun*, Sept. 2008, http://www.shambhalasun.com/index.php?option=com_content&task=view&id=3246&Itemid=242도 참조할 것.

23 Howard Zinn, *You Can't Be Neutral on a Moving Train: A Personal History of Our Times*, Boston: Beacon Press, 2002, pp. 4-5.

24 Bill Moyers, "For America's Sake", *Nation*, Jan. 22, 2007, http://www.thenation.com/article/americas-sake?page=0,3 참조.

25 Abraham Lincoln, "First Inaugural Address", Mar. 4, 1861, *Bartleby.com*, http://www.bartleby.com/124/pres31.html

2. 저절로 시민이 된 사람의 고백

1 Leonard Cohen, "Democracy," on *The Future* (album), Nov. 1992. Lyrics copyright ⓒ 1992 Sony Music Entertainment (Canada)/ATV Music Publishing LLC.

2 Parker J. Palmer, *The Company of Strangers: Christians and the Renewal of America's Public Life*, New York: Crossroad, 1981.

3 William Sloane Coffin, *Credo*, Louisville, Ky.: Westminster/John Knox Press, 2005, p. 84.

4 Angela D. Johnson, "In 2050, Half of U.S. Will Be People of Color." *DiversityInc*, Oct. 11, 2006, http://diversityinc.com/content/1757/article/311/

5 Michelle Alexander, *The New Jim Crow: Mass Incarceration in the Age of Colorblindness*, New York: New Press, 2010. 인용문은 "Legal Scholar Michelle Alexander on *The New Jim Crow: Mass Incarceration in the Age of Colorblindness*", *Democracy NOW!* Mar. 11, 2010 참조. http://www.democracynow.org/2010/3/11/legal_scholar_michelle_alexander_on_the

6 Joshua Shenk, *Lincoln's Melancholy*, New York: Houghton Mifflin, 2005, pp. 174-175.

7 Leo Damrosch, *Tocqueville's Discovery of America*, New York: Farrar, Straus

and Giroux, 2010, p. 47.

8 Walt Whitman, *Leaves of Grass*, 1900, http://www.bartleby.com/142/299.html

9 정보가 더 필요하면 다음을 참고할 것. *"Robert's Rules of Order"*, *Wikipedia*, http://en.wikipedia.org/wiki/Robert's_Rules_of_Order

10 나는 *The Courage to Teach: Exploring the Inner Landscape of a Teacher's Life*, San Francisco: Jossey-Bass, 1997, 7장에서[파커 J. 파머, 『가르칠 수 있는 용기』, 이종인 옮김, 한문화, 2005로 국내 출간됨. 이하 책 제목은 『가르칠 수 있는 용기』로 통일]이 가르침에 대해 개괄적으로 요약했다. 그런데 나는 그 말을 나와 함께 갔던 친구가 했던 것으로 잘못 썼다. 그 이후 그는 언제 누가 그 말을 했는지에 대해 바로잡아줬다. 그 기록을 수정할 수 있어서 기쁘다.

11 Karen Armstrong, *The Case for God*, New York: Anchor Books, 2010, p. xvii.

12 "Legal Scholar Michelle Alexander." 참조.

13 Alexis de Tocqueville, *Democracy in America*, trans. Arthur Goldhammer, New York: Library of America, 2004, p. 875.

14 Damrosch, *Tocqueville's Discovery*, pp. 107-108. Tocqueville (Goldhammer), Democracy in America에서 인용한 것이다.

15 Alexis de Tocqueville, *Democracy in America*, trans. J. P. Mayer, New York: Anchor Books, 1969, p. 508.

16 위의 책.

17 Scott Briscoe, "De Tocqueville's America: Revisited", *Associations Now*, Sept. 2007, http://www.asaecenter.org/PublicationsResources/ANowDetail.cfm?ItemNumber=27937

18 Tocqueville (Goldhammer), *Democracy in America*, p. 598.

19 Alexis de Tocqueville, Democracy in America, Vol. 2, trans. Henry Reeve, Cambridge: Sever & Francis, 1863, pp. 132-133.

20 널리 토론된 바 있는 로버트 퍼트넘의 저작 *Bowling Alone*, New York: Simon & Schuster, 2000은 공동체주의의 전통적 형태가 극적으로 쇠퇴한 미국을 묘사하고 있다. 그러나 퍼트넘의 후속 저서 *Better Together*, New York: Simon & Schuster, 2003는 결사체적인 생활의 대안적인 형태가 떠오르는 것을 검토하면서 보다 긍정적인 그림을 그리고 있다.

21 히브리어에서 *chutzpah*라는 말은 누군가가 허용되는 행위의 경계를 부끄러움 없이 넘

어설 때 분개하면서 사용된다. 그러나 이디시어와 영어에서 *chutzpah*는 양가감정적이고 심지어 긍정적인 함의까지도 내포하게 되었다. *chutzpah*는 비순응과 용기와 대담함에 대한 존경을 표현하는 데도 사용될 수 있다. "Chutzpah", *Wikipedia*, Jan. 30, 2011, http://en.wikipedia.org/wiki/Chutzpah

22 "소대little platoons"라는 문구는 다음 책에서 따왔다. Edmund Burke, *Reflections on the Revolution in France*, New York: Dover, 2006, p. 27.

23 Hafiz, "A Great Need", in *The Gift: Poems by Hafiz*, trans. Daniel Ladinsky, New York: Penguin Books, 1999, p. 165.

24 Whitman, *Leaves of Grass*.

3. 정치의 마음

1   Terry Tempest Williams, "Engagement", *Orion*, July–Aug. 2004, http://www.orionmagazine.org/index.php/articles/article/143/

2   첫 번째 통계의 출처는 from Richard Wilkinson and Kate Pickett, *The Spirit Level*, New York: Bloomsbury Press, 2009, p. v이고, 두 번째 통계의 출처는 William Domhoff, "Wealth, Income, and Power", *Who Rules America?* Jan. 2011, http://sociology.ucsc.edu/whorulesamerica/power/wealth.html이다. 1928년과의 비교는 Robert Reich, Aftershock, New York: Knopf, 2010, p. 6에 나와 있다.

3   Leon Festinger, Henry W. Riecken, and Stanley Schachter, *When Prophecy Fails*, Minneapolis: University of Minnesota Press, 1956. 또한 David Gal and Derek D. Rucker, "When in Doubt, Shout! Paradoxical Influences of Doubt on Proselytizing", *Psychological Science*, 2010, *21*, pp. 1701–1707, doi: 10.1177/0956797610385953, http://scipsy.files.wordpress.com/2010/10/psychological–science–2010–gal–0956797610385953.pdf, and "In Politics, Sometimes the Facts Don't Matter", *NPR*, July 13, 2010, http://www.npr.org/templates/story/story.php?storyId=128490874&ps=cprs 참조.

4   "Charity: Who Cares?" *MintLife*, Dec. 10, 2009, http://www.mint.com/blog/trends/charity–who–cares/

5   Robert Borosage, "Greenspan: 'Shocked Disbelief'", *Truthout*, Oct. 24, 2008,

http://www.truth-out.org/102508C

6 Felix Salmon, "Greenspan's Apology: Still MIA", *Reuters*, Sept. 9, 2009, http://blogs.reuters.com/felix-salmon/2009/09/09/greenspans-apology-still-mia/

7 돌파구를 마련한 책으로 환영받기도 했던 책 속에서 George A. Akerlof and Robert J. Shiller는 경제적 행위 속에서 정서적 요소들이 작용하는 두드러진 장소에 대해 논의하고 있다. *Animal Spirits: How Human Psychology Drives the Economy and Why It Matters for Global Capitalism*, Princeton, N.J.: Princeton University Press, 2009 참조.

8 Rachel Weiner, "Palin: Obama's 'Death Panels' Could Kill My Down Syndrome Baby", *Huffington Post*, Aug. 7, 2009, http://www.huffingtonpost.com/2009/08/07/palin-obamas-death-panel_n_254399.html

9 "St. Simeon the New Theologian" at "The Christian Origin of Heart Rhythm Mediation", *Institute for Applied Mediation*, 2009, http://www.appliedmeditation.org/About_IAM/christianity.shtml. 또한 Parker J. Palmer, *A Hidden Wholeness: The Journey Toward an Undivided Life*, San Francisco: Jossey-Bass, 2004 참조.

10 Henry A. Giroux, "Living in a Culture of Cruelty: Democracy as Spectacle", Sept. 2, 2009, http://www.truth-out.org/090209R?n

11 Matthew S. Holland, *Bonds of Affection*, Washington, D.C.: Georgetown University Press, 2007, pp. 1-17.

12 Jeffery Kaplan, "The Gospel of Consumption: And the Better Future We Left Behind", *Orion*, May-June 2008, p. 38, http://www.orionmagazine.org/index.php/articles/article/2962/

13 Don Peck, "How a New Jobless Era Will Transform America", *Atlantic*, March 2010, http://www.theatlantic.com/doc/201003/jobless-america-future. The Friedman quote is from *The Moral Consequences of Economic Growth*, New York: Vintage Books, 2006, p. 3.

14 Jay Walljasper, "51 Ways to Spark a Commons Revolution", *Yes!* Oct. 21, 2010, http://www.yesmagazine.org/issues/a-resilient-community/51-ways-to-spark-a-commons-revolution

15 "Fascism", *Wikipedia*, Jan. 31, 2011, http://en.wikipedia.org/wiki/Fascism

4. 민주주의의 베틀

1   E. F. Schumacher, *Small Is Beautiful: Economics as if People Mattered*, New York: Harper & Row, 1973, pp. 97-98.

2   "씨줄의 짜임을 촉진하기 위해 긴장 아래 있는 날실을 씨줄을 붙들도록" 베틀이 만들어졌다. "Silk and Weaving", *World Threads*, 2005, http://worldthreads.com/boutique-wovens.htm

3   Abraham Lincoln, "Last Public Address", Apr. 11, 1865, *TeachingAmericanHistory.org*, http://teachingamericanhistory.org/library/index.asp?document=1099

4   같은 곳.

5   Abraham Lincoln, "Last Public Address", Apr. 11, 1865, *Abraham Lincoln Online*, http://showcase.netins.net/web/creative/lincoln/speeches/last.htm

6   Schumacher, *Small Is Beautiful*, p. 103.

7   Joseph Ellis, *American Creation: Triumphs and Tragedies in the Founding of the Republic*, New York: Knopf, 2007, p. 123.

8   위의 책, pp. 90-91.

9   Lilly J. Goren, "Jefferson's Calm and Reason Now Thrown Off-Kilter", *Wisconsin State Journal*, July 2, 2010, p. A-10.

10 Ellis, *American Creation*, pp.90-91, 123, 124, 125.

11 위의 책, p. 126.

12 Michelle Alexander, *The New Jim Crow: Mass Incarceration in the Age of Colorblindness*, New York: New Press, 2010.

13 설득력 있는 사례를 보고 싶으면, 그 법률이 통과되기 전 주에 존슨 대통령과 마틴 루서 킹 목사가 시민 불복종에 대해 나눈 대화에 대해 빌 모이어스가 언급한 부분을 참고하라. "Moyers on LBJ and MLK", *Bill Moyers Journal*, Jan. 18, 2008, http://www.pbs.org/moyers/journal/01182008/watch4.html

14 Daily Beast, "Washington's Homeless Power Brokers", *FORA.tv*, June. 17, 2009, http://fora.tv/2009/06/17/Washingtons_Homeless_Power_Brokers; Tara Palmeri, "Homeless Stand In for Lobbyists on Capitol Hill", *CNNPolitics.com*, July. 13, 2009, http://www.cnn.com/2009/POLITICS/07/13/line.standers/index.html

15 Carl Hulse, "In Books on Two Powerbrokers, Hints of the Future", *New York Times*, July 18, 2009, http://www.nytimes.com/2009/07/19/us/politics/19cong. html. On filibusters, 또한 Paul Krugman, "A Dangerous Dysfunction", *New York Times*, Dec. 20, 2009, http://www.nytimes.com/2009/12/21/opinion/21krugman.html?_r=1 참조.

16 이 이야기는 다음 책에서 발견되었다. Amy Bach, *Ordinary Injustice: How America Holds Court*, New York: Metropolitan Books, 2009. The quotations come from the Booklist review of *Ordinary Injustice* found at http://www.ordinaryinjustice.com/reviews/reviews.html.

17 Allen Tate, "Tension in Poetry", in *Essays of Four Decades*, Wilmington, DE: Intercollegiate Studies Institute, 1999, p. 56.

18 "327: By Proxy", *WBEZ*, Mar. 9, 2007, http://www.thislife.org/radio-archives/episode/327/By-Proxy?bypass=true

19 David Crabtree, "Do the Liberal Arts Still Matter?", 2011, http://www.gutenberg.edu/pdfs/do_liberal_arts_still_matter.pdf

20 Abraham Lincoln, "First Inaugural Address", Mar. 4, 1861, *Bartleby.com*, http://www.bartleby.com/124/pres31.html

21 Shelley E. Taylor, *The Tending Instinct*, New York: Holt, 2003, p. 3.

22 Leo Damrosch, *Tocqueville's Discovery of America*, New York: Farrar, Straus and Giroux, 2010, p. 116.

23 위의 책, p. 117.

24 같은 곳.

25 위의 책, pp. 117-118.

26 Alexis de Tocqueville, *Democracy in America*, Vol. 2, New York: Quill Pen Classics, 2008, p. 245.

5. 낯선 자들과 함께하는 삶

1 Rumi, "A Community of the Spirit", in *The Essential Rumi*, trans. Coleman Barks, San Francisco: HarperOne, 1997, p. 3.

2   내가 이 이야기를 말하면서 이 주제에 대해 쓴 책은 *The Company of Strangers: Christians and the Renewal of America's Public Life*, New York: Crossroad, 1981이다. 지금도 시의성이 전혀 떨어지지 않는 이 주제를 다시 다룰 수 있게 된 것 그리고 그 택시기사를 기억하는 것을 기쁘게 생각한다. 30여 년 전에 그와 함께 딱 한 번밖에 "수업"을 하지 못했지만, 나는 그를 지금도 가장 위대한 교사 가운데 한 명으로 생각한다.

3   Carissa Byrne Hessick, "Violence Between Lovers, Strangers, and Friends", *Washington University Law Review*, 2007, 85, 344, http://lawreview.wustl.edu/inprint/85/2/Hessick.pdf

4   Alexis de Tocqueville, *Democracy in America*, Vol. 2, New York: Quill Pen Classics, 2008, p. 245.

5   미국의 건국자들처럼 고대 그리스인도 공적인 삶에서 여성과 노예를 배제했다. 이 사실은 정의라는 핵심 쟁점에 관해 역사가 너무 느리게 진척되었다는 점에서 실망을 자아낸다. 그러나 지난 150년 동안 미국의 민주주의가 이룬 어떤 성취를 높이 평가하게도 해준다.

6   Ray Oldenburg, *The Great Good Place: Cafes, Coffee Shops, Bookstores, Bars, Hair Salons, and Other Hangouts at the Heart of a Community*, Saint Paul, Minn.: Paragon House, 1989.

7   Abraham Lincoln, "Address Before the Wisconsin State Agricultural Society", Sept. 30, 1859, http://showcase.netins.net/web/creative/lincoln/speeches/fair.htm

8   같은 곳.

9   Sara M. Evans and Harry C. Boyte, *Free Spaces: The Sources of Democratic Change in America*, Chicago: University of Chicago Press, 1992, p. 17.

10 위의 책, p. 18.

11 Dahlia Lithwick, "Why Can Shopping Malls Limit Free Speech?" *Slate*, Mar. 10, 2003, http://www.slate.com/id/2079885/

12 "Tea Party Movement", *New York Times*, Jan. 4, 2011, http://topics.nytimes.com/top/reference/timestopics/subjects/t/tea_party_movement/index.html

13 Ellen Tviet, "Tom's Drugstore: Building on the Energy of Campaign Season", Aug. 13, 2008, http://blog.lib.umn.edu/cdc/bythepeople/2008/08/toms_

drugstore_building_on_the.php

14 Brooke Jarvis, "Building the World We Want: Interview with Mark Lakeman", *Yes!* May 12, 2010, http://www.yesmagazine.org/happiness/building–the–world–we–want–interview–with–mark–lakeman?utm_source=aprmay10&utm_medium=email&utm_campaign=2_CityRhdr and "The Vision of City Repair", *City Repair,* n.d., http://cityrepair.org/

15 Jarvis, "Building the World We Want."

16 같은 곳.

17 같은 곳.

18 같은 곳.

19 John McKnight, Peter Block, *The Abundant Community: Awakening the Power of Families and Neighborhoods,* San Francisco: Berrett–Koehler, 2010. 관련 사이트도 참고할 수 있다. http://www.abundantcommunity.com

20 "Crimes Against Property: Neighborhood Watch", *Law Library,* 2011, http://law.jrank.org/pages/11923/Crimes–Against–Property–Neighborhood–Watch.html

21 "Welcome to USAonWatch.org", *Neighborhood Watch Program/National Sheriffs' Association,* 2011, http://www.usaonwatch.org/. For rural examples, see "California Farmers Band Together via Farm Watch to Combat Agricultural Crime", *Neighborhood Watch News,* Dec. 14, 2009, http://www.usaonwatch.org/resource/ezine.aspx?EzineId=9. See also "Neighborhood Watch", *National Crime Prevention Council,* 2011, http://www.ncpc.org/topics/home–and–neighborhood–safety/neighborhood–watch and ibid.

22 Hessick, "Violence."

23 Trevor Bennett, Katy Holloway, and David P. Farrington, *Does Neighborhood Watch Reduce Crime?* Washington, D.C.: U.S. Department of Justice Office of Community Oriented Policing Services, 2008, http://www.cops.usdoj.gov/files/RIC/Publications/e040825133–res–review3.pdf

24 "Neighborhood Association", *Wikipedia,* Jan. 12, 2011, http://en.wikipedia.org/wiki/Neighborhood_association

25 "Community Garden", *Wikipedia,* Jan. 25, 2011, http://en.wikipedia.org/wiki/

Community_garden

26 "Seattle Department of Neighborhoods", *Seattle.gov*, 2011, http://www.cityofseattle.net/neighborhoods/

27 David Villano, "Building a Better Citizen", *Miller-McCune Magazine*, Nov.–Dec. 2009, p. 55, http://www.miller-mccune.com/politics/building-a-better-citizen-3361/

28 위의 책, p. 56. 또한 Jim Diers, *Neighborhood Power: Building Community the Seattle Way*, Seattle: University of Washington Press, 2004 참조.

29 Villano, "Building a Better Citizen", p. 54.

30 같은 곳.

31 C. Wright Mills, *The Sociological Imagination*, New York: Oxford University Press, 1959.

32 "Background and Statistics", *National Coalition for Homeless Veterans*, 2011, http://www.nchv.org/background.cfm

33 "Wendell Berry", *Wikipedia*, Feb. 4, 2011, http://en.wikipedia.org/wiki/Wendell_Berry

34 Wendell Berry, *Sex, Economy, Freedom, and Community: Eight Essays*, New York: Pantheon, 1994, p. 173.

35 Wendell Berry, *Imagination in Place*, Berkeley, Calif.: Counterpoint, 2010, p. 32.

6. 교실과 종교 공동체

1 Walt Whitman, "Democratic Vistas", in *Whitman: Poetry and Prose*, ed. Justin Kaplan, New York: Library of America, 1996, p. 980.

2 Pew Forum on Religion and Public Life, "Frequency of Attendance at Religious Services by Religious Tradition", *U.S. Religious Landscape Survey*, Feb. 2008, http://religions.pewforum.org/pdf/table-frequency-of-attendance-at-religious-services-by-religious-tradition.pdf

3 Leo Damrosch, *Tocqueville's Discovery of America*, New York: Farrar, Straus

and Giroux, 2010, p. 140.

4   위의 책, p. 50.

5   위의 책, p. 52.

6   위의 책, p. 116.

7   이 주제를 폭넓게 연구한 책은 Robert D. Putnam and David E. Campbell, *American Grace: How Religion Divides and Unites Us*, New York: Simon & Schuster, 2010이다.

8   Jacob Needleman, "Two Dreams of America", in *Deepening the American Dream*, ed. Mark Nepo, San Francisco: Jossey-Bass, 2005, p. 25.

9   Hillel, *Pirke Avot* 1:14.

10 Rainer Maria Rilke, *Letters to a Young Poet*, trans. M. D. Herter, New York: Norton, 1993, p. 35.

11 나는 『가르칠 수 있는 용기』라는 책에서 다른 교육학적 가능성을 여러 방면으로 탐구했다.

12 Parker J. Palmer, "Foreword", in Joel Elkes, *Dr. Elkhanan Elkes of the Kovno Ghetto: A Son's Holocaust Memoir*, Orleans, Mass.: Paraclete Press, 1999.

13 Bill Moyers, *Healing and the Mind*, New York: Broadway Books, 2002, p. 174.

14 나는 『가르칠 수 있는 용기』에서 이 주제를 다루었고, '용기와 회복을 위한 센터'에서 제공하는 프로그램의 핵심에도 이 생각이 담겨 있다. http://www.CourageRenewal.org.

15 Parker J. Palmer "Evoking the Spirit in Public Education", *Educational Leadership*, Dec. 1998-Jan. 1999, http://www.couragerenewal.org/parker/writings/evoking-the-spirit

16 Kimberly E. Koehler Freitag, "Dead on Arrival: Democracy, Transcendence and National Identity in the Age of *No Child Left Behind*", in *A Jeremiad on the Crisis of Democratic Civic Education*, ed. Kerry Burch. Thresholds in Education, vol. 34, no. 4. Ill.: Thresholds in Education Foundation, 2008.

17 '미국 민주 교육 연구소the Institute for Democratic Education in America'에 관한 정보는 아래 사이트에서 찾을 수 있다. http://www.democraticeducation.org/index.php.

    이 중요한 주제에 관해 '교육과 민주주의 포럼'에서도 다른 좋은 아이디어를 찾을 수 있다. http://forumforeducation.org/.

18 스콧 나인과 개인적으로 통화하면서 얻은 정보인데, 그의 허락을 받고 이 책에 썼다.

19 스콧 나인과 개인적으로 통화하면서 얻은 정보인데, 그의 허락을 받고 이 책에서 편집
해 사용했다. 민주적인 마음의 습관을 기르고자 하는 교육자들이 당장 시작할 수 있는
몇 가지 일이 있다. (1) 교직원의 회합에 4~5명의 학생을 초대한다. (2) 학생들에게 학교
전반을 다루는 회합을 진행해달라고 요청한다. (3) 탁월하게 수행한 일을 판단하는 규
정을 학생들로 하여금 짜보도록 요청한다. (4) 학생들이 서로 리포트를 읽고 논평하도
록 한다. (5) 학교 벽보에 무엇을 올릴지 학생들이 결정하도록 허락한다. (6) 아이들과 점
심을 먹으면서 말을 적게 하고 그들의 말을 너그럽게 경청한다. (7) 학부모와 교사들이
의논하는 자리에 앞서 학생들이 스스로 평가하도록 한다. (8) 교사, 교장, 코치, 부모,
학교 이사회, 행정가, 그리고 지역 사회 지도자들에게 요청하여, 학생들과 나란히 표준
화된 시험을 보게 하고, 그 점수를 학생들의 점수와 나란히 공개하고, 모든 결과를 다
함께 공개 토론한다.

20 National Service Learning Clearinghouse를 보라. http://www.servicelearning.
org/, Campus Compact (http://www.campuscompact.org/) and National Youth
Leadership Council (http://www.nylc.org/)

21 "Youth Civic Engagement", *Coalition for Youth*, 2011, http://www.hampton.
gov/foryouth/youth_youth.html

22 David Villano, "Building a Better Citizen", *Miller-McCune Magazine*, Nov.-
Dec. 2009, p. 53, http://www.miller-mccune.com/politics/building-a-better-
citizen-3361. For a case study of the Hampton program, Carmen Sirianni,
Investing in Democracy: Engaging Citizens in Collaborative Governance,
Washington, D.C.: Brookings Institution Press, 2009 참조.

23 모든 인용문은 Villano, "Building a Better Citizen", p. 57에서 가져왔다.

24 "Integrating Community Service and Classroom Instruction Enhances
Learning: Results from an Experiment", *Educational Evaluation and Policy
Analysis*, 1993, 15, pp. 410-419.

25 "Voters Say Election Full of Misleading and False Information", *World Public
Opinion*, Dec. 9, 2010, http://www.worldpublicopinion.org/pipa/articles/
brunitedstatescanadara/671.php?nid=&id=&pnt=671&lb=

26 Mark Slouka, "Dehumanized: When Math and Science Rule the School", *Harper's*,
Sept. 2009, pp. 36-37, http://www.harpers.org/archive/2009/09/0082640

27 Thomas Jefferson, letter to W. C. Jarvis, Sept. 28, 1820, http://wist.info/jefferson-thomas/12694/

28 Anne Lamott, *Bird by Bird*, New York: Anchor Books, 1995, p. 22.

29 Charter for Compassion (http://charterforcompassion.org/). Karen Armstrong, *The Case for God*, New York: Anchor Books, 2010, p. 45.

30 Michael Fuquay, "The Most Segregated Hour", *Beliefnet.com*, Jan. 2001, http://www.beliefnet.com/Entertainment/Books/2001/01/The-Most-Segregated-Hour.aspx

31 Tertullian, *Apology* 39:7, http://www.tertullian.org/anf/anf03/anf03-05.htm#P425_201743

32 "Community Policing Defined", *Community Oriented Policing Services*, n.d., http://www.cops.usdoj.gov/default.asp?item=36

33 "Veteran-Civilian Dialogue", *Intersections*, 2010, http://www.intersectionsinternational.org/programs/consequences-conflict/veteran-civilian-dialogue and Andrew Himes, "Veteran-Civilian Dialogue", Sept. 30, 2010, http://andrewhimes.net/content/veteran-civilian-dialogue

34 종교 공동체에서의 의사결정에 대해 더 보려면 Parker J. Palmer, *The Company of Strangers: Christians and the Renewal of America's Public Life*, New York: Crossroad, 1981에서 참고하라. 종교 공동체에서의 상담에 대해 보려면 Parker J. Palmer, A Hidden Wholeness: The Journey Toward an Undivided Life, San Francisco: Jossey-Bass, 2004를 참고하라([파커 J. 파머, 『온전한 삶으로의 여행』, 윤규상 옮김, 해토, 2007로 국내 출간됨. 이하 책 제목은 온전한 삶으로의 여행으로 통일]).

35 종종 오해되는 이런 형식의 의사결정에 대해 가장 깊고 자세하게 다룬 책으로 Michael J. Sheeran, *Beyond Majority Rule: Voteless Decisions in the Religious Society of Friends*, Philadelphia: Yearly Meeting of the Religious Society of Friends, 1983이 있다.

36 이와 관련된 접근을 스테판 미니스트리라고 부른다. http://www.stephenministries.org/ 참조. 나는 개인적으로 그 절차를 경험한 적이 없지만, 내가 신뢰하는 사람들이 그것을 추천한다.

37 파커 J. 파머, 『온전한 삶으로의 여행』, 8장. 그 프로그램의 많은 부분이 용기와 회복을 위한 센터http://www.CourageRenewal.org에 의해 운영되는데, 그러한 접근으로 실

험적인 교육을 제공한다.

38 하시디크의 이 이야기는 철학자 제이콥 니들먼에게 들었는데, 그가 친절하게 글로 써서 보내주었기에 정확하게 인용할 수 있었다.

39 Rainer Maria Rilke, *Letters to a Young Poet*, trans. Stephen Mitchell, New York: Vintage Books, 1986, pp. 88–89.

7. 근원적 민주주의*를 위한 안전한 공간

*저자인 파머가 이 장에서 쓴 Deep democracy란 개념은 과정지향 심리학의 창시자인 아널드 민델 박사의 개념을 원용한 것으로 보인다. 민델에 따르면 Deep democracy란 개인과 집단 간의 치유를 중심으로 한 고전적, 보편적 개념이자 경험으로써, 사회를 지배하고 있는 규칙, 예를 들어 돈이나 권력에 대한 투쟁을 의미한다. 이러한 투쟁은 개인이 속한 가정, 일터, 공동체 등에서 일어나고 있는 것인데 파머 또한 일상생활 내 다양한 장소에서 민주주의의 가치를 복원하기 위한 시민적 역할 수행을 강조한다는 점에서 파머와 멘델의 사유는 만나는 지점이 있다. 멘델은 Deep ecology가 곧 Deep democracy라고 주장하는데 이는 인간 존재가 다른 생물종의 목소리와 욕구를 들을 필요가 있다는 데 기반한 것이다. 보통 Deep ecology에서 deep은 '심층 생태학' '근원적 생태학' 등으로 그 개념이 번역되고 있다는 데서 보듯이 통일된 명칭이 없다. 본 책에서는 일상생활을 영위하는 시민이 자신이 속한 집단 내의 근원적인 모순을 성찰하는 행위의 중요성을 강조하고 있다는 특수성을 감안하여 '근원적' 민주주의로 쓰기로 하였다. Deep democracy의 정의에 대해서는 http://www.aamindell.net/category/ww/deep-democracy-terms/를 참조 — 옮긴이.

1 Joseph Campbell(with Bill Moyers), *The Power of Myth*, New York: Anchor Books, 1991, p. 115.

2 Sara M. Evans and Harry C. Boyte, *Free Spaces: The Sources of Democratic Change in America*, Chicago: University of Chicago Press, 1992, pp. 17–18.

3 Leo Damrosch, *Tocqueville's Discovery of America*, New York: Farrar, Straus and Giroux, 2010, p. 116.

4 Terry Tempest Williams, "Engagement", *Orion*, July–Aug. 2004, http://www.orionmagazine.org/index.php/articles/article/143/

5 William James, *The Principles of Psychology*, New York: Cosimo, 2007, p. 48
   참조.

6 "New National Poll Finds: More Americans Know Snow White's Dwarfs Than
   Supreme Court Judges, Homer Simpson Than Homer's Odyssey and Harry
   Potter Than Tony Blair", *Zogby International*, Aug. 15, 2006, http://www.
   zogby.com/Soundbites/readclips.cfm?ID=13498

7 미국인의 미디어 습관과 의견에 관해 2010년 광범위하게 조사한 결과를 보려면 다음을
   참조하라. "Americans Spending More Time Following the News", *Pew Research
   Center for the People and the Press*, Sept. 12, 2010, http://people-press.org/
   report/652/

8 Campbell, *Power of Myth*, p. 115.

9 Williams, "Engagement."

10 William Deresiewicz, "Solitude and Leadership", *American Scholar*, Spring
   2010, http://www.theamericanscholar.org/solitude-and-leadership/

11 William H. Shannon, ed., *The Hidden Ground of Love*, New York: Farrar,
   Straus and Giroux, 1985, p. 455.

12 위의 책.

13 Thomas Merton, *Conjectures of a Guilty Bystander*, New York: Image/
   Doubleday, 1968, p. 86.

14 For more information, visit the Center's Web site at http://www.
   CourageRenewal.org

15 대문자로 쓴 '신뢰의 서클Circle of Trust'은 트레이드마크로 등록되어 있는데 용기와 회
   복을 위한 센터가 제공하고 그곳에서 훈련된 사람들에 의해 진행되는 프로그램을 가리
   킨다. 소문자로 쓴 'circle of trust'는 『온전한 삶으로의 여행』에서 소개한 절차를 가리
   키는 것으로, 많은 사람이 대개 센터의 프로그램을 경험하고 나서 자기 나름대로 개조
   했다. 나는 『Meet the Parents』라는 영화에서 로버트 드니로가 'circle of trust'를 매우
   냉소적으로 부르는 것을 의식하고 있다!

16 민주주의와 일터의 관계에 대해 다른 입장을 취하는 문헌들이 있다. 그 주제에 관한 몇
   몇 자료를 일터의 변화를 위한 사이트에서 찾을 수 있다. http://www.colorado.edu/
   ibs/PEC/workplacechange/publications/democracy/

17 물론 용기와 회복을 위한 센터가 이런 종류의 일을 하는 유일한 조직은 아니다. 예를 들

어 'Peer Spirit', http://www.peerspirit.com/index.html도 있고 'the Institute for Circlework', http://www.instituteforcirclework.org/도 있다.

18　Emily Dickinson, "Poem 1129", *The Complete Poems of Emily Dickinson*, ed. Thomas H. Johnson, New York: Back Bay Books, 1976, p. 506.

19　Nelle Morton, *The Journey Is Home*, Boston: Beacon Press, 1985, pp. 55-56.

20　신뢰의 서클의 원칙과 실행에 대한 더 자세한 내용은 『온전한 삶으로의 여행』과 "Foundations of the Circle of Trust Approach", *Center for Courage & Renewal*에서 볼 수 있다. http://www.couragerenewal.org/about/foundations

21　Highlander Research and Education Center의 홈페이지를 보라. http://www.highlandercenter.org/; see also Myles Horton, *The Long Haul*, New York: Teachers College Press, 1997.

22　"Highlander Research and Education Center", *Wikipedia*, Feb. 6, 2011, http://en.wikipedia.org/wiki/Highlander_Folk_School

23　"History, 1953-1961: The Civil Rights Movement and the Citizenship Schools", *Highlander Research and Education Center*, n.d., http://www.highlandercenter.org/a-history2.asp

24　"Myles Horton and Highlander: 100 Years of Fighting for Justice", *Highlander Research and Education Center*, n.d., http://www.highlandercenter.org/pdf-files/horton-hrec-timeline-final02.pdf

25　David Schaper, "'Camp Obama' Trains Campaign Volunteers", NPR, June. 13, 2007, http://www.npr.org/templates/story/story.php?storyId=11012254

26　Zack Exley, "Stories and Numbers: A Closer Look at Camp Obama", *Huffington Post*, Aug. 29, 2007, http://www.huffingtonpost.com/zack-exley/stories-and-numbers-a-clo_b_62278.html

27　Martin Sieff, "Obama, Dems Win Historic Blowout Victory", UPI.com, Nov. 5, 2008, http://www.upi.com/news/issueoftheday/2008/11/05/Obama-Dems-win-historic-blowout-victory/UPI-40391225895936/

28　Kelly Candaele and Peter Dreier, "The Year of the Organizer", *American Prospect*, Feb. 1, 2008, http://www.prospect.org/cs/articles?article=the_year_of_the_organizer

29　Marshall Ganz and Kate Hilton, "The New Generation of Organizers", Shelter

Force, Feb. 12, 2010, http://www.shelterforce.org/article/print/1870/

30 Marshall Ganz, "What Is Public Narrative?" *New England Grassroots Environment Fund*, 2008, http://grassrootsfund.org/docs/WhatIsPublicNarrative08.pdf

31 Hillel, Pirke Avot 1:14.

32 Marshall Ganz, "Why Stories Matter: The Art and Craft of Social Change", *Sojourners*, Mar. 2009, http://www.sojo.net/index.cfm?action=magazine.article &issue=soj0903&article=why-stories-matter; see also Ganz and Hilton, "New Generation of Organizers."

33 Ganz, "Why Stories Matter."

34 같은 곳.

35 Exley, "Stories and Numbers."

36 Ganz and Hilton, "New Generation of Organizers."

37 "Cyberspace", *New Oxford American Dictionary*, 2nd ed., New York: Oxford University Press, 2005.

38 Clay Shirkey, *Here Comes Everybody: The Power of Organizing Without Organizations*, New York: Penguin, 2008.

39 Malcolm Gladwell, "Small Change", *New Yorker*, Oct. 4, 2010, http://www. newyorker.com/reporting/2010/10/04/101004fa_fact_gladwell?currentPage=all

40 같은 곳.

41 같은 곳.

42 Evgeny Morozov, The Net Delusion: *The Dark Side of Internet Freedom*, New York: Public Affairs, 2011.

43 Roger Cohen, "Facebook and Arab Dignity", *New York Times*, Jan. 24, 2011, http://www.nytimes.com/2011/01/25/opinion/25ihtedcohen25.html?_r=1&hp

44 온라인 민주주의에 대한 다양한 접근은 http://en.wikipedia.org/wiki/E-democracy 참조. 사이트의 내용은 곧 바뀔 예정이다.

45 Tim Dickinson, "The Machinery of Hope", *Rolling Stone*, Mar. 20, 2008, http:// www.truth-out.org/article/rolling-stone-the-machinery-hope

8. 쓰이지 않은 마음의 역사

1   Rainer Maria Rilke, "Turning Point", in *The Selected Poetry of Rainer Maria Rilke*, trans. and ed. Stephen Mitchell, New York: Vintage Books, 1982, pp. 134-135.

2   John G. Neihardt, *Black Elk Speaks*, Albany: State University of New York Press, 2008, pp. 2-4.

3   Daniel J. Boorstein, The Americans: *The Democratic Experience*, New York: Vintage Books, 1973, p. 532.

4   Joseph Ellis, *American Creation: Triumphs and Tragedies in the Founding of the Republic*, New York: Knopf, 2007, pp. 55-56.

5   Jeffrey M. Jones, "Americans See U.S. as Exceptional: 37% Doubt Obama Does", *Gallup*, Dec. 22, 2010, http://www.gallup.com

6   Joerg Wolf, "More Americans Believe That Saddam Was Directly Involved in 9/11", *Atlantic Review*, June. 27, 2007, http://atlanticreview.org/archives/726-More-Americans-Believe-that-Saddam-Was-Directly-Involved-in-911.html

7   Christopher Hellman and Travis Sharp, "The FY 2009 Pentagon Spending Request: Global Military Spending", *Center for Arms Control and Non-Proliferation*, Feb. 22, 2008, http://armscontrolcenter.org/policy/securityspending/articles/fy09_dod_request_global/

8   Dan Froomkin, "Social Immobility: Climbing the Economic Ladder Is Harder in the U.S. Than in Most European Countries", *Huffington Post*, Mar. 17, 2010, http://www.huffingtonpost.com/2010/03/17/social-immobility-climbin_n_501788.html; "A Family Affair: Intergenerational Social Mobility Across OECD Countries", *Economic Policy Reforms: Going for Growth*, Paris: Organization for Economic Cooperation and Development, 2010, http://www.oecd.org/dataoecd/2/7/45002641.pdf

9   Pew Social Trends Staff, "Inside the Middle Class: Hit the Good Life" *Pew Research Center*, "Social and Demographic Trends", Apr. 9, 2008, http://www.pewsocialtrends.org/2008/04/09/inside-the-middle-class-bad-times-hit-

the-good-life/

10 Sonia Sotomayor, "A Latina Judge's Voice", speech delivered Oct. 26, 2001 at the University of California, Berkeley, http://berkeley.edu/news/media/releases/2009/05/26_sotomayor.shtml

11 그 당시 미국 헌법 1조 2항 3절을 보면 세금 수입을 분배하고, 하원의원을 할당하는 목적을 위해 노예 전체 인구의 5분의 3이 인구수로 환산되었다[이를 '5분의 3' 절충안이라고 부른다. 의회의 비례대표 문제 해결을 위해 헌법에 명시한 5분의 3 절충안은 노예제에 대한 논의가 기본적으로 도덕성과 관련 있는 것이 아니라 정치적, 경제적 문제와 관련된 것임을 보여준 예였다. 이 절충안은 노예 소유가 지속되던 노예 주의 정치력 유지를 위해 노예들의 표를 원했던 정치인들의 의도 아래 악용되었다. 더 자세한 내용은 케네스 데이비스, 『미국에 대해 알아야 할 모든 것, 미국사』, 이순호 옮김, 책과함께, 2004 참조].

12 정의와 사회 변화 이슈에 가담하기 전의 로자의 생애에 대해서 보려면 다음을 참고하라. Danielle L. McGuire, *At the Dark End of the Street*, New York: Knopf, 2010.

13 John Meachum, "Trust and Caution", review of *American Creation* by Joseph J. Ellis, New York Times, Nov. 11, 2007, http://www.nytimes.com/2007/11/11/books/review/Meacham-t.html

14 Reinhold Niebuhr, *The Irony of American History*, Chicago: University of Chicago Press, 2008, p. 63.

비통한 자들을 위한 정치학

1판 1쇄	2012년 3월 26일
1판 16쇄	2024년 6월 1일
2판 1쇄	2025년 1월 2일

지은이	파커 J. 파머
옮긴이	김찬호
펴낸이	강성민
편집장	이은혜
마케팅	정민호 박치우 한민아 이민경 박진희 황승현
브랜딩	함유지 함근아 박민재 김희숙 이송이 박다솔 조다현 배진성 이서진 김하연
제작	강신은 김동욱 이순호

펴낸곳	(주)글항아리 **출판등록** 2009년 1월 19일 제406-2009-000002호
주소	10881 경기도 파주시 심학산로 10 3층
전자우편	bookpot@hanmail.net
전화번호	031-955-2689(마케팅) 031-941-5158(편집부)
팩스	031-941-5163

ISBN	979-11-6909-343-9 03300

www.geulhangari.com

Healing the Heart of Democracy
by Parker J. Palmer

비통한 자들을
위한

정　　치　　학